LA DÉCROISSANCE

Entropie - Écologie - Économie

ISBN 978-2-86985-168-9 • ISSN 1952-0239

Sang de la Terre
BP 60001 • 75560 Paris cedex 12 • Tél. : 0891 670 008 (0,204 €/min) • Fax : 01 40 01 09 94
Courriel : info@ellebore.fr • Site Internet : www.sangdelaterre.fr

Nicholas GEORGESCU-ROEGEN

LA DÉCROISSANCE

Entropie - Écologie - Économie

Présentation et traduction
de **Jacques Grinevald et Ivo Rens**

TROISIÈME ÉDITION REVUE ET AUGMENTÉE

Sang de la Terre
ÉCOLOGIE • ENVIRONNEMENT • SOCIÉTÉ

TEXTES CHOISIS, PRÉSENTÉS ET TRADUITS PAR :

Jacques Grinevald,
philosophe, enseignant à l'université de Genève,
à l'institut universitaire d'études du développement
et à l'école polytechnique fédérale de Lausanne,

et **Ivo Rens,**
professeur d'histoire des doctrines politiques
à la faculté de droit de l'université de Genève
et rédacteur responsable de la revue
Stratégies énergétiques, Biosphère et Société.

L'auteur

Nicholas Georgescu-Roegen

4 février 1906 - 30 octobre 1994

Né en Roumanie le 4 février 1906, Georgescu eut très tôt une vocation de mathématicien. Il obtint son doctorat en statistique à la Sorbonne en 1930. Après deux ans à Londres auprès du vénérable Karl Pearson, Georgescu devint professeur à l'Institut de Statistique de l'Université de Bucarest, occupant aussi d'importants postes dans les affaires publiques de son pays. Après la sombre période de la Deuxième Guerre mondiale et la victoire des communistes, la destinée tragique de sa patrie obligea Georgescu à fuir en février 1948. Emigré avec sa femme (aussi mathématicienne) aux Etats-Unis, il y retrouva ses amis économistes : en 1934-36, il avait passé un mémorable séjour à Harvard où sa rencontre avec le grand Schumpeter décida de sa nouvelle orientation d'économiste. De 1949 à 1976, il fut professeur d'économie à l'Université Vanderbilt de Nashville (Tennessee). Sa brillante carrière académique américaine fut ponctuée d'invitations dans le monde entier, y compris en France (il enseigna à Strasbourg en 1977-78). Sa pensée critique et novatrice s'affirma de plus en plus comme l'aventure d'un révolutionnaire de la pensée économique et de la philosophie des sciences. Son maître-livre, *The Entropy Law and the Economic Process* (Harvard University Press, 1971), développe les thèses révolutionnaires - mais incomprises - déjà exposées pour l'essentiel dans son premier grand livre, *Analytical Economics* (1966), traduit en français en 1970 (La Science économique : ses problèmes et ses difficultés). Son troisième livre, *Energy and Economic Myths* (1976), le plus provocateur, n'a pas rencontré l'audience qu'il méritait. La communauté universitaire internationale n'a pas encore accepté la révolution bioéconomique proposée par Georgescu-Roegen.

Les textes rassemblés, traduits et présentés par Jacques Grinevald et Ivo Rens dans *Demain la décroissance* en 1979 et dans l'édition de 1995, intitulée *La Décroissance*, firent l'effet d'un véritable manifeste pour le mouvement écologiste européen. Mort à Nashville le 30 octobre 1994, dans une indifférence scandaleuse, l'hérétique Georgescu-Roegen n'a cependant pas fini de faire parler de lui. Il laisse un immense héritage scientifique et philosophique dont on commence à peine à reconnaître la pertinence à l'aube du XXIe siècle.

Avertissement

La première édition de cet ouvrage a été publié aux Éditions Pierre-Marcel Favre, en 1979, sous le titre *Demain la décroissance.*

Une seconde édition est parue aux Éditions Sang de la terre, en 1995, sous le titre *La Décroissance.*

Cette troisième édition a été revue et augmentée en 2006.

Présenté par Jacques Grinevald et Ivo Rens, qui firent œuvre de pionniers, ce livre d'introduction à la « révolution bioéconomique » de Georgescu-Roegen gagne d'année en année une plus large audience, malgré le silence des milieux économiques, scientifiques et politiques dominants à l'égard de cette critique fondamentale de l'actuel dogme de la croissance. Malgré tout, les hommages à Nicholas Georgescu-Roegen (1906-1994) se multiplient dans le monde, comme on peut en juger ici dans la bibliographie qui a été partiellement mise à jour pour cette nouvelle édition de 2006.

Incontestablement, l'héritage de Georgescu-Roegen est immense et encore largement méconnu du grand public. L'histoire le reconnaîtra un jour comme l'un des économistes visionnaires du XXe siècle. Son œuvre se situe, comme on le reconnaît de plus en plus, aux sources historiques et épistémologiques de champs transdisciplinaires novateurs comme l'économie écologique ou l'écologie industrielle. Il offre une démonstration claire et irréfutable qu'il ne peut plus être question aujourd'hui, à l'échelle mondiale, de « croissance durable », ni même de « croissance zéro » ou « d'état stationnaire », mais que la décroissance est désormais inéluctable pour assurer une (sur)vie durable de l'humanité dans la Biosphère de notre planète Terre.

La Décroissance inspire la mouvance actuelle des « objecteurs de croissance » qui se proposent de mettre en pratique les idées contenues dans cet ouvrage.

Notre collection « La Pensée écologique » accueille tout naturellement cette première présentation française de la *bioéconomie* de Georgescu-Roegen parce qu'il s'agit bien désormais d'un classique, qui reste à lire et à relire ou, pour beaucoup de jeunes citoyens du monde, à découvrir.

Les noms suivis d'un astérisque se retrouvent dans l'index des principaux auteurs cités (dans les textes de Georgescu-Roegen) en fin de volume.

INTRODUCTION
À LA DEUXIÈME ÉDITION
(1995)

Il n'y a de richesse que la vie.

JOHN RUSKIN, *UNTO THIS LAST* (IV, 77).

Au moment où tout le monde parle de « développement durable » (écologiquement soutenable) et du droit des générations futures[1], Nicholas Georgescu-Roegen fait plus que jamais figure de pionnier. Mais il reste encore mal compris, quand il n'est pas tout simplement ignoré. Comme nous avons tenté de l'exprimer dans la préface de la première édition de 1979 (que nous n'avons aucune raison de modifier aujourd'hui), Georgescu-Roegen est bien davantage qu'un économiste non conformiste et hétérodoxe, c'est un scientifique dissident. Ce sont quelques bonnes raisons, parmi d'autres, pour cette nouvelle édition accueillie par les Éditions Sang de la terre qui se sont fait remarquer ces dernières années dans le domaine encore trop mal connu de la pensée écologique.

Nous avons profité de cette réédition pour revoir entièrement l'ouvrage, améliorer à certains endroits notre traduction, donner l'intégralité des références et des notes de bas de page, enfin et surtout, pour enrichir cette introduction à la *bioéconomie* de Georgescu-Roegen d'un quatrième chapitre, ainsi que d'une bibliographie assez complète.

Ce nouveau chapitre, intitulé « La dégradation entropique et la destinée prométhéenne de la technologie humaine », n'est pas inconnu des spécialistes de langue française. Il a déjà été publié deux fois en France, mais dans des revues spécialisées. Rédigé directement en français, ce texte est celui d'une communication au colloque international « Thermodynamique et sciences de l'homme » organisé à l'université de Paris XII, les 22 et 23 juin 1981. Les actes de cette remarquable rencontre interdisciplinaire ont été édités sous la direction de Régine Melet dans un numéro hors-série de la revue *Entropie* en 1982. Ce texte est également paru dans *Économie appliquée*, la revue fondée par le professeur François Perroux (1903-1987), l'économiste hétérodoxe qui fit connaître en France la *Théorie de l'évolution économique*[2] de Joseph Schumpeter* et qui manifesta une certaine sympathie pour son collègue Georgescu-Roegen, sans pour autant – dans ce « dialogue de sourds » – le suivre dans sa critique de la « fièvre du développement »[3] et son paradigme bioéconomique. Avec Perroux, Georgescu-Roegen (le chapitre II, VII) insiste sur un point capital de la vision schumpétérienne de l'évolution économique, trop souvent négligé : « Joseph Schumpeter a constamment mis en garde les économistes contre la confusion entre *croissance* et *développement* ».

Le nouveau texte que nous ajoutons à cette deuxième édition de *Demain la décroissance* nous semble tout à fait significatif du dernier état de la pensée de Georgescu-Roegen sur la Loi de l'Entropie (les lettres capitales utilisées par notre auteur seront respectées dans cette édition) et l'évolution *exosomatique* de l'humanité[4]. Ce texte est en effet une profonde réflexion sur la technique et l'évolution de l'espèce humaine, sur le caractère non-déterministe, proprement imprévisible, de l'invention qui caractérise, en même temps que la croissance de l'entropie, le processus évolutif de la Vie sur Terre dont nous faisons partie. Notre mathématicien devenu économiste à la suite de sa rencontre avec Joseph Schumpeter, à Harvard, s'est souvent présenté comme le seul véritable disciple de Schumpeter[5], « l'un des très grands économistes du XXe siècle »[6], longtemps occulté par Keynes mais redécouvert de nos jours par la littérature sur l'économie du « changement technique » (de l'innovation) et – d'une manière assez proche de Georgescu-Roegen, quoique différemment – par la mouvance à la mode de l'économie évolutionniste[7].

Dans le prolongement du chapitre 2 (section IV) et du chapitre 3, mais avec quelques arguments techniques nouveaux et une mise en vaste perspective historique qui intéresse tout particulièrement les historiens que nous sommes, ce nouveau chapitre 4 souligne l'importance que notre auteur attache au rôle de la matière (et pas seulement de l'énergie) dans tout processus transformant de l'énergie en travail mécanique, comme c'est le cas dans le métabolisme global de notre activité bioéconomique. Ce point est illustré par le tableau analytique par lequel Georgescu-Roegen représente le processus qui relie l'économie et l'environnement qui se trouve déjà dans le chapitre 3, VI. Il est ici plus détaillé et reprend son modèle fonds-flux qui révolutionne toute la théorie de la production. Notons ici que cette métaphore physiologique du « métabolisme industriel » (selon l'expression désormais utilisée par l'écologie industrielle), est exprimée depuis l'entre-deux-guerres[8], et notamment par Alfred J. Lotka*, l'une des sources d'inspiration théorique majeures que Georgescu-Roegen partage avec la science écologique de son temps[9].

L'insistance inhabituelle de Georgescu-Roegen sur l'entropie des structures matérielles ne doit pas être considérée comme une révision de son interprétation originale de la Loi de l'Entropie mais plutôt comme une confirmation et une mise au point épistémologique[10] à l'adresse à la fois de ses critiques (qui nient la pertinence de la thermodynamique pour l'économie) et de ses alliés dans l'application des principes de la thermodynamique, mais qui ont le tort de soutenir une théorie *énergétique* de la valeur économique. La théorie de Georgescu-Roegen n'est pas énergétiste, mais *entropique* et notre auteur souligne la spécificité de son interprétation de la Loi de l'Entropie par une expression anglaise frappante : « *Matter matters, too* ». La matière compte aussi. Georgescu-Roegen n'insiste en fait sur ce point (depuis longtemps évident pour lui) que depuis la vogue du nouveau dogme énergétiste !

Il faut préciser ici que pour Georgescu-Roegen la Loi de l'Entropie s'applique à la matière en gros (*in bulk*), c'est-à-dire à la matière organisée en macrostructures économiquement utilisables (auxquelles s'appliquent les variables et les principes de la thermodynamique classique). Le développement industriel, souligne notre économiste en colère contre tous ceux qui ne se préoccupent pas de la *matière* dans le processus de production, ne peut être indéfiniment durable (songeons à la longue durée de vie potentielle de l'espèce humaine), car ce développement économique singulier dépend non seulement de réserves accessibles limitées de combustibles fossiles non-renouvelables mais encore de structures matérielles (des minéraux utiles) qu'il faut extraire (plus ou moins difficilement) des gisements accessibles de la croûte terrestre, matières premières minérales (avec une teneur minimale en composants de valeur et une quantité maximale admissible d'ingrédients nuisibles) qui s'usent et se dégradent irrémédiablement, et qu'on doit donc remplacer, de sorte que, nécessairement on épuise irrévocablement la « dot » de toute l'humanité en ressources minérales utiles et accessibles possédant une valeur industrielle.

Depuis les temps préhistoriques, le développement de la culture matérielle des sociétés humaines est associé à cette exploitation de la matière minérale concentrée localement dans des gisements exceptionnels qui occupent un infime volume par rapport aux énormes masses de l'écorce terrestre. Pendant des millénaires, cette exploitation minière est restée très marginale par rapport aux ressources naturelles renouvelables d'origines végétales et animales. Mais, depuis la révolution thermo-industrielle du XIXe siècle, l'extraordinaire croissance industrielle des nations dites modernes ou développées est tributaire d'une exceptionnelle abondance minérale, inséparable du fantastique progrès scientifique et technique de la civilisation capitaliste occidentale. C'est cependant une illusion de la pensée linéaire, de la mythologie moderne du progrès et du développement, que de croire cette abondance sans conséquences écologiques et sans limites[11].

Tout en insistant sur cette dimension géochimique du développement de la civilisation industrielle, Georgescu-Roegen en souligne aussi les aspects éthiques et politiques, car la rareté entropique des ressources minérales non-renouvelables, qui constitue un aspect majeur de la finitude terrestre de l'évolution bioéconomique de l'espèce humaine, est aussi à la base de l'inégalité entre les sociétés et du « conflit social ». Ceux qui se préoccupent depuis peu des aspects écologiques du développement économique imaginent généralement qu'on va résoudre ce problème avec le recyclage, oubliant (ou niant) que notre théorie thermodynamique doit également s'intéresser à l'entropie matérielle. Le recyclage aussi a ses limites thermodynamiques. Le discours environnementaliste les ignore souvent à cause de la confusion faite entre les ressources minérales utilisées dans le « circuit économique » et les éléments chimiques qui circulent dans les grands cycles naturels (biogéochimiques) de la Biosphère[12].

La problématique entropique et écologique sur laquelle Georgescu-Roegen cherche à attirer l'attention depuis des années provient justement du fait que l'économie industrielle, contrairement à l'économie agraire des sociétés traditionnelles, ne fonctionne pas dans le seul contexte écologique de « l'économie de la nature » dont parlent les classiques de l'écologie. La croissance industrielle dépasse les limites de la Biosphère actuelle en puisant dans les réserves minérales du sous-sol de la terre. Georgescu-Roegen est l'un des très rares théoriciens du développement économique à avoir pris au sérieux l'idée – soutenue dans l'entre-deux-guerres par Lotka, Vernadsky, Teilhard de Chardin et Edouard Le Roy notamment – que l'Homme, avec la civilisation industrielle, est devenu un véritable agent géologique, l'une des plus puissantes forces du monde vivant à l'œuvre dans les transformations de la face de la Terre[13].

L'approche de Georgescu-Roegen n'est pas du tout une simple application de la thermodynamique à l'économie, et encore moins une nouvelle analogie entre physique et économie. La pensée dialectique de Georgescu-Roegen est bien plus complexe. Tout d'abord, souligne notre auteur, la thermodynamique est issue, historiquement et logiquement d'un problème économique. Bien plus, elle se présente avant tout, et en fait depuis l'œuvre fondatrice de Sadi Carnot, comme une « physique de la valeur économique »[14]. La thermodynamique est également associée au développement des sciences du vivant, et ce n'est pas un hasard si elle envahit très vite la physiologie et la biochimie, puis devient un paradigme pour l'étude de la Biosphère et des écosystèmes (avec Vernadsky et ses successeurs). La biologie, spécifique mais inséparable des sciences physico-chimiques, comme en témoigne le lancinant débat autour de ses rapports avec le deuxième principe de la thermodynamique[15], est bien entendu indispensable et fondamentale pour constituer la bioéconomie (à ne pas confondre avec la sociobiologie et d'autres formes du darwinisme social !). Statisticien et collaborateur de Pearson* (le père de la biométrie moderne), Georgescu-Roegen a suivi de près l'introduction des mathématiques dans la pensée biologique du XXe siècle, illustrée notamment par l'essor de la génétique mathématique des populations. Comme le grand biologiste et généticien Theodosius Dobzhansky (1900-1975), l'un des fondateurs de la « théorie synthétique de l'évolution », Georgescu-Roegen professe que rien n'a de sens dans les sciences du vivant sauf à la lumière de la théorie de l'évolution. Thorstein Veblen* – un économiste anticonformiste qui a beaucoup inspiré l'école institutionnaliste (ou culturaliste) à laquelle se rattache Georgescu-Roegen – avait déjà posé la question (en 1898) : « Pourquoi l'économie n'est-elle pas une science évolutionniste ? »[16]. À la biologie évolutive, Georgescu-Roegen rattache la *bioéconomie* – qui n'est nullement un réductionnisme génétique comparable à la sociobiologie – parce que, tout simplement l'activité économique est la continuation de l'évolution biologique par d'autres moyens, non plus endosomatiques mais exosomatiques. La technique, c'est un aspect de la culture, et la culture, comme le pense Georgescu-Roegen avec S. Tax et Dobzhansky, « fait partie de la biologie de l'homme, bien sûr, même si elle est transmise par la société et non par les gènes. C'est une caractéristique de notre espèce, aussi caractéristique que le long cou de la girafe. Les questions de biologie générale qui se posent au sujet du cou de la girafe peuvent aussi bien se poser pour la civilisation humaine. La culture est partie de l'évolution de l'homme. L'homme évolue continuellement en tant qu'espèce, peut-être plus rapidement maintenant que n'importe quelle autre espèce »[17].

Pour Georgescu-Roegen, l'entropie est une découverte aussi inattendue et bouleversante que celle, contemporaine, de l'évolution. Mais contrairement à une interprétation courante (issue de l'idéologie du progrès du siècle dernier), l'évolution ne s'oppose pas à l'entropie. Le processus de l'évolution est entropique. La Loi de l'Entropie est une loi d'évolution. L'évolution et l'entropie ne sont pas les deux « premiers principes », comme on l'a cru avec Spencer, mais les deux aspects d'un même Temps cosmique et psychologique irréversible, celui du devenir de la Nature, dont nous commençons à peine à prendre conscience.

L'énergie, souligne Georgescu-Roegen, n'est pas l'unique dimension à prendre en compte dans ce que Lotka* appelait « les fondements biologiques de la science économique »[18], contrairement donc au nouveau dogme énergétique, lequel ravive – comme l'a bien vu notre auteur qui connaît parfaitement cette histoire – l'ancien dogme énergétique si vivement critiqué à la fin du siècle dernier par Ludwig Boltzmann*[19]. Les énergétistes, d'hier et d'aujourd'hui[20], n'ont en réalité pas bien compris, selon Georgescu-Roegen, toutes les implications bioéconomiques de l'entropie !

En rupture avec toute la tradition « newtonienne » des économistes qui s'inspiraient davantage de la mécanique céleste que des activités économiques, technologiques et biologiques de l'espèce humaine sur Terre, Georgescu-Roegen dévoile la signification économique, anthropologique et écologique, de la révolution thermodynamique – « révolution carnotienne » qui permet, avec une *économie de pensée* remarquable[21], de comprendre le rôle essentiel joué par les ressources naturelles (énergie-matière) dans le processus biophysique du développement économique, inséparable de l'histoire des techniques, des civilisations et des religions. L'aspect entropique de la dimension physique de l'activité économique, immergée (*embedded* selon le terme de Karl Polanyi) dans les institutions (la culture), peut d'autant moins être ignoré, souligne Georgescu-Roegen, qu'il est non seulement à la racine du « conflit social », mais encore à l'origine de la plupart des conflits guerriers qui jalonnent, jusqu'à présent, l'histoire des sociétés humaines[22].

Cette « lutte pour l'entropie » (basse entropie), popularisée par le modèle de Schrödinger* de l'organisme vivant qui « se nourrit d'entropie négative »[23] est une idée – comme l'a noté Georgescu-Roegen depuis longtemps – qui remonte historiquement à une conférence sur le deuxième principe de la thermodynamique donnée à Vienne en 1886 par Ludwig Boltzmann*[24].

Jay W. Forrester[25] et les auteurs du premier rapport au Club de Rome (le rapport Meadows de 1972 sur « les limites à la croissance ») avaient fondamentalement raison de prendre en compte l'épuisement des ressources minérales (matières premières et combustibles fossiles), même si cet aspect (à l'entrée) du métabolisme industriel semble pour l'instant moins préoccupant que celui (à la sortie) de l'accumulation des déchets et de la pollution, comme le montre d'ailleurs le second rapport Meadows de 1992, passé presque inaperçu et qui souligne pourtant que nous sommes en train de dépasser les limites de la capacité de charge de la Terre[26].

En grande partie grâce à Georgescu-Roegen, l'approche écologique et thermodynamique de notre *surcroissance* économique intéresse un nombre de plus en plus important de chercheurs[27]. On commence en effet à s'apercevoir que le processus entropique (unidirectionnel) de l'économie industrielle s'intègre mal dans le fonctionnement cyclique de la Biosphère[28]. D'où l'idée, de plus en plus évidente, que le « développement économique » actuel n'est pas soutenable[29].

Depuis peu, on assiste dans le monde académique de la science des ingénieurs à la naissance d'une *écologie industrielle*[30]. Cette nouvelle approche écosystémique globale du mode de production industriel vise à analyser et à réduire l'impact écologique des activités économiques en cherchant essentiellement à minimiser l'aspect dissipatif (entropique) des flux énergétiques et matériels qui traversent le « métabolisme industriel » reliant le système économique et le système Terre. Si cette orientation de la nouvelle écologie industrielle semble prometteuse et dans la voie ouverte par Georgescu-Roegen, de nombreux problèmes, à commencer par celui des conséquences de « la quatrième loi de la thermodynamique », ne sont manifestement pas encore résolus.

La nouvelle école de l'écologie industrielle, qui plaide pour la « décarbonisation » du système énergétique et la « dématérialisation » du processus économique, peut paraître encore bien embryonnaire, voire surtout théorique[31], mais tout porte à croire qu'à l'avenir le « développement écologiquement soutenable »[32] (malheureusement souvent confondu avec la croissance) devra passer par cette « décroissance » *physique* des activités humaines, principalement dans les pays « surdéveloppés », gros consommateurs d'énergie et de matière. Comme l'a écrit le professeur François Ramade : « On peut imaginer ce que pourrait devenir la demande, avec l'industrialisation du Tiers-Monde, si l'on songe qu'à l'heure actuelle, moins de vingt pour cent de la population mondiale utilise la quasi-totalité de la production globale de matières premières minérales[33] ». C'est bien la voie d'une réorientation structurelle du processus de production de la civilisation industrielle qu'indique *La décroissance*.

Sur cette problématique mondiale du développement et de l'environnement, désormais inséparable du débat scientifique international sur le « *Global Change* », c'est-à-dire les transformations globales du *système Terre*, de la Biosphère, de sa biodiversité et de son système climatique, la communauté scientifique n'a sans doute pas dit son dernier mot. Mais ici l'incertitude scientifique, parce qu'il s'agit de l'avenir d'une évolution intrinsèquement indéterminée (mise en évidence par l'irrégularité fondamentale de l'atmosphère, aux origines de la science du chaos), est bien une propriété essentielle de l'évolution, comme Georgescu-Roegen, philosophe et expert du calcul des probabilités, n'a cessé de le souligner depuis qu'il recherche « le bon jugement », c'est-à-dire le moyen raisonnable « par lequel on puisse répondre au fait de vivre sans connaissance divine dans un monde incertain »[34].

Ce petit volume respecte l'ordre de difficulté croissante des chapitres de la première édition : le nouveau quatrième chapitre est le plus ardu. Mais il comporte une dimension historique et épistémologique importante, qui manquait un peu jusqu'ici et qui nous a amenés à augmenter également l'index des noms cités, de sorte que le lecteur curieux pourra faire connaissance avec les *énergétistes* de la fin du siècle dernier, comme les Allemands Wilhelm Ostwald* et George Helm*, ou encore le grand savant français Pierre Duhem*, rarement cité dans les travaux américains de notre auteur mais évidemment aussi l'une de ses sources scientifiques (depuis ses études parisiennes dans les années 20), au même titre d'ailleurs que le physicien français Bernard Brunhes (1867-1910), dont l'admirable petit livre sur le principe de Carnot, intitulé *La Dégradation de l'énergie* (1908), vient heureusement d'être republié[35].

Malgré nos efforts – depuis une vingtaine d'années ! – pour attirer l'attention sur l'importance des idées de Georgescu-Roegen dans le débat sur la crise écologique du développement, l'œuvre maîtresse de cet « éminent économiste »[36], *The Entropy Law and the Economic Process*, qui date de 1971, n'a toujours pas été traduite en français. Un seul des trois grands livres de notre auteur a été publié à ce jour en France. Mais *La Science économique : ses problèmes et ses difficultés* est malheureusement épuisé. Cette traduction, parue en 1970, n'était d'ailleurs ni intégrale ni toujours fidèle, et cela sur des points fondamentaux comme la distinction faite par notre auteur, qui est aussi un remarquable épistémologue, entre le symbole t (le temps réversible de la dynamique) et celui qu'il note avec un T majuscule (pour désigner le temps physique irréversible de la « flèche du temps », l'entropie croissante)[37].

Le troisième grand livre de Georgescu-Roegen, *Energy and Economic Myths*, publié en 1976, n'a pas eu davantage de succès en France. Non seulement il n'a pas été traduit, mais il reste très peu connu, même parmi les économistes non conformistes[38]. En France, un très petit nombre de chercheurs semblent avoir compris la pertinence des thèses de Georgescu-Roegen sur les rapports entre l'économie, la thermodynamique et l'écologie (voir la bibliographie en fin de volume).

Certains de ces chercheurs, souvent jeunes, sont d'anciens élèves du professeur René Passet, l'un des rares économistes français à s'être engagé dans la voie d'une « bioéconomie », comme l'illustre son livre *L'Économique et le Vivant*, publié en 1979, au même moment que *Demain la décroissance*, et qui a connu en France un meilleur accueil que ce dernier. Il a d'ailleurs été récompensé par l'Académie des sciences morales et politiques qui l'a considéré comme une œuvre novatrice sans précédent... oubliant le travail pionnier de Georgescu-Roegen. Les convergences et les divergences entre ces deux hérétiques de la science économique sont hautement instructives des difficultés que rencontre toute tentative de réconcilier la rationalité économique (du capitalisme industriel occidental) et la logique écologique (de la Biosphère). Cette étude comparée, envisagée[39] dès la parution simultanée de *Demain la décroissance* et de *L'Économique et le Vivant*, reste à faire. Comme on le comprendra sans doute mieux aujourd'hui, la révolution bioéconomique de Georgescu-Roegen, encore largement invisible, est plus pertinente que jamais dans l'actualité internationale de l'après-Rio[40].

Bien des choses ont changé depuis la première édition, en 1979, de *Demain la décroissance*. Le contexte politique et idéologique n'est plus le même. Sur le plan intellectuel, les années 80 ont vu la mobilisation de la coopération scientifique internationale autour des problèmes de l'environnement global (parallèlement à la découverte des conséquences planétaires d'une guerre nucléaire : « l'hiver nucléaire »). On a assisté à l'émergence de l'écologie globale – la science de la Biosphère (au sens planétaire de Vernadsky) ou de Gaïa (selon le concept controversé de James Lovelock[41]) – qui s'inscrit au cœur de l'étude « interdisciplinaire et holistique » du « système Terre », le très ambitieux Programme International Géosphère-Biosphère qui cherche également à intégrer les « dimensions humaines », et notamment l'interférence du métabolisme industriel avec les cycles biogéochimiques de la Biosphère[42].

L'idée de réconcilier l'économie et l'écologie, déjà assez ancienne comme le note Georgescu-Roegen (chap. II, XI), est désormais à l'ordre du jour : elle fait son chemin dans la communauté scientifique, dans la recherche et l'enseignement, dans les administrations publiques, nationales et internationales, et dans certains milieux économiques conscients des responsabilités du monde des affaires dans les problèmes d'environnement. Les résistances sont cependant encore fortes et multiples. On est encore loin d'une véritable réconciliation !

Parmi les milieux académiques qui reconnaissent le rôle pionnier de Georgescu-Roegen, on doit désormais mentionner *l'International Society for Ecological Economics* (I.S.E.E), créée en 1988 à la suite de plusieurs conférences interdisciplinaires internationales sur le thème « économie et écologie ». La revue académique publiée par cette nouvelle association savante, intitulée *Ecological Economics*, marque sans doute le début d'une ère nouvelle dans ce domaine[43]. Nos universités et nos écoles devraient être profondément réformées pour faire place à cette nouvelle approche transdisciplinaire qui détruit le « mur de Berlin » séparant les sciences de l'homme et les sciences de la nature. Beaucoup reste à faire...

Parmi les fondateurs et les animateurs de cette nouvelle école de l'« économie écologique », nous devons souligner ici le nom du professeur Herman E. Daly*, dont il est question dans les textes qu'on va lire. Daly est un ancien élève de Georgescu-Roegen à l'Université Vanderbilt de Nashville ; il est aussi l'un des rares professeurs d'économie à avoir adopté son approche bioéconomique et cela dès 1968[44]. Il a fait un passage remarqué, de 1988 à 1993, au sein du nouveau département « Environnement » de la Banque mondiale à Washington. Depuis la conférence de Stockholm sur l'environnement (1972), la diffusion du « changement de paradigme » de Georgescu-Roegen doit beaucoup à l'influence de Daly dans les milieux environnementalistes et écologistes. C'est notamment par l'intermédiaire de Daly que notre ami Edward Goldsmith publia dans son journal *The Ecologist* les deux articles de Georgescu-Roegen qui constituent ici les chapitres I et II. Malgré ses contributions tout à fait remarquables (non traduites en français[45]), Herman Daly reste malheureusement tout aussi isolé par rapport aux courants dominants de la science économique que ses deux anciens maîtres, Georgescu-Roegen et Kenneth Boulding*[46].

La révolution bioéconomique de Georgescu-Roegen se diffuse malgré tout progressivement dans le monde entier. En novembre 1991, en Italie, à Rome, à l'occasion du 85e anniversaire du professeur Nicholas Georgescu-Roegen, fut organisé un colloque international sur le thème « Entropie et Bioéconomie », reprenant le titre du livre de Joseph C. Dragan et Mihai C. Demetrescu, *Entropy and Bioeconomics : the new paradigm of Nicholas Georgescu-Roegen* (Milan, 1986, 2e éd. 1991)[47]. Les actes de cette réunion de Rome, qui contiennent deux contributions de Georgescu-Roegen et de nombreuses études critiques sur son œuvre, ont été publiés en 1993[48].

La critique de la classique métaphore mécanique, sur laquelle repose tout l'édifice de la science économique de l'Occident – qui a certes connu avec sa mathématisation sa « révolution newtonienne » (Karl Popper)[49], mais non sa « révolution carnotienne » et sa « révolution darwinienne » – est désormais amplement documentée par la frange de l'historiographie de la pensée économique qui a renoué avec la recherche épistémologique et l'historiographie des sciences[50]. Cependant, le retour de la métaphore organique (souhaité par Alfred Marshall*), à la faveur de la nouvelle épistémologie évolutionniste qui s'impose de plus en plus[51], reste souvent terriblement ambigu, comme on peut le voir avec la *Bionomics* de Michael L. Rothschild, la bioeconomics de Colin W. Clark ou de nombreux travaux en économie évolutionniste, et cela essentiellement faute de prendre en compte ce que Georgescu-Roegen a appelé « les aspects bioéconomiques de l'entropie »[52].

Comme notre auteur n'a cessé de le dire depuis son article hétérodoxe de 1960 sur l'économie agraire, l'illusion de l'idéologie de l'industrialisation, qui repose sur la vision mécaniste du monde (le paradigme de la science newtonienne), provient essentiellement de son ignorance (ou de son refoulement) de la « révolution carnotienne » et de la découverte de l'entropie[53]. Au XXe siècle, le triomphe de la mécanique statistique, avec son interprétation probabiliste de l'entropie, ses « démons de Maxwell » et sa « contrebande d'entropie » (avec l'idée que l'information est de l'entropie négative, de la néguentropie !) porte, si l'on comprend bien la critique de Georgescu-Roegen, une lourde responsabilité intellectuelle dans nos mythes économiques modernes à propos de l'énergie et de la matière[54].

En effet après un temps d'hésitation vis-à-vis de la mathématisation de l'économie politique (avec Jevons* et Walras), la science économique dominante a fini par suivre une voie très abstraite étrangement parallèle à celle de la contre-révolution (refoulant la révolution carnotienne) de la mécanique statistique (avec Boltzmann* et Gibbs*) dont Georgescu-Roegen a fait une critique originale (qui s'ajoute aux autres critiques classiques), contestant l'interprétation statistique de l'entropie et ses prolongements dans le formalisme de la théorie mathématique de l'information[55]. L'interprétation de la Loi de l'Entropie de Georgescu-Roegen se situe du côté de la mouvance des penseurs holistiques (organicistes et anti-mécanistes) comme Bergson* ou Eddington* qui, dès le début du XXe siècle, pressentirent la dimension cosmologique du principe de Carnot (devenu avec Clausius*, en 1865, la Loi de l'Entropie)[56], que le physicien et épistémologue bergsonien Olivier Costa de Beauregard a appelé « le Second Principe de la Science du Temps »[57]. À cet égard, il est significatif de voir Benjamin Gal-Or, l'un des maîtres de l'école astrophysique de thermodynamique (dont fait partie Costa de Beauregard), prendre au sérieux Georgescu-Roegen et le citer dans son magistral ouvrage *Cosmology, Physics, and Philosophy*, qui contient deux préfaces élogieuses, de sir Karl Popper et de sir Alan Cottrell[58]. Parce qu'il s'intéresse à tous les aspects de la Loi de l'Entropie et de la révolution carnotienne, Georgescu-Roegen a toujours été passionné par le débat cosmologique, qui est, depuis des siècles, l'une des clefs de la philosophie de la nature.

Bien plus, parce qu'il est mathématicien de formation, et de vocation, Georgescu-Roegen est l'un des critiques les plus féroces de cette idéologie mathématique qu'il nomme l'*arithmomorphisme*, et qui consiste à croire que le monde réel, celui dans lequel nous vivons et dont nous faisons partie, est réductible aux nombres imaginés par notre culture occidentale depuis Pythagore et Platon. On sait que cette idéologie rationaliste a été le fer de lance de la Révolution Scientifique moderne de l'Europe chrétienne, depuis Galilée* et Descartes : par rapport à cette tradition de la science classique, dominée par l'apothéose des œuvres de Newton et de Laplace, Nicholas Georgescu-Roegen est un critique radical, un dissident de l'Occident. Mais il nous explique aussi que, contrairement à l'opinion courante, la pensée mathématique, à l'intérieur même de la civilisation occidentale, n'est pas synonyme de réductionnisme quantitatif et arithmomorphique. La Loi de l'Entropie, qui n'a pas le même statut physico-mathématique que la loi de la gravitation, implique, selon notre auteur, un « indéterminisme entropique ». Ce point capital n'a pas été assez remarqué. L'imagination mathématique a démontré qu'elle pouvait aller au-delà de l'univers des quantités et s'aventurer dans le monde des qualités. Significativement, Georgescu-

Roegen admire le génie longtemps incompris du mathématicien Evariste Galois (1811-1832), un révolutionnaire de la science[59] en avance sur son temps comme Sadi Carnot* et mort la même année que lui à l'âge de vingt ans dans un stupide duel !

Reprenant une formule heureuse du mathématicien et philosophe Alfred North Whitehead (1861-1947), Georgescu-Roegen nous met en garde contre « le sophisme de la concrétisation mal placée » (*the fallacy of misplaced concreteness*)[60]. Ce message de vigilance épistémologique est également repris par Herman Daly et le théologien John B. Cobb[61]. À l'instar du grand historien de l'économie antique Moses I. Finley (1912-1986), souvenons-nous de cette formule méthodologique de Georgescu-Roegen :

« Il y a une limite à ce que nous pouvons faire avec les nombres, et il y en a une à ce que nous pouvons faire sans eux »[62].

Notre traduction de « La Loi de l'Entropie et le Problème économique » et de « L'Énergie et les Mythes économiques », a été effectuée, pour l'essentiel, en 1976, peu avant la parution du livre de Georgescu-Roegen, *Energy and Economic Myths*. L'idée de cette traduction n'était nullement la commande d'un éditeur quelconque et provenait de notre seule initiative, sans autre encouragement que le soutien amical de Georgescu-Roegen lui-même. L'entreprise ne fut pas facile et faillit ne jamais aboutir.

Dès octobre 1976, Armand Petitjean, qui avait cité Georgescu-Roegen dans *Quelles limites ? Le Club de Rome répond...* (Seuil, 1974, p. 46), nous a apporté son soutien personnel. Après l'expérience de sa remarquable collection « Écologie » chez Fayard, dans laquelle il avait notamment publié (en 1972) le premier rapport au Club de Rome sur « les limites à la croissance » (paru sous le titre *Halte à la croissance ?*), et *La Surchauffe de la croissance* (en 1974) du philosophe François Meyer, Armand Petitjean avait de beaux projets pour la collection « Équilibres » qu'il dirigeait alors aux Éditions du Seuil. Georgescu-Roegen, pensait-il, pourrait y être publié en même temps qu'un livre que lui annonçait Ilya Prigogine*. Mais ni *La Nouvelle Alliance* d'Ilya Prigogine et Isabelle Stengers ni *Demain la décroissance* de Nicholas Georgescu-Roegen ne parurent aux Éditions du Seuil. Le directeur de collection n'en était nullement responsable.

Aux Presses Universitaires de France, nos déboires furent plus navrants. *L'Anti-économique* de Jacques Attali et Marc Guillaume, qui avait inauguré en 1974 leur collection « Économie en liberté », nous semblait de bon augure. Marc Guillaume se montra très favorable à notre projet. Malheureusement, Jacques Attali fit avorter le projet. Marc Guillaume nous transmit en effet la lettre suivante, datée du 4 janvier 1979, qu'il avait reçue de Jacques Attali :

« Je trouve le texte bien naïf. Il n'est question ni des problèmes d'ordre, de désordre, d'information, de gaspillages, qui fait à mon sens le cœur de ce sujet mais enfin, Georgescu est un homme qui compte. Cependant je ne peux laisser publier dans une collection que je codirige un livre qui porte sur le même sujet que *La Parole et l'Outil* sans qu'il soit discuté ni même cité. Ce n'est pas par vanité d'auteur. Mais si nous faisons une collection, autant faire en sorte qu'il y ait une certaine continuité. Si les professeurs veulent bien reprendre tous ces thèmes, et en particulier, le problème de l'Ordre et du Bruit, alors la publication est possible, comme celle d'un ancêtre attendrissant. *Tibi.* Jacques ».

Nous, intellectuels de l'étranger, nous n'avons pas du tout aimé ce ton « parisien » et un tantinet « pharisien », et surtout cette suffisance. L'histoire des idées retiendra peut-être que Georgescu-Roegen était atterré de savoir que le président de la République française avait un tel économiste comme conseiller personnel[63].

Nous ignorons si Jacques Attali prit connaissance de cette petite lettre de lecteur parue dans le *Times* du 21 mars 1977 sous le titre « *Music and Economics* » :

> « After reading Jacques Attali's musical theory of the economic process [Feb. 14], I began wondering, if that is his economics, what can his music be ? »
>
> Nicholas Georgescu-Roegen
> Strasbourg, France

Aux Éditions Calmann-Lévy, Christian Schmidt dirigeait l'excellente collection « Perspectives économiques ». Il accueillit avec intérêt le manuscrit de son éminent collègue Georgescu-Roegen, mais ensuite il nous fit attendre une réponse qui ne vint jamais.

En désespoir de cause, nous nous sommes tournés vers Pierre-Marcel Favre, alors nouveau venu dans le monde de l'édition en Suisse romande et que l'ambition poussait vers des audaces que ses confrères ne se permettaient pas. Il fut séduit par notre plaidoyer pro-Georgescu et il céda à la tentation quelque peu provocatrice de publier un livre intitulé *Demain la décroissance*. Citant ce livre, le professeur Henri Guitton (1904-1992) a écrit : « Il peut sembler scandaleux d'intituler aujourd'hui un ouvrage *Demain la décroissance*, en des années où l'on nous affirme et nous répète sur tous les tons : seule la croissance nous sauvera, résorbera le chômage, ralentira l'inflation »[64]. À ce titre volontairement dérangeant, nous ajoutâmes un sous-titre plus didactique et illustrant le nouveau paradigme bioéconomique : « entropie-écologie-économie ».

La présentation de ce petit livre plut beaucoup au professeur Georgescu-Roegen – réputé pour sa rigueur académique et la difficulté de ses travaux – qui se voyait ainsi pour la première fois en auteur populaire. Puisse ce livre le devenir !

À l'époque, les difficultés rencontrées au cours de nos démarches pour trouver un éditeur avaient accru le désir de Georgescu-Roegen de renforcer l'argumentation de ce livre pour le public français. C'est ainsi qu'il nous proposa d'intégrer une étude toute récente alors qui devint le troisième chapitre de ce petit livre d'introduction à la *bioéconomie*.

Lorsque nous avons commencé à concevoir l'idée de ce recueil, en 1975-1976, le terme même de bioéconomie était nouveau dans les travaux de Georgescu-Roegen. Il apparaît en effet en 1975, dans plusieurs articles, dont « L'énergie et les mythes économiques », qui forme ici le chapitre II. Depuis, ce concept s'est affirmé et diffusé, surtout dans les milieux intellectuels de sensibilité écologique. Il est d'ailleurs diversement interprété, mais il correspond ici à l'idée que le processus économique possède des racines biologiques et à la perspective d'une intégration du processus économique dans la problématique de l'évolution et du fonctionnement de la Biosphère, dont nous faisons irrémédiablement partie en tant qu'êtres vivants. L'idée que l'économie humaine s'insère dans le système Terre et doit donc être repensée dans le cadre de l'économie générale de la Biosphère est l'une des grandes idées de l'écologie, cette « science subversive »[65] dont l'essor date des années 60, et même 50, comme en témoigne le texte pionnier de l'économiste français Bertrand de Jouvenel (1903-1987) intitulé « De l'économie politique à l'écologie politique », qui date de 1957[66].

Depuis les débuts de « la révolution environnementale » (Max Nicholson) et surtout la fin des années 80, on assiste au développement de multiples courants de pensée cherchant à réconcilier l'écologie et l'économie, l'environnement et le développement. L'héritage de Georgescu-Roegen a malheureusement été souvent dénaturé, notamment par l'écologie systémique popularisée aux États-Unis dans une perspective *énergétiste* par les frères Eugène et Howard Odum*. Cette écologie des écosystèmes, fondée sur les principes de la thermodynamique et l'étude des cycles biogéochimiques, et dont plusieurs études ont récemment retracé le développement historique dans l'Amérique de l'après-guerre[67], amena de nombreux auteurs à réduire les rapports entre thermodynamique, écologie et économie aux rapports entre énergie, écologie et économie, selon un réductionnisme énergétique tout aussi contestable que le réductionnisme monétaire du système capitaliste[68], comme on le verra dans la critique qu'en fait Georgescu-

Roegen. L'un des pires malentendus qui entourent la diffusion des thèses hétérodoxes de Georgescu-Roegen est sans doute celui qui consiste à assimiler son analyse thermodynamique à une théorie énergétique de l'économie ! Il y a beaucoup de confusions à éliminer dans cette problématique des rapports entre économie, écologie et thermodynamique.

Alors qu'il ne faisait que l'annoncer dans son troisième grand livre de 1976, Georgescu-Roegen a développé depuis (comme ici dans les chapitres 3 et 4) sa « quatrième loi de la thermodynamique » qui constitue une généralisation de la Loi de l'Entropie à la matière dont une partie (les matières premières minérales) n'est *utilisable* pour l'activité industrielle de l'humanité qu'au prix de sa dissipation irrévocable. Depuis 1976, Georgescu-Roegen a écrit de nombreux articles très fouillés sur ce point (voir la bibliographie en fin de volume), qui n'ont malheureusement pas encore été rassemblés dans un livre. *Bioeconomics*, annoncé dans la première édition du présent volume, n'a malheureusement pas encore vu le jour. Ce sera vraisemblablement un ouvrage posthume.

Les matières premières minérales (formées et accumulées dans la longue évolution géologique et biogéochimique de la croûte terrestre) qui sont accessibles à l'ingéniosité humaine constituent non seulement un patrimoine commun (à toute l'espèce humaine) dont la quantité totale est limitée (même si les limites sont difficiles à évaluer) mais encore et surtout un stock de basse entropie qui – malgré les améliorations du système technique de production, le recyclage et la lutte contre le gaspillage – s'épuise inexorablement. Les générations futures seront confrontées à cette raréfaction des ressources naturelles que nient purement et simplement de nombreux économistes à l'instar du très optimiste Julian Simon[69].

La thèse de Georgescu-Roegen ne signifie nullement que le recyclage soit impossible ou inutile, ni que les progrès des sciences et de l'ingénierie nous soient d'aucune aide, mais simplement qu'aucune technologie ne réussira à éliminer totalement les aspects entropiques de l'extraction, de la transformation et de l'utilisation des matières premières minérales nécessaires au mode de production industriel. La nouvelle perspective bioéconomique, significativement proche de la philosophie naturelle de la théorie Gaïa, est là pour nous rappeler notre condition géophysique et biosphérique d'êtres vivants – c'est-à-dire mortels – au sein de l'immense coévolution de la vie avec l'histoire de la Terre dans le cosmos.

La quatrième loi de la thermodynamique proposée par Georgescu-Roegen vient s'ajouter à d'autres arguments bien connus des ingénieurs, des géologues et des géochimistes, comme le coût énergétique croissant (exponentiellement) de l'extraction minière liée à la raréfaction des gisements les plus riches et les plus accessibles. Le « marché » de l'économie capitaliste est totalement incapable de tenir compte des besoins des générations futures ni d'ailleurs de ceux de nos contemporains qui sont trop pauvres pour exprimer une demande solvable. Georgescu-Roegen ne nie pas le progrès technique (historiquement imprévisible) : il en souligne seulement les limites physiques et économiques (qui n'excluent d'ailleurs pas d'autres limites, biologiques, sociales, politiques et éthiques). Il nous rappelle aussi qu'il n'est pas univoquement synonyme de progrès ! Le redoutable problème social du chômage est peut-être bien inséparable d'une réorientation du « progrès technique ». Dans ce domaine de la responsabilité sociale de la science et de la technique, *La Décroissance* est plus actuelle que jamais. Le point sur lequel notre auteur insiste au soir de sa vie, et c'est la raison pour laquelle nous avons ajouté ce quatrième chapitre, c'est l'aspect proprement planétaire, évolutif, de la technique moderne, souvent symbolisée par le mythe de Prométhée, et qui est comme l'avait bien vu Schumpeter, au cœur du développement économique.

Bien plus, les arguments de Georgescu-Roegen rejoignent et renforcent ceux du philosophe Hans Jonas (1903-1993), dont *Le Principe*

Responsabilité : une éthique pour la civilisation technologique nous rappelle également que « la thermodynamique est intraitable »[70]. Comme l'explique Georgescu-Roegen, la dot minéralogique dont dispose toute l'espèce humaine, considérée comme l'ensemble de tous les peuples et de toutes les générations, impliquant la prise en compte d'un avenir incertain et lointain (aux antipodes du fameux « dans l'avenir, nous serons tous morts »), est un patrimoine commun en plus d'un stock fini et non renouvelable. C'est tout le problème capital des ressources naturelles que Georgescu-Roegen inscrit dans la très longue durée de sa problématique bioéconomique. L'utilisation de la nature, de notre milieu terrestre, pose en effet le problème de l'équité non seulement entre les individus et les nations du monde actuel, mais encore entre les générations présentes et toutes les générations futures. L'équité intergénérationnelle, comme on dit, ne se pose d'ailleurs pas seulement à propos des ressources, car ce n'est là que la moitié de la problématique entropique ; il s'agit également et d'une manière nettement plus pressante, des limites de la capacité de charge de la Biosphère (humainement habitable). Le débat international sur les implications économiques et sociales du changement climatique induit par la dérive anthropogénique de l'effet de serre[71] est désormais là pour souligner la pertinence des questions soulevées par Georgescu-Roegen depuis des années.

Loin de nous libérer de la nature, comme on le dit trop souvent, la technoscience de la civilisation industrielle nous soumet plus que jamais aux contraintes énergétiques et matérielles dont elle est tributaire. Les ingénieurs de la production industrielle savent que les principes de la thermodynamique et les contraintes de la géochimie sont incontournables. Née de l'économie des « machines à feu » de la révolution industrielle, la nouvelle science de la thermodynamique est devenue le paradigme de la civilisation thermo-industrielle, autrement dit la théorie physique de sa pratique économique. N'est-il pas logique dès lors que la thermodynamique retrouve ses origines technologiques et économiques, au plus proche voisinage des notions de travail, de puissance et de rendement valorisées par la culture occidentale depuis l'essor de l'Europe chrétienne médiévale dans laquelle s'enracine la puissance militaro-industrielle de notre civilisation moderne ?

Nicholas Georgescu-Roegen, pionnier de la transdisciplinarité, nous invite à tirer les conséquences théoriques et pratiques de la thermodynamique du développement industriel, ce qui implique, bien entendu, qu'on accorde enfin une certaine attention aux dimensions sociales de la thermodynamique, la plus industrielle des sciences de la nature, la plus économique des sciences physiques. Née des sciences de l'ingénieur, au voisinage des sciences du vivant, la thermodynamique est la théorie physique qui relie notre développement techno-économique à l'évolution biologique, à l'écologie globale et à la cosmologie. En mettant en évidence les rapports intimes entre la Loi de l'Entropie et le processus bioéconomique, Georgescu-Roegen dévoile une vérité proprement écologique, qui s'impose désormais à tout le monde : le développement économique ne saurait impunément se poursuivre sans une profonde restructuration et une réorientation *radicalement* différente. À l'opposé de ce qu'enseigne l'orthodoxie économique internationale actuelle, le développement doit être repensé dans le cadre de la Biosphère de la planète Terre dont fait partie, en tant qu'espèce solidaire du reste du monde vivant, toute l'humanité.

JACQUES GRINEVALD ET IVO RENS,
université de Genève, été 1994.

P.S. : *Nicholas Georgescu-Roegen est décédé à Nashville (Tennessee, U.S.A.) le 30 octobre 1994, à l'âge de 88 ans.*

Notes

1. Voir Edith Brown Weiss, *Justice pour les Générations futures. Droit international, Patrimoine commun et Équité intergénérations*, trad. de l'anglais, préface de J.-Y. Cousteau, Paris, Sang de la terre, 1993.

2. Voir l'importante introduction de François Perroux dans Joseph Schumpeter, *Théorie de l'Évolution économique*, trad. de Jean-Jacques Anstett, Paris, Dalloz, 1935, pp. 1-212 ; cette traduction a été rééditée en 1983 sans l'introduction, qui a été republiée dans F. Perroux, *La Pensée économique de Joseph Schumpeter. Les Dynamiques du Capitalisme*, Genève, Droz, 1965.

3. N. Georgescu-Roegen, *La Science économique*, p. 275. Le texte anglais original parle d'une « *ill-advised development fever* ». (*Analytical Economics*, p. 395 ; *Energy and Economic Myths*, p. 139).

4. Exosomatique, littéralement « à l'extérieur du corps », est une conception biologique de la technique et une terminologie que Georgescu-Roegen emprunte à Alfred Lotka* (« The law of evolution as a maximal principle », *Human Biology*, 1945, 17, pp. 167-194), soulignant l'aspect instrumental, technique, de l'histoire naturelle et culturelle de l'espèce humaine.

5. « Nicholas Georgescu-Roegen about himself » *in* Michael Szenberg, ed., *Eminent Economists : their life philosophies*, Cambridge, Cambridge University Press, 1992, p. 130. Georgescu-Roegen rappelle – comme l'une des ironies de sa carrière – qu'en 1936, à la fin de son premier séjour aux États-Unis, il déclina l'invitation de Schumpeter à se joindre au département d'économie d'Harvard ! Voir N. Georgescu-Roegen, « An emigrant from a developing country : autobiographical notes - I », *Banca nazionale del lavoro Quarterly Review*, 1988, 164, pp. 3-31 ; et « Nicholas Georgescu-Roegen » *in* P. Arestis et M. Sawyer, eds, *A Biographical Dictionary of dissenting economists*, Aldershot, Edward Elgar, 1992, pp. 179-187. Les rapports entre Schumpeter et Georgescu-Roegen mériteraient de faire l'objet d'une monographie. Il existe de nos jours de nombreux économistes qui se disent « schumpétériens » !

6. Michel Beaud et Gilles Dostaler, *La Pensée économique depuis Keynes. Historique et Dictionnaire des principaux auteurs*, Paris, Seuil, 1993, p.66n.

7. La nouvelle école de l'économie évolutionniste, très florissante depuis les années 80, se rattache explicitement, comme la bioéconomie de Georgescu-Roegen, au débat épistémologique qui accompagne l'évolution scientifique de la théorie de l'évolution. Georgescu-Roegen est incontestablement un pionnier parmi les économistes évolutionnistes (voir la conférence *Entropy and Bioeconomics*, Rome, 28-30 novembre 1991), mais la plupart des économistes évolutionnistes ne partagent pas sa vision de la décroissance ! On peut noter ici que Georgescu-Roegen fait remarquer que son maître Schumpeter avait anticipé, dans sa *Théorie de l'Évolution économique*, la vision longtemps considérée comme hérétique du grand généticien germano-américain Richard Goldschmidt (1878-1958) qui proposait de distinguer les petites mutations (continues) de la microévolution et les grandes mutations (discontinues) de la macroévolution. Goldschmidt baptisa ces macromutations des « monstres prometteurs » (*hopeful monsters*). L'analogie avec l'histoire des techniques est frappante : par rapport aux voitures à cheval, perfectionnées durant des siècles, les premières locomotives à vapeur ne semblent-elles pas des montres ? (cf. Georgescu-Roegen, *Energy and Economic Myths*, p. 245.) Dans un texte plus récent [« Closing remarks : about economic growth – a variation on a theme by David Hilbert », *Economic Development and Cultural Change*, 1988, 36, suppl. 3, pp. 291-307], Georgescu-Roegen mentionne significativement la réévaluation récente de Goldschmidt en citant Stephen Jay Gould, « The uses of heresy », introduction à Richard Goldschmidt, *The Material Basis of Evolution* [1940], New Haven, Yale University Press, 1982, pp. XIII-XLII. En français, voir Stephen Jay Gould, « Le retour du monstre prometteur » [*Natural History*, 1977, 86, pp. 22-30], *in Le Pouce du Panda : les grandes énigmes de l'évolution*, trad. par Jacques Chabert, Paris, Grasset 1982, pp. 180-187.

8. Paul Valéry écrivait : « La machine économique est, au fond, une exagération, une amplification colossale de l'organisme ». (*in Œuvres*, II, Paris, Gallimard, La Pléiade, 1960, p. 1071). Voir Bertrand de Jouvenel, *Arcadie : essais sur le mieux vivre*, Paris, Futuribles, 1968 ; Joël de Rosnay, *Le Macroscope : vers une vision globale*, Paris, Seuil, 1975. Le concept de métabolisme industriel est de nos jours à la base de l'écologie industrielle : voir Robert U. Ayres, « Le métabolisme industriel et les changements de l'en-

vironnement planétaire », *Revue internationale des sciences sociales*, août 1989, 121 [« Réconcilier la sociosphère et la biosphère »], pp. 401-412 ; Robert U. Ayres et Udo E. Simonis, eds, *Industrial Metabolism*, Tokyo, United Nations University Press, 1994 ; Braden R. Allenby et Deanna J. Richards, eds, *The Greening of Industrial Ecosystems*, National Academy of Engineering, Washington, D.C., National Academy Press, 1994 ; R. Socolow et al., eds, *Industrial Ecology and Global Ecology*, Cambridge, Cambridge University Press, 1994 ; T.E. Graedel et B.R. Allenby, *Industrial Ecology*, AT & T, Englewood Cliffs, N.J., Prentice Hall, 1995. En français, voir S. Erkman (1994).

9. J. Grinevald, *Vernadsky and Lotka as source for Georgescu-Roegen's bioeconomics*, 2nd Vienna Centre Conference on Economics and Ecology, Barcelone, 26-29 septembre 1987 (publié en espagnol : « Vernadsky y Lotka como fuentes de la bioeconornia de Georgescu-Roegen », *Ecologia Politica*, 1990, 1, pp. 99-112).

10. N. Georgescu-Roegen, « The entropy law and the economic process in retrospect », *Eastern Economic journal*, 1986, 12 (1), pp. 3-25.

11. Aux États-Unis, en 1976, une séance du *Joint Economic Committee* du Congrès opposa le point de vue très optimiste du célèbre futurologue Herman Kahn (1922-1983) et celui de N. Georgescu-Roegen (dont la communication s'intitule « La science économique et le problème écologique de l'humanité »). Cf. *U.S. Economic Growth from 1976 to 1986 : Prospects, Problems, and Patterns, vol. 7 – The Limits to Growth, Studies prepared for the use of the Joint Economic Committee Congress of the United States*, December 17, 1976, Washington, U.S. Government Printing Office, 1976.

12. On oublie souvent que même les cycles biogéochimiques ne sont pas complètement fermés, de sorte que la Biosphère (au sens de Vernadsky) est dans la longue durée de sa coévolution biogéologique, un système thermodynamique ouvert, dont le métabolisme global échange de la matière avec la Géosphère (dont la lithosphère possède une dynamique interne décrite par la théorie de la tectonique des plaques). La perturbation des cycles naturels de notre planète par le développement industriel est un phénomène très récent qui commence à peine à faire l'objet des recherches de la coopération scientifique internationale. Voir J. Grinevald, « L'effet de serre de la Biosphère : de la révolution thermo-industrielle à l'écologie globale », *Stratégies énergéti-*

ques, Biosphère et Société (S.E.B.E.S.), 1990, 1, pp. 9-34 ; et « Notes marginales sur l'approche bioéconomique de Sylvie Ferrari », *Stratégies énergétiques, Biosphère et Société* (S.E.B.E.S.), 1993-1994, Genève, 1993, pp. 93-102.

13. J. Grinevald, « L'aspect thanatocratique du génie de l'Occident et son rôle dans l'histoire humaine de la Biosphère », *Revue européenne des sciences sociales*, 1991, 91, pp. 45-64 ; et « The Biosphere and the Noosphere revisited : biogeochemistry and bioeconomics », in *Entropy and Bioeconomics*, (*Proceedings*, Rome, 28-30 Nov. 1991), Milan, Nagard, 1993, pp. 241-258.

14. Le point de vue de Georgescu-Roegen est à la fois épistémologique et historique, comme le confirme l'historiographie du concept de travail mécanique que la science des ingénieurs introduisit dans la physique précisément à l'époque et dans le milieu social de Sadi Carnot. Voir François Vatin, *Le Travail : économie et physique 1780-1830*, Paris, PUF, « Philosophies », 1993.

15. Les idées de Georgescu-Roegen sur l'entropie et l'évolution anticipent un courant scientifique récemment illustré par Jeffrey S. Wicken, *Evolution, Thermodynamics, and Information*, New York, Oxford University Press, 1987, et par Bruce H. Weber et al., eds, *Entropy, Information, and Evolution : new perspectives on physical and biological evolution*, Cambridge, Mass., MIT Press, 1988.

16. Thorstein Veblen*, « Why is economics not an evolutionary science ? », *Quarterly Journal of Economics*, 1898, 12, pp. 374-397 ; repris dans son livre *The Place of Science in Modern Civilisation, and Other Essays*, New York, Russel & Russel, 1919 (rééd. 1961).

17. Theodosius Dobzhansky, *L'Homme en évolution*, trad. fr. de G. et S. Pasteur Paris, Flammarion, 1966, p. 34.

18. Alfred J. Lotka*, *Elements of Physical Biology*, Baltimore, Williams & Wilkins, 1925, p. 354 (livre réédité sous le titre *Elements of Mathematical Biology*, New York, Dover, 1956, et présenté alors comme « un ouvrage classique sur l'application des mathématiques à certains aspects des sciences biologiques et sociales »). Lotka a aussi exprimé ses idées en français dans *Théorie analytique des Associations biologiques*, première partie, Paris, Hermann, 1934.

19. Voir René Dugas, *La Théorie physique au sens de Boltzmann et ses prolongements modernes*, Neuchâtel, Éditions du Griffon, 1959. Remy Lestienne, « À la mémoire de Ludwig Boltzmann : l'entropie est-elle objective ? », *Fundamenta Scientiae*, 1987, 8 (2), pp. 173-184. Dans son *Autobiographie scientifique* (trad. de l'allemand, Paris, Albin Michel, 1960, pp. 84-85) Max Planck* écrit : « C'est Boltzmann qui triompha en fin de compte dans la lutte contre Ostwald et les partisans de l'énergétique, comme j'en avais bien été convaincu personnellement [...]. Cette expérience me valut de surcroît l'occasion d'apprendre un fait que je tiens pour très remarquable : une vérité nouvelle en science n'arrive jamais à triompher en convainquant les adversaires et en les amenant à voir la lumière, mais plutôt parce que finalement ces adversaires meurent et qu'une nouvelle génération grandit à qui cette vérité est familière ».

20. L'application de la thermodynamique aux systèmes biologiques et écologiques fait l'objet d'une importante littérature scientifique et historiographique. Voir notamment Vincent F. Galluci, « On the principles of thermodynamics in ecology », *Annual Review of Ecology and Systematics*, 1973, 4, pp. 329-357. C'est un chapitre obligé de l'histoire de l'écologie : voir Jean-Paul Deléage, *Histoire de l'écologie*, Paris, La Découverte, 1991 (rééd. Seuil, « Points », 1994) ; Jean-Marc Drouin, *L'Écologie et son histoire*, Paris, Flammarion, « Champs », 1993 (1re éd. 1991) ; Pascal Acot, *Histoire de l'écologie*, Paris, PUF, « Que sais-je ? », 1994. Voir aussi, bien entendu, les traités d'écologie systémique des frères Eugène P. Odum et Howard T. Odum* qui sont à la base de l'enseignement éco-énergétique actuel. La « révolution scientifique » de Georgescu-Roegen a fait redécouvrir l'histoire des rapports entre le paradigme thermodynamique de la fin du siècle dernier et une pensée économique non conformiste. Sur cette remontée historico-critique récente, voir le livre et la bibliographie de Juan Martinez-Alier, *Ecological Economics*, Oxford, Blackwell, 1987.

21. Dans ses réflexions épistémologiques sur les rapports entre économie et sciences de la nature, Georgescu-Roegen (cf. *La Science économique*, première partie) met en évidence l'importance de cette notion *d'économie de pensée* développée à la fin du siècle dernier, et notamment dans son histoire de *La Mécanique*, par le philosophe des sciences autrichien Ernst Mach* (1838-1916), suivi d'ailleurs sur ce point par Karl Pearson*.

22. N. Georgescu-Roegen, *La Science économique*, pp. 94-103 ; *The Entropy Law and the Economic Process*, pp. 306-315 ; « Inequality, limits and growth from a bioeconomic viewpoint », *Review of Social Economy*, 1977, 35 (3), pp. 361-375.

23. E. Schrödinger, *Qu'est-ce que la vie ?*, trad. de l'anglais par Léon Keffler (1950), Paris, Seuil, « Points/Sciences », 1993, p.170.

24. Ludwig Boltzmann, « Die zweite Hauptsatz der mechanischen Wärmetheorie » [Wien, 1886], republié *in Populäre Schriften*, Leipzig, Barth, 1905, pp. 28-50 (rééd. 1979). Trad. anglaise *in* L. Boltzmann, *Theoretical Physics and Philosophical Problems*, edited by Brian McGuinness, Dordrecht, Reidel, 1974, pp. 13-32. Cf. N. Georgescu-Roegen, *La Science économique*, p.83n. ; *The Entropy Law and the Econornic Process*, p.192n. À la suite de Lotka (*Elements of Physical Biology*, Baltimore, 1925, p. 355), la littérature transforma le mot entropie en « énergie utilisable » ! Schrödinger* (1944), héritier de Boltzmann*, introduisit l'expression d'entropie négative (*negative entropy*) et dans les années 50, le physicien français Léon Brillouin (1889-1969) – lu et critiqué par Georgescu-Roegen – contracta « *negative entropy* » en proposant le terme *néguentropie*, qui connut la fortune que l'on sait. Ce contexte historique doit être rappelé pour situer et apprécier le terme de « basse entropie » utilisé par Georgescu-Roegen.

25. Jay W. Forrester, *World Dynamics*, Cambridge, Mass., Wright-Allen Press, 1971.

26. D.H. Meadows, D.L. Meadows et J. Randers, *Beyond the Limits*, Post Mills, Vermont Chelsea Green Publishing, 1992. Voir aussi Robert Goodland et al., eds, *Environnentally Sustainable Economic Development : building on Brundtland*, Paris, Unesco, 1991 ; et Worldwatch Institute, *L'État de la Planète*, 1994, trad. de l'américain, Paris, La Découverte, 1994, chap. I : « Capacité de charge : les limites de la Terre ».

27. Voir les « textes sur Georgescu-Roegen » dans la deuxième partie de la bibliographie en fin de volume, qui ne donnent cependant qu'un aspect d'une bibliographie générale nettement plus importante. Voir surtout Charles A. S. Hall et al., *Energy and Resource Quality : The ecology of the economic process*, New York, Wiley-Interscience, 1986 ; et John Peet, *Energy and the*

Ecological Economics of Sustainability, Washington, D.C., Island Press, 1992.

28. D'où le titre du livre du biologiste américain Barry Commoner*, *The Closing Circle*, New York, Knopf, 1971 ; trad. fr. : *L'Encerclement*, Paris, Seuil, coll. « Science ouverte », 1972. Cette opposition entre le symbole du cercle (associé dans le paradigme classique de l'économie de la nature à l'équilibre, à l'harmonie et à la beauté de la Terre) et celui de la flèche est bien connue de la littérature sur la philosophie naturelle du Temps à laquelle on devrait rattacher *The Entropy Law and the Economic Process*.

29. La littérature critique est trop peu connue, voir la synthèse de Joel Jay Kassiola, *The Death of Industrial Civilization : the limits to economic growth and the Repoliticization of advanced industrial society*, New York, State University of New York Press, 1990.

30. Suren Erkman, *Écologie industrielle, Métabolisme industriel et Société d'utilisation*, étude effectuée pour la Fondation pour le progrès de l'homme, Genève, octobre 1994, 276p. (qui contient une impressionnante bibliographie). Significativement, les premiers ouvrages de synthèse de cette nouvelle discipline – comme B. R. Allenby et D. J. Richards, eds, *The Greening of Industrial Ecosystems* (National Academy of Engineering, Washington, D.C., National Academy Press, 1994) et R. U. Ayres et U. E. Simonis, eds, *Industrial Metabolism : restructuring for sustainable development* (Tokyo, United Nations University Press, 1994) – font référence à *The Entropy Law and the Economic Process* de Georgescu-Roegen.

31. L'enquête de Suren Erkman indique l'article de Robert Frosch et Nicholas Gallopoulos (« Des stratégies industrielles vivables », *Pour la Science*, novembre 1989, 145, pp. 106-115) comme point de départ de l'essor de ce courant de pensée, qui possède des racines évidemment plus anciennes. Voir aussi Jesse H. Ausubel et Hedy E. Sladovich, eds, *Technology and Environment*, National Academy of Engineering, Washington, D.C., National Academy Press, 1989. Les actes du colloque « *Industrial Ecology* », organisé par C. Kumar N. Patel, les 20-21 mai 1991 à l'Académie nationale des sciences, à Washington, publiés *in Proceedings of the National Academy of Sciences*, U.S.A., février 1992, 89 (3), pp. 793-884, constituent l'une des premières manifestations académiques d'un mouvement essentiellement endogène à la R-D des plus grandes entreprises industrielles du monde. [Voir

aussi Suren Erkman, *Vers une écologie industrielle*, Paris, Éditions Charles Léopold Mayer, La librairie FPH, 1998, 2e éd. 2004.]

32. Voir William C. Clark et R. E. Munn, eds, *Sustainable Development of the Biosphere*, Laxenburg, IIASA, Cambridge, Cambridge University Press, 1986.

33. F. Ramade, *Écologie des Ressources naturelles*, Paris, Masson, 1991, p.95.

34. N. Georgescu-Roegen, *La Science économique*, p. 201.

35. B. Brunhes, *La Dégradation de l'énergie*, Paris, Flammarion, « Champs », 1991 (éd. originale, 1908). La préface de cette récente édition semble malheureusement ignorer les auteurs qui ont récemment ravivé la mémoire de B. Brunhes (sans parler ici de sa place dans l'histoire du paléomagnétisme). On a oublié aussi que Jean Brunhes (1869-1930), dans son grand livre de *Géographie humaine*, citait longuement le livre de son frère aîné à propos de « l'économie destructive ».

36. Reconnu désormais par les ouvrages biographiques ou encyclopédiques dans le domaine de la pensée économique contemporaine. Voir Mark Blaug, *Great Economists since Keynes* ; Brighton, Wheatsheat 1985 ; *The New Palgrave : a dictionary of economics*, Londres, Macmillan, vol. 2, pp. 515-516 ; Jan A. Kregel, ed., *Recollections of Eminent Economists*, Londres, Macmillan, vol. 2, 1989 ; Philip Arestis et Malcolm Sawyer, eds, *A Biographical Dictionary of dissenting economists*, Aldershot, Edward Elgar, 1992 ; Michael Szenberg, ed., *Eminent Economists* ; Cambridge, Cambridge University Press, 1992 ; Michel Beaud et Gilles Dostaler, *La Pensée économique depuis Keynes*, Paris, Seuil, 1993.

37. Cette distinction capitale entre la variable cardinale *t* (avec un petit *t*) et la variable ordinale *T* (avec un grand *T*), inséparable de la critique de l'arithmomorphisme (« une superstition aussi dangereuse que l'ancien animisme ») (*La Science économique*, p. 43), va de pair, chez Georgescu-Roegen, avec l'idée que « le sens plein de la Loi [de l'Entropie] est que l'entropie de l'univers augmente à mesure que le Temps s'écoule à travers la conscience de l'observateur. Le Temps dérive du courant de la conscience, non pas du changement de l'entropie, ni, pour ce domaine, du mouvement d'une horloge. En d'autres termes, la relation entre le temps et n'importe quel

sablier est exactement le contraire de ce que l'on est généralement enclin à penser ». (*La Science économique*, p. 71, notre traduction corrigée à partir de *Analytical Economics*, p. 69 ; *The Entropy Law and the Economic Process*, p. 133.) Le fait que la flèche du temps de l'entropie croissante va dans le même sens que notre conscience de l'écoulement irrévocable du temps (la durée bergsonienne) est ainsi lourd de sens, notamment pour les rapports entre l'aspect « physique » et l'aspect « psychique » (le flux immatériel de « la joie de vie ») de notre existence. La littérature spécialisée sur cette question de la « flèche du temps » (l'anisotropie ou l'irréversibilité du temps), qui est remarquable depuis les années 60, n'a malheureusement pas encore pris en considération Georgescu-Roegen.

38. Le nom même de N. Georgescu-Roegen, qui a pourtant enseigné et publié en France, n'est pas mentionné une seule fois dans Jean Weiller et Bruno Carrier, *L'Économie non conformiste en France au XXe siècle*, Paris, PUF, coll. « Économie en liberté », 1994.

39. *Questions à la Bioéconomie*, Paris, Cahiers du GERMES, Cahier n• 4, juin 1980.

40. Voir Ivo Rens, « Après Rio, quelles stratégies ? », *Stratégies énergétiques, Biosphère et Société* (S.E.B.E.S.), 1992-1993, Genève, 1992, pp. 5-21 ; voir aussi le dossier « L'explosion démographique contre le développement durable », *Stratégies énergétiques, Biosphère et Société* (S.E.B.E.S.), 1993-1994, Genève, 1993.

41. James Lovelock, *La Terre est un être vivant. L'Hypothèse Gaïa*, trad. de l'anglais [1979], Paris, Flammarion, « Champs », (1986) 1993 ; *Les Âges de Gaïa*, trad. de l'anglais [1988], Paris, Robert Laffont, 1990 ; voir aussi J. Lovelock, *Gaïa : Une médecine pour la planète*, préface de Jacques Grinevald, Paris, Sang de la terre, 2001. Mitchell B. Rambler et al., eds, *Global Ecology : towards a science of the Biosphere*, Boston, Academic Press, 1989. Il y a certaines affinités épistémologiques (et certaines sources communes) entre la théorie Gaïa de James Lovelock et Lynn Margulis et la bioéconomie de Nicholas Georgescu-Roegen.

42. Voir Académie nationale des sciences (U.S.A.), *Une Planète, un Avenir*, trad. de l'américain, préface de Jacques Grinevald, Paris, Sang de la terre, 1992, qui contient la bibliographie de base. Voir aussi Robert Socolow, ed., *Industrial Ecology and Global Change*, Cambridge, Cambridge University Press, 1994.

43. Voir Frank-Dominique Vivien, *Économie et Écologie*, Paris, La Découverte, coll. « Repères », 1994.

44. H. E. Daly, « On economics as a life science », *Journal of Political Economy*, 1968, 76 (3), pp. 392-406 (rééd. in H. E. Daly et K. N. Townsend, eds, *Valuing the Earth : economics, ecology, ethics*, Cambridge, Mass., MIT Press, 1993, chap. XIII).

45. Voir toutefois H. E. Daly, « Il n'y a pas de croissance durable », *Silence*, décembre 1991 et *Transversales Science/Culture*, janvier-février 1992, 13, pp. 10-11. Robert J.A. Goodland et H.E. Daly, « Les instruments requis », *in* C. Mundall et D.J. McLaren eds, *La Terre en péril : métamorphose d'une planète*, publié pour la Société royale du Canada, Ottawa, Les Presses de l'Université d'Ottawa, 1990, pp. 295-309.

46. Contrairement à Georgescu-Roegen et Boulding, Daly est ignoré dans le remarquable ouvrage de Michel Beaud et Gilles Dostaler, *La Pensée économique depuis Keynes* (Paris, Seuil, 1993) ; et dans les autres ouvrages du même genre.

47. J. Grinevald, « La première conférence internationale de bioéconomie », *Transversales Science/Culture*, janvier-février 1992, 13, p. 8 ; « La révolution bioéconomique de Nicholas Georgescu-Roegen. À propos de la première conférence internationale de bioéconomie à Rome les 28-30 novembre 1991 », *Stratégies énergétiques, Biosphère et Société* (S.E.B.E.S.), octobre 1992, pp. 23-34 ; « Georgescu-Roegen : bioéconomie et biosphère », *Silence*, avril 1993, 164, pp. 4-14 ; rééd. *in Objectif décroissance*, Paris, Parangon, 2003, p. 44-57.

48. European Association for Bioeconomic Studies, *Entropy and Bioeconomics. First International Conférence of the E.A.B.S., edited by* J.C. Dragan, E.K. Seifert, M.C. Demetrescu, Milan, Nagard, 1993.

49. K. Popper, *Misère de l'historicisme*, trad. de l'anglais, Paris, Plon, 1956, p. 60. Voir N. Georgescu-Roegen, *La Science économique*, p. 20 ; *The Entropy Law and the Economic Process*, p. 41 ; et J. Grinevald, « Le sens bioéconomique du développement humain : l'affaire Nicholas Georgescu-Roegen », *Revue européenne des sciences sociales*, 1980, 51, p. 60 ; « La thermodynamique, la révolution industrielle et la révolution carnotienne », *Entropie*, n° hors-série « Thermodynamique et sciences de l'homme », 1982, p. 24, n28.

50. Voir notamment l'ouvrage controversé de Philip Mirowski, *More Heat than Light : economics as social physics, physics as nature's economics*, Cambridge, Cambridge University Press, 1989 (dédié à « *the most profound economic philosophers of the 20th century : Thorstein Veblen, Nicholas Georgescu-Roegen* »); trad. fr. : *Plus de chaleur que de lumière : L'économie comme physique sociale, la physique comme économie de la nature*, Paris, Economica, 2001.
L'originalité de Georgescu-Roegen n'est pas seulement de critiquer l'épistémologie mécaniste des économistes ; elle est aussi et surtout de découvrir les aspects économiques de la révolution thermodynamique, tout en cherchant à répondre au défi lancé par la question de Veblen : « Pourquoi l'économie n'est-elle pas une science évolutionniste ? » Voir aussi J. M. Naredo, *La economía en evolución. Historia y perspectivas de las categorías básicas del pensamiento económico*, Madrid, Siglo XXI, 1987 ; 3e éd. 2003.

51. Voir surtout Geoffrey M. Hodgson, « The mecca of Alfred Marshall » (*Economic Journal*, 1993, 103, pp. 406-415), et son livre *Economics and Evolution : bringing life back into economics*, Cambridge, Polity Press, 1993 (dédié à « *Nicholas Georgescu-Roegen and Richard R. Nelson, and to the memory of George L.S. Shackle, who moved us from equilibrium and showed us the way to evolution* »).

52. N. Georgescu-Roegen, « Bio-economic aspects of entropy », *in* L. Kubat et J. Zeman, eds, *Entropy and Information in Science and Philosophy*, Amsterdam, Elsevier, 1975, pp. 123-142. Sur les ambiguïtés du mot bioéconomie, voir J. Grinevald, « Notes marginales sur l'approche bioéconomique de Sylvie Ferrari », *Stratégies énergétiques, Biosphère et Société* (S.E.B.E.S.), 1993-1994, Genève, 1993, pp. 93-102. Voir aussi Donald Worster, *Les Pionniers de l'Écologie*, trad. de l'américain (1977), Paris, Sang de la terre, 1992, p. 315.

53. En plus des textes rassemblés dans le présent volume, voir en français N. Georgescu-Roegen, « De la science économique à la bioéconomie », *Revue d'économie politique*, Mai-juin 1978, 88 (3), pp. 337-382.

54. Voir surtout N. Georgescu-Roegen, « Myths about energy and matter », *Growth and Change*, 10, pp. 16-23.

55. N. Georgescu-Roegen, *La Science économique*, pp. 76-82 ; *The Entropy Law and the Economic Process*, chap. VI « Entropy, Order, and

Probability », pp. 141-169, et Appendice B, pp. 388-406. Voir Gabriel Lozada, « Georgescu-Roegen's critique of statistical mechanics revisited », *in* J.C. Dragan et al., eds, *Entropy and Bioeconomics*, Milan Nagard, 1993, pp. 389-398. La critique de Georgescu-Roegen s'ajoute notamment à celle de Karl Popper (*La Quête inachevée*, trad. de l'anglais, Paris, Calmann-Lévy, 1981, chap. XXX, XXXV et XXXVI). L'histoire critique de cet important épisode de la pensée scientifique contemporaine n'est pas encore achevée, à peine est-elle esquissée. La littérature de référence dans ce domaine n'a généralement pas encore pris acte de la critique de Georgescu-Roegen, auteur curieusement « oublié » par la remarquable anthologie de Harvey S. Leff et Andrew F. Rex, eds, *Maxwell's Demon : entropy, information, computing* (Bristol, Adam Hilger, 1990). La dérive de la notion d'entropie vers l'abstraction mathématique et la théorie de l'information est bien illustrée par Raphael D. Levine et Myron Tribus, eds, *The Maximum Entropy Formalism*, Cambridge, Mass., MIT Press, 1979.

56. Rudolf Clausius, *Théorie mécanique de la chaleur*, trad. de l'allemand par F. Folie, Paris, Eugène Lacroix, 1868 [réimpression : Éditions Jacques Cabay, 1991], p. 420.

57. O. Costa de Beauregard, *Le Second Principe de la Science du Temps : entropie, information, irréversibilité*, Paris, Seuil, 1963. La confrontation des thèses de Georgescu-Roegen avec celles de Costa de Beauregard (reprises par Joël de Rosnay et bien d'autres) serait d'un grand intérêt pour l'anthropologie des sciences et l'histoire des idées.

58. B. Gal-Or, *Cosmology, Physics, and Philosophy*, New York, Springer, 1982, pp. 465-466. Pour un résumé des développements de l'école astrophysique de thermodynamique dans les années 60, voir B. Gal-Or, « The crisis about the origin of irreversibility and time anisotropy », *Science*, 7 avril 1972, 176, pp. 11-17 ; « Entropy, fallacy, and the origin of irreversibility », *Annals of the New York Academy of Sciences*, 4 octobre 1972, 196, pp. 305-325 ; « Philosophical problems of thermodynamics » *in* L. Kubat et J. Zeman, eds, *Entropy and Information in Science and Philosophy*, Amsterdam, Elsevier, 1975, pp. 211-230 (ouvrage collectif auquel Georgescu-Roegen a collaboré).

59. N. Georgescu-Roegen (*La Science économique*, p. 59) : « La révolution peut-être la plus importante des mathématiques modernes fut provoquée par la notion de groupe d'Evariste Galois ». Voir aussi N. Georgescu-Roegen,

« Are there minds that think above their time ? The case of Hermann Heinrich Gossen », *Rivista Internazionale di Scienze Economiche e Commerciali*, 1984, 12, pp. 1141-1161.

60. N. Georgescu-Roegen, *La Science économique*, p. 108 (nous ne suivons pas cette traduction) ; *The Entropy Law and the Economic Process*, p. 321. Voir A. N. Whitehead, *Science and the Modern World*, New York, Macmillan, 1925, p. 75. (trad. fr. : *La Science et le Monde moderne*, Paris, Payot, 1930 ; nouvelle trad., Éditions du Rocher, 1994) ; *Process and Reality : an Essay in cosmology*, New York, Macmillan, 1929, p. 11. Nous avons suivi la traduction donnée par Félix Cesselin, *La Philosophie organique de Whitehead*, Paris, PUF, 1950, p. 200.

61. H. E. Daly et J. B. Cobb, jr., *For The Common Good : Redirecting the economy toward community, the environment, and a sustainable future*, Boston, Beacon Press, 1989, 2e éd. 1994.

62. N. Georgescu-Roegen, « Nature de l'espérance et de l'incertitude » (1958), *in La Science économique*, p. 201 ; cité dans Moses 1. Finley, *L'Économie antique*, trad. de l'anglais, Paris, Minuit 1975, p. 26.

63. N. Georgescu-Roegen, « An emigrant from a developing country : autobiographical notes - I », *op. cit.* p. 14.

64. H. Guitton, *Le Sens de la Durée*, Paris, Calmann-Lévy, 1985, p. 172.

65. Selon l'expression de 1964 de l'écologiste américain Paul B. Sears (1891-1990), popularisée par l'une des premières anthologies du genre : Paul Shepard et Daniel McKinley, eds, *The Subversive Science : essays toward an ecology of man*, Boston, Houghton Mifflin Company, 1969.

66. B. de Jouvenel, « De l'économie politique à l'écologie politique » (*Bulletin S.E.D.E.I.S.*, 1er mars 1957), repris *in La Civilisation de Puissance*, Paris, Fayard, 1976, chap. VI, pp. 49-77.

67. Chung Lin Kwa, *Mimicking Nature : the development of systems ecology in the United States, 1950-1975*, Université d'Amsterdam, 1989 ; Joël B. Hagen, *An Entangled Bank : the origins of ecosystem ecology*, New Brunswick, Rutgers University Press, 1992 ; Frank Benjamin Colley, *A History of the Ecosystem Concept in Ecology*, New Haven, Yale University Press, 1993. Voir aussi les récents livres français (de P. Acot, R. Dajoz, J.-P. Deléage, J.-M. Drouin, Ch. Lévêque) sur l'histoire de l'écologie.

68. Voir la doctrine éco-énergétique de Gonzague Pillet et Howard T. Odum (*E³ : Énergie, Écologie, Économie*, Genève, Georg, 1987, p. 183) : « En particulier, Georgescu-Roegen semble avoir tort pour ce qui est de la matière (qui, pour lui, se dissipe) et qui, en réalité, n'est perdue que localement car elle est recyclable par les grands systèmes naturels ».

69. Au début des années 80 les éditions *Princeton University Press* espéraient publier *Bioeconomics* de Georgescu-Roegen pour contrebalancer l'optimisme de l'ouvrage controversé du professeur Julian L. Simon, *The Ultimate Resource*, Princeton, Princeton University Press, 1981 (trad. fr : *L'Homme, notre dernière chance : croissance démographique, ressources naturelles et niveau de vie*, Paris, PUF, 1985). Voir aussi J. Simon et H. Kahn, eds, *The Resourceful Earth : a response to Global 2000*, New York, Blackwell, 1984, également très controversé chez les écologistes.

70. H. Jonas, *Le Principe Responsabilité : une éthique pour la civilisation technologique*, trad. de l'allemand [1979] par Jean Creisch, Paris, Cerf, 1990, p. 256. Voir aussi Michel Serres, *Le Contrat naturel*, Paris, Flammarion, coll. « Champs », (éd. originale 1990) 1992.

71. Débat scientifique dont l'histoire possède significativement les mêmes dates et le même gradient de croissance que la civilisation industrielle occidentale : cf. J. Grinevald, « L'effet de serre de la Biosphère : de la révolution thermo-industrielle à l'écologie globale », *op. cit.*, et « De Carnot à Gaïa : histoire de l'effet de serre », *La Recherche*, mai 1992, pp. 532-538. Voir les rapports de l'IPCC (*Intergovernemental Panel on Climate Change*), le groupe d'experts intergouvernemental sur l'évolution du climat (GIEC en français) créé conjointement par l'OMM et le PNUE en 1988. Voir aussi l'excellente analyse politique de Philippe Roqueplo, *Climats sous surveillance : limites et conditions de l'expertise scientifique*, Paris, Économica, 1993. Sur les aspects de droit international public, voir Sten Nilsson et David Pitt, *Protecting the Atmosphere. The Climate Change Convention and its Context*, Avant-propos d'Ivo Rens, Londres, Earthscan, 1994. Sur les aspects économiques : Sylvie Faucheux et Jean-François Noël, *Les Menaces globales sur l'environnement*, Paris, La Découverte, « Repères », 1990 ; Peter Hayes et Kirk Smith, eds, *The Global Greenhouse Regime : who pays ? Science, economics and North-South politics in the Climate Change Convention*, Tokyo, United Nations University Press, Londres, Earthscan, 1993.

PRÉFACE À LA PREMIÈRE ÉDITION (1979)

En 1610, le fameux *Message céleste* de Galilée ne put convaincre les docteurs de l'Église catholique de regarder le ciel avec un télescope. Le premier des trois chapitres qui suivent pourrait s'intituler *Message terrestre* ; il date de 1970, mais la communauté internationale des économistes d'aujourd'hui n'a pas encore accepté de scruter l'économie terrestre avec le « macroscope » thermodynamique que leur propose Georgescu-Roegen. Paradoxalement, ce que ce dernier critique le plus dans la science économique dominante, c'est le dogme mécaniste de la science galiléenne ! Néanmoins, « dans un monde où les économistes remplacent les prêtres » (Ivan Illich), il en va de notre auteur comme jadis de Galilée.

Parce que l'affaire nous paraît importante, comme on dit urgente même, nous présentons pour le grand public, et nous en sommes en l'occurrence, trois textes célèbres outre-Atlantique et outre-Manche, mais jusqu'ici curieusement inédits en français. Datés respectivement de 1970, 1972 et 1976, ils constituent une excellente introduction, en un langage volontairement étranger à tout ésotérisme académique, à la perspective radicalement novatrice que le professeur Nicholas Georgescu-Roegen propose de substituer à celle de l'enseignement économique traditionnel. Nous voudrions souligner ici que la *bioéconomie* de Georgescu-Roegen procède d'une nouvelle vision scientifique du monde, issue de la révolution thermodynamique et de l'essor des sciences du vivant dont l'écologie propose une approche globale.

Sans doute, ce savant n'est-il pas encore connu du grand public. Pourtant parmi les professionnels de l'économie théorique, surtout les plus mathématiciens d'entre eux, sa réputation scientifique n'est plus à faire.

Expert et même pionnier de l'économétrie, cette discipline hybride entre la statistique, l'économie politique et l'analyse mathématique, et dont l'essor ne date que des années 1930, il donne à sa critique du dogme de la croissance et à sa contestation de l'épistémologie mécaniste une portée exceptionnelle, car il les fonde sur une conception de la science radicalement différente.

L'estime de ses collègues, comme en témoigne le volume publié en 1976 aux États-Unis à l'occasion de son 70e anniversaire et qui rassemble les signatures de quatre Prix Nobel d'économie – Samuelson, Hicks, Kuznets et Tinbergen[1], ne signifie cependant pas que *l'establishment* des grands économistes et de tous leurs épigones soit prêt à admettre ses thèses. Et s'il obtient un jour le Prix Nobel d'économie, comme il en est question dans certains milieux scientifiques[2], on peut s'attendre à un beau tollé de ses confrères. En revanche, on ne s'étonnera pas que ses thèses hétérodoxes aient reçu un accueil sympathique dans les milieux écologistes. Ainsi, la revue anglaise *The Ecologist* a déjà publié intégralement les deux premiers textes du présent recueil[3] malgré certaines répétitions inévitables[4].

Il est piquant de relever que le récent livre de Georgescu-Roegen, *Energy and Economic Myths : institutional and analytical economic essays* (1976), comporte une dédicace à Paul A. Samuelson*, auteur d'un livre très savant intitulé *Les Fondements de l'Analyse économique*, dans lequel on reconnaît le style de la physique mathématique classique, et du manuel *Economics* universellement diffusé et perpétuellement réédité. En 1966 parut à Harvard University Press un recueil rétrospectif des principaux travaux de Georgescu-Roegen intitulé *Analytical Economics : issues and problems* dont l'essentiel a été publié en français en 1970 chez Dunod, sous le titre *La Science économique : ses problèmes et ses difficultés*, à l'instigation du professeur Henri Guitton[5]. L'ouvrage contenait une longue introduction qui était un livre en soi et qui retraçait l'évolution philosophique et scientifique de l'auteur. Dans cette introduction datée de 1964, on peut retrouver aujourd'hui l'esquisse des thèses que Georgescu-Roegen devait magistralement développer dans son *magnum opus*, *The Entropy Law and the Economic Process*, publié en 1971, également par Harvard University Press et qui devra bien un jour être traduit en français.

Dans sa préface à *Analytical Economics*, Samuelson présentait l'auteur comme un pionnier de l'économie mathématique aux orientations parfois déconcertantes. Le célèbre professeur du Massachusetts Institute of Technology (M.I.T.) confessait alors : « Je défie tout économiste informé de rester satisfait de soi après avoir médité sur cet essai ».

La position résolument prise par Georgescu-Roegen dès le début des années soixante, et très clairement exposée au Congrès de l'Association Économique Internationale tenu à Rome en 1965[6], constituait l'amorce d'une dissidence. Dix ans plus tard d'ailleurs, la rupture semble avouée par Samuelson lui-même, comme on peut le constater dans le chapitre intitulé « La pauvreté et l'inégalité, l'écologie et la croissance, l'amour et la justice » de la 10e édition de cette bible de l'enseignement qu'est l'*Economics*. On y trouve en effet six lignes à la fois dérisoires et péremptoires sur la dissidence de Georgescu-Roegen, assimilée en l'occurrence à la contestation écologiste d'un Barry Commoner[7].

Sans doute, l'approche nouvelle que Georgescu-Roegen propose pour aborder les problèmes économiques apporte-t-elle un cadre théorique précieux pour ceux qui prennent conscience de la contradiction fondamentale entre l'économie actuelle et l'enseignement relativement récent des sciences biologiques, si l'on prend du moins cet enseignement dans la perspective globale qu'offre l'écologie. Mais il serait inexact d'assimiler Georgescu-Roegen au mouvement écologiste sans autre forme de procès.

Alors qu'une nouvelle doctrine est en train de faire renaître l'idée de l'état stationnaire, ou si l'on préfère de la « croissance zéro », et cela souvent avec des arguments apparentés à la pensée de Georgescu-Roegen, il faut prêter attention au chapitre VIII du deuxième texte et surtout à la démonstration du troisième texte ci-après. Là, notre auteur se démarque clairement : l'antithèse de la croissance n'est pas l'état stationnaire. Celui-ci suppose des conditions bien trop restrictives pour être applicable à l'économie humaine. À terme, la décroissance est inéluctable et la sagesse serait de maîtriser la décroissance des pays industriels plutôt que de tenter la « relance » du moteur de la croissance par des moyens qui conduisent au chômage, à l'aggravation du fossé entre les riches et les pauvres de la planète, aux risques incalculables de l'utilisation de l'énergie nucléaire, en somme à une sorte de normalisation de la crise confinant, en raison même de la réussite du progrès technologique, au désastre irrémédiable. La conception évolutionniste de Georgescu-Roegen, insistant sur l'irréversibilité, indique une voie qui ne ressemble nullement à un retour en arrière – il n'y a pas d'inversion du temps entropique – mais à une *désescalade* sur l'échelle de la puissance, rejoignant les thèmes des partisans de la technologie douce, de l'énergie solaire, de l'agriculture biologique et du désarmement généralisé.

L'opposition exemplaire que nous venons d'établir entre Samuelson et Georgescu-Roegen n'est pas du tout une querelle de personnes. Ce que nous pouvons et sans doute devons y voir, au moment où certains historiens de la pensée économique moderne constatent, en s'inspirant de Thomas Kuhn[8], que « la science économique n'a jamais connu de révolution majeure, [que] son modèle général de base [son paradigme] n'a jamais été remplacé »[9], c'est que précisément la bioéconomie de Georgescu-Roegen représente un autre paradigme.

Comme son nom l'indique, Nicholas Georgescu-Roegen est d'origine roumaine. Il est né à Constanza en 1906. Sa formation initiale, à l'université de Bucarest fut celle des mathématiques. De 1927 à 1930, c'est à Paris qu'il poursuit ses études de mathématicien, présentant en Sorbonne une thèse de statistique. Dès cette époque, où les idées d'Einstein et de Bergson étaient passionnément discutées, il s'intéresse à la philosophie des sciences. Élève notamment d'Emile Borel, il se familiarise avec les difficultés du calcul des probabilités, qui tient une place centrale dans l'interprétation du concept d'entropie depuis Ludwig Boltzmann.

Après Paris, c'est à Londres qu'il travaille, sous la direction du vénérable Karl Pearson, l'un des plus éminents statisticiens et philosophes des sciences de l'époque.

En 1932, retour au pays natal, à l'Université de Bucarest où il enseigne, jusqu'en 1946, la statistique. Il faudrait tout un livre pour retracer la phase européenne de sa vie et de son œuvre. Notre auteur ne manque jamais de le rappeler : c'est dans son pays, dans cette Roumanie de l'entre-deux-guerres, dont l'économie agraire surpeuplée traversait une crise particulièrement dramatique pour les paysans, qu'il découvre les problèmes économiques. Sans jamais abandonner son intérêt intellectuel pour les sciences, il se préoccupe de plus en plus des réalités plus concrètes de la vie économique.

En marge de ses activités académiques, il assume de nombreuses responsabilités dans les affaires publiques de son pays. De 1932 à 1938, il est associé à la direction de l'Institut central de statistique de Bucarest ; en 1938, il est nommé conseiller économique au département des Finances ; de 1939 à 1944, il occupe le poste de directeur au ministère du Commerce. En 1944-45, il assume la redoutable charge de secrétaire général de la commission roumaine d'armistice avec l'U.R.S.S., faisant alors l'amère expérience du régime stalinien. Après la victoire définitive du parti communiste roumain, il quitte son pays et émigre avec sa femme aux États-Unis. De cette période roumaine de son existence date sa constante préoccupation de la question agraire – il était membre du parti national paysan – et plus généralement, des rapports de l'homme avec la nature, qui évoque les physiocrates. On en trouve l'écho dans une importante étude publiée en 1960, dans laquelle il dressait le constat de faillite de la science économique, tant marxiste que libérale, face aux réalités économiques et institutionnelles des sociétés agraires[10].

En 1948, il est accueilli par l'Université de Harvard où il avait déjà été boursier de la Fondation Rockefeller en 1934-36, collaborant notamment avec le grand économiste Joseph Schumpeter. Il devient professeur américain. De 1949 à 1976, il enseigne l'économie théorique à l'Université Vanderbilt à Nashville dans l'État du Tennessee. Sa carrière académique est jalonnée d'invitations à l'étranger : Japon, Inde, Brésil, Ghana, Italie, Canada, etc. Après un passage à l'Université de Virginie-Occidentale comme professeur d'économie de l'énergie en 1976, il a enseigné une année à la faculté des sciences économiques de l'Université Louis-Pasteur de Strasbourg, où il a commencé la rédaction d'un nouvel ouvrage intitulé *Bioeconomics*, que doit publier prochainement Princeton University Press. Actuellement, il enseigne à nouveau aux États-Unis.

Dans les textes qu'on va lire, on trouvera l'essentiel du contenu des nombreuses conférences prononcées par l'auteur depuis la publication en 1971 de *The Entropy Law and the Economic Process*. Cet ouvrage capital place les thèses de Georgescu-Roegen au cœur du débat sur la crise de l'énergie qui fut ouvert dans les milieux scientifiques bien avant les événements de l'hiver 1973-74. On relèvera que 1971 est également l'année de parution de deux ouvrages qui marquent l'essor d'une vision écologique de l'économie, à savoir *Environment, Power and Society* de Howard T. Odum et *The Closing Circle* (*L'encerclement*) de Barry Commoner. La convergence de ces travaux explique l'audience grandissante des thèses de Georgescu-Roegen dans les milieux sensibles aux aspects bioéconomiques de la problématique de l'évolution. Il est sans doute prématuré de tenter d'évaluer la place actuellement occupée par Georgescu-Roegen tant dans la communauté internationale des économistes que dans celle des physiciens. L'avenir seul nous dira son influence. D'ores et déjà, il est clair que sa pensée n'est pas un phénomène isolé, mais se situe au contraire dans cette renaissance intellectuelle qui rejette progressivement les dogmes du XIXe siècle et nous introduit de plain-pied dans la culture scientifique du XXe siècle, si mal connue de nos contemporains. En outre, par son anticonformisme, Nicholas Georgescu-Roegen nous semble appartenir à cette diaspora intellectuelle roumaine qui a déjà donné au XXe siècle des figures aussi peu cartésiennes que Tristan Tzara, Eugen Ionesco, Mircea Eliade, Virgil Gheorghiu, Stéphane Lupasco ou encore Emil Cioran, ces iconoclastes de la mythologie moderne de l'Occident. C'est aussi à nos mythes que s'en prennent les analyses de Georgescu-Roegen : la figure du cercle et sa cosmologie ne sont-elles pas caractéristiques de la pensée mythique ? Or, la naissance de la science économique est contemporaine de « la découverte du processus circulaire de la vie économique » [11]. En démontrant la pertinence de la thermodynamique bien comprise pour l'intelligence de l'activité économique, l'auteur de *La Loi de l'Entropie et le Processus économique* intègre le « temps irrévocable » de l'irréversible dégradation physique de notre monde et il dévoile l'historicité entropique commune aux processus biologiques et économiques qui constituent le support matériel de la vie des hommes.

Le temps de l'économie n'est plus alors celui, réversible, de la mécanique céleste, mais celui, irréversible, de la science de la chaleur... et de la vie. La révolution thermodynamique, contemporaine de la révolution industrielle, achève ainsi de détruire le mythe du mouvement perpétuel que l'on retrouve dans la plupart des grandes civilisations sous la forme de l'Éternel retour.

Prendre acte de la « révolution carnotienne » et de ses conséquences bioéconomiques, c'est sans doute prendre conscience de l'une des transformations scientifiques les plus importantes de notre temps. Issu des *Réflexions sur la puissance motrice du feu et sur les machines propres à développer cette puissance* que Sadi Carnot[12] publia en 1824, ce bouleversement du système du monde, longtemps occulté par le paradigme mécaniste, réclame une refonte de notre cosmologie et de notre éthique à la mesure du bouleversement que notre puissance militaro-industrielle a infligé à la planète.

Quant aux exigences concrètes de cette conversion, on imagine mal comment elles s'imposeront à l'humanité, voire, pour commencer, aux nations industrielles, en l'absence d'un état de nécessité que l'auteur annonce, mais dont il ne prédit ni la date ni les circonstances qui l'établiront. Devant l'ampleur sans précédent de la tâche, on peut avoir la tentation de se laisser aller au fil du temps plutôt que de ramer à contre-courant mais ce serait oublier que, selon Georgescu-Roegen, c'est notre civilisation thermo-industrielle qui fonce à contre-courant, ce en quoi elle est, sur cette Terre, à nulle autre pareille. Aussi bien, ce livre nous indique-t-il le sens dans lequel doit s'appliquer notre effort pour que l'humanité puisse survivre et nous laisse-t-il, pour ce faire, comme disait le poète, « le roseau vert entre les dents ».

IVO RENS ET JACQUES GRINEVALD

Notes

1. Anthony M. Tang, Fred M. Westfield, and James S. Worley, eds, Evolution, *Welfare, and Time in Economics : essays in honor of Nicholas Georgescu-Roegen*, Lexington, Mass., Lexington Books, D.C. Heath, 1976.

2. Voir notamment Nicholas Wade, « Nicholas Georgescu-Roegen : entropy the measure of economic man », *Science*, 1975, 190, pp. 447-450 ; André Gorz/Michel Bosquet, *Écologie et Politique*, Le Seuil, Paris, « Points/ Politique », 1978, p. 240.

3. N. Georgescu-Roegen, « Economics and entropy », *The Ecologist*, juillet 1972, 2 (7), pp.13-18 ; « Energy and economic myths », *The Ecologist*, juin 1974, 5 (5), pp. 164-174, et août-septembre 1975, 5 (7), pp. 242-255.

4. Pour faciliter la lecture, nous avons décidé dans la première édition de simplifier le système des notes. Dans cette seconde édition, nous suivons intégralement les éditions originales.

5. Cette traduction française (*La Science économique : ses problèmes et ses difficultés*, Paris, Dunod, 1970) est préfacée par Henri Guitton (1904-1992) qui, par ailleurs, a repris certains thèmes de Georgescu-Roegen dans son ouvrage *Entropie et Gaspillage* (Paris, Cujas, 1975).

6. Voir N. Georgescu-Roegen, « Process in farming versus process in manufacturing : a problem of balanced development », *in* U. Papi et C. Nunn, eds, *Economic Problems of Agriculture in Industriel Societies*, Proceedings of a Conference of the International Economic Association, Rome, september 1965, London, Macmillan, New York, St. Martin's Press, 1969, pp. 497-528. Republié in *Energy and Economic Myths*.

7. P.A. Samuelson, *Economics*, 10th ed., Tokyo, New York, Mc GrawHill, Kogakush, Ltd, 1976, p. 816. [Note de la 2e éd. : ce paragraphe sur Georgescu-Roegen est supprimé dans les éditions plus récentes !].

8. Thomas S. Kuhn, *La Structure des révolutions scientifiques*, trad. de l'américain, 2e éd. augmentée de 1970, Paris, Flammarion, 1972. (La 1re édition date de 1962.) [Note de la 2e éd. : nouvelle édition révisée de la traduction française : coll. « Champs », 1983].

9. Donald F. Gordon, « The role of the history of economic thought in the understanding of modern economic theory », *American Economic Review*, 1965, 55 (2) pp. 119-127, cit. p. 124.

10. N. Georgescu-Roegen, « Economic theory and agrarian economics », *Oxford Economic Papers*, février 1960, 12, pp. 1-40. Reproduit *in Analytical Economics et Energy and Economic Myths*. Traduit en français *in Économie rurale*, janvier-mars 1967, et *in La Science économique*.

11. Voir Joseph Schumpeter, *Esquisse d'une histoire de la science économique, des origines jusqu'au début du* XXe *siècle*, traduit de l'allemand par G.-H. Bousquet, Paris, Dalloz, 2e éd., 1972 (l'édition originale date de 1914).

12. Voir *Sadi Carnot et l'essor de la thermodynamique* (table ronde organisée à l'occasion du 150e anniversaire de la publication des *Réflexions sur la puissance motrice du feu* de Sadi Carnot, École polytechnique, Paris, 11-13 juin 1974), Paris, Éditions du CNRS, 1976. La partie « Thermodynamique et économie », introduite par Thierry de Montbrial, contient une contribution de Georgescu-Roegen critiquant vigoureusement les analogies et métaphores thermodynamiques de certains économistes orthodoxes.

Chapitre 1

LA LOI DE L'ENTROPIE ET LE PROBLÈME ÉCONOMIQUE

I

Il y a dans l'histoire de la pensée économique un événement bien curieux : des années après que le dogme mécaniste eut perdu sa suprématie en physique et son emprise dans le monde philosophique, les fondateurs de l'école néo-classique se sont mis à ériger une science économique sur le modèle de la mécanique pour en faire, selon l'expression de Jevons, « la mécanique de l'utilité et de l'intérêt individuel »[1]. Et, bien que la science économique ait beaucoup avancé depuis lors, rien de ce qui est intervenu n'a fait dévier la pensée économique de l'épistémologie mécaniste qui était déjà celle des ancêtres de la science économique orthodoxe. Preuve en est – et elle est éclatante – la représentation dans les manuels courants du processus économique par un diagramme circulaire enfermant le mouvement de va-et-vient entre la production et la consommation dans un système complètement clos[2]. La situation n'est pas différente dans les instruments analytiques qui ornent la littérature économique orthodoxe ; eux aussi réduisent le processus économique à un modèle mécanique qui se suffit à lui-même. Le fait pourtant évident qu'entre le processus économique et l'environnement matériel il y a une continuelle interaction génératrice d'histoire ne revêt aucun poids pour l'économie orthodoxe. Il en va de même pour les économistes marxistes qui jurent au nom du dogme de Marx que tout ce que la nature offre à l'homme n'est que don gratuit[3]. Quant au fameux diagramme de la reproduction introduit par Marx, il représente aussi le processus économique comme un ensemble absolument circulaire et se suffisant à lui-même[4].

Toutefois, des auteurs antérieurs avaient indiqué une autre direction, tel Sir William Petty lorsqu'il faisait valoir que le travail est le père et la nature la mère de toute richesse[5]. Toute l'histoire économique de l'humanité prouve sans contredit que la nature elle aussi joue un rôle important dans le processus économique ainsi que dans la formation de la valeur économique. Il est grand temps, me semble-t-il, d'accepter ce fait et de considérer ses conséquences pour la problématique économique de l'humanité. Car, ainsi que je tenterai de le montrer ci-après, certaines de ces conséquences revêtent une importance exceptionnelle pour la compréhension de la nature et de l'évolution de l'économie humaine.

II

Quelques économistes ont relevé que l'homme ne peut ni créer ni détruire de la matière ou de l'énergie[6], vérité qui découle du principe de conservation de la matière-énergie, autrement dit du premier principe de la thermodynamique. Cependant, nul ne paraît avoir été frappé par la question, si troublante à la lumière de cette loi : « Que fait alors le processus économique ? » Tout ce que l'on trouve dans la littérature économique usuelle, c'est une remarque de-ci, de-là selon laquelle l'homme ne peut produire que des utilités, remarque qui ne fait en réalité qu'accentuer la difficulté. Comment est-il possible que l'homme produise quelque chose de matériel étant donné qu'il ne peut produire ni matière ni énergie ?

Pour répondre à cette question, considérons le processus économique comme un tout et d'un point de vue strictement physique. Ce que nous devons relever tout d'abord, c'est que ce processus est un processus partiel qui, à l'instar de tout processus partiel, est circonscrit par une frontière au travers de laquelle de la matière et de l'énergie sont échangées avec le reste de l'univers matériel[7]. La réponse à la question sur ce que fait ce processus *matériel* est simple : il ne produit ni ne consomme de la matière-énergie ; il se limite à absorber de la matière-énergie pour la rejeter continuellement. C'est ce que la pure physique nous enseigne. Toutefois, la science économique – disons-le haut et fort – n'est pas de la pure physique ni même de la physique tout court. Nous pouvons espérer que même les partisans les plus acharnés de la thèse selon laquelle les ressources naturelles n'ont rien à voir avec la valeur finiront par admettre qu'il y a une différence entre ce qui est absorbé dans le processus économique et ce qui en sort. Et cette différence, bien sûr, ne peut être que qualitative.

L'économiste non orthodoxe que je suis ajouterait que ce qui entre dans le processus économique consiste en *ressources naturelles de valeur* et que ce qui en est rejeté consiste en *déchets sans valeur*. Or, cette différence qualitative se trouve confirmée, quoiqu'en termes différents, par une branche particulière et même singulière de la physique connue sous le nom de thermodynamique. Du point de vue de la thermodynamique, la matière-énergie absorbée par le processus économique l'est dans un état de *basse entropie* et elle en sort dans un état de *haute entropie*[8].

Ce n'est pas une tâche aisée que d'expliquer en détail ce que signifie l'entropie. Il s'agit d'une notion si complexe que, à en croire une autorité en thermodynamique, elle « n'est pas facilement comprise par les physiciens eux-mêmes »[9]. Et ce qui accroît les difficultés, non seulement pour le profane mais également pour toute autre personne, c'est que ce terme circule de nos jours avec différentes significations dont toutes ne sont pas associées à une fonction physique[10].

Dans une édition récente du *Websters Collegiate Dictionnary* (1965), on trouve trois acceptions sous la rubrique « entropie ». Et qui plus est la définition de l'acception pertinente pour le processus économique est de nature à embrouiller plutôt qu'à éclairer le lecteur en ce qu'elle parle d'« une mesure de l'énergie inutilisable dans un système thermodynamique clos qui est fonction de l'état du système, de telle sorte qu'une variation dans cette mesure correspond à un changement dans le taux de l'accroissement de la chaleur prise à la température absolue à laquelle elle est absorbée ». Mais, comme pour prouver que tout progrès n'est pas nécessairement une amélioration, certaines éditions antérieures du même dictionnaire fournissent une définition plus intelligible. Celle que nous lisons dans l'édition de 1948 – « une mesure de l'énergie inutilisable dans un système thermodynamique » – ne peut satisfaire le spécialiste, mais conviendrait à des fins générales[11] Et il est relativement facile d'expliquer à présent dans les grandes lignes ce que signifient les mots d'« énergie inutilisable ».

L'énergie se présente sous deux états qualitativement différents, l'énergie *utilisable* ou *libre*, sur laquelle l'homme peut exercer une maîtrise presque complète, et l'énergie *inutilisable* ou *liée*, que l'homme ne peut absolument pas utiliser. L'énergie chimique contenue dans un morceau de charbon est de l'énergie libre parce que l'homme peut la transformer en chaleur ou, s'il le veut en travail mécanique. Mais la quantité fantastique d'énergie thermique contenue dans l'eau des mers, par exemple, est de l'énergie liée. Les bateaux naviguent à la surface de cette énergie mais, pour ce faire, ils ont besoin de l'énergie libre d'un quelconque carburant ou bien du vent.

Lorsqu'on brûle un morceau de charbon, son énergie chimique ne subit ni diminution ni augmentation. Mais son énergie libre initiale s'est tellement dissipée sous forme de chaleur, de fumée et de cendres, que l'homme ne peut plus l'utiliser. Elle s'est dégradée en énergie liée. L'énergie libre est de l'énergie qui manifeste une différence de niveau telle que l'illustre tout simplement la différence entre les températures intérieure et extérieure d'une chaudière. L'énergie liée est au contraire, de l'énergie chaotiquement dissipée. Il est possible d'exprimer cette différence d'une autre façon encore. L'énergie libre implique une certaine structure ordonnée comparable à celle d'un magasin où toutes les viandes se trouvent sur un comptoir, les légumes sur un autre, etc. L'énergie liée est de l'énergie dispersée en désordre, comme le même magasin après avoir été frappé par une tornade. C'est la raison pour laquelle l'entropie se définit aussi comme une mesure de désordre. Elle rend compte du fait que la feuille de cuivre comporte une entropie plus basse que celle du minerai d'où elle a été extraite.

La distinction entre énergie libre et énergie liée est assurément anthropomorphique. Mais ce fait ne devrait pas troubler ceux qui étudient l'homme non plus d'ailleurs que ceux qui étudient la matière sous sa forme la plus simple. Tout élément par lequel l'homme cherche à entrer mentalement en contact avec la réalité ne peut être qu'anthropomorphique. Seulement il se trouve que le cas de la thermodynamique est plus frappant. Car ce fut bien la distinction économique entre les choses ayant une valeur économique et les déchets qui suggéra la distinction thermodynamique et non point l'inverse. En effet, la science de la thermodynamique est née d'un mémoire de 1824 dans lequel l'ingénieur français Sadi Carnot a étudié pour la première fois l'économie des machines à feu. La thermodynamique a donc débuté comme une physique de la valeur économique et elle l'est restée en dépit des nombreuses contributions ultérieures, d'une nature plus abstraite.

III

Grâce au mémoire de Carnot, le fait élémentaire que la chaleur s'écoule par elle-même du corps le plus chaud au corps le plus froid a acquis une place parmi les vérités reconnues par la physique. Plus important encore a été par la suite la reconnaissance de la vérité complémentaire suivante : une fois que la chaleur d'un système clos s'est diffusée au point que la température est devenue uniforme dans le système tout entier, la diffusion de la chaleur ne peut être inversée sans intervention extérieure. C'est ce qui arrive avec des cubes de glace dans un verre, qui, une fois fondus, ne se reformeront pas d'eux-mêmes. D'une façon générale, l'énergie thermique libre d'un système clos se dégrade continuellement et irrévocablement en énergie liée. L'extension de cette propriété de l'énergie thermique à toutes les autres formes d'énergie conduisit au Deuxième Principe de la Thermodynamique, appelé aussi la Loi de l'Entropie. Cette loi stipule que l'entropie (c'est-à-dire la quantité d'énergie liée) d'un système clos croît constamment ou que l'ordre d'un tel système se transforme continuellement en désordre.

La référence à un système clos est fondamentale. Représentons-nous un tel système, soit une pièce avec une cuisinière électrique et une casserole d'eau qui vient de bouillir. Ce que la Loi de l'Entropie nous apprend tout d'abord, c'est que la chaleur de l'eau bouillie se dissipera continuellement dans le système. Pour finir, ce dernier parviendra à un équilibre thermodynamique, c'est-à-dire à un état dans lequel la température est partout uniforme et où toute l'énergie est liée. C'est ce qu'il advient de toute espèce d'énergie dans un système clos.

L'énergie chimique libre d'un morceau de charbon, par exemple, se dégradera finalement en énergie liée même si le charbon reste dans la terre. L'énergie libre subira le même sort dans tous les cas.

Cette loi nous apprend aussi que, une fois l'équilibre thermodynamique atteint, l'eau ne commencera pas à bouillir d'elle-même[12]. Mais, comme chacun le sait nous pouvons la refaire bouillir en allumant la cuisinière. Il n'en résulte pas pour autant que nous avons vaincu la Loi de l'Entropie. Si l'entropie de la pièce a baissé par suite de l'écart de température causé par l'eau bouillante, c'est seulement parce que de la basse entropie a été transférée de l'extérieur à l'intérieur du système. Et si nous incluons le réseau électrique dans ce système, l'entropie du nouveau système ainsi constitué doit avoir augmenté comme le veut la Loi de l'Entropie. Cela signifie que la baisse de l'entropie de la pièce n'a pu être obtenue qu'au prix d'un accroissement plus important de l'entropie ailleurs.

Certains auteurs, impressionnés par le fait que les organismes vivants restent presque inchangés pendant de courtes périodes de temps, ont avancé l'idée que la vie échappe à la Loi de l'Entropie. Certes, il se pourrait que la vie eût des propriétés irréductibles aux lois physiques ; mais l'idée même qu'elle pourrait violer les lois régissant la matière – ce qui est tout différent – relève de l'absurdité pure. La vérité est que tout organisme vivant s'efforce seulement de maintenir constante sa propre entropie. Et dans la mesure où il y parvient il le fait en puisant dans son environnement de la basse entropie afin de compenser l'augmentation de l'entropie à laquelle son organisme est sujet comme tout autre structure matérielle. Mais l'entropie du système total, constitué par l'organisme et son environnement ne peut que croître. En réalité, l'entropie d'un système croît plus vite s'il y a de la vie que s'il n'y en a pas. Le fait que tout organisme vivant combat la dégradation entropique de sa propre structure matérielle peut bien constituer une propriété caractéristique de la vie, irréductible aux lois du monde matériel ; il n'en constitue pas pour autant une violation de ces lois.

Pratiquement tous les organismes vivent de basse entropie sous une forme trouvée immédiatement dans l'environnement. L'homme est l'exception la plus flagrante : il cuit la plus grande partie de sa nourriture et transforme aussi les ressources naturelles en travail mécanique ou en divers objets d'utilité. Ici encore, il nous faut éviter d'être induits en erreur. L'entropie du métal qu'est le cuivre est plus basse que celle du minerai dont il est extrait, mais cela ne signifie pas que l'activité *économique* de l'homme échappe à la Loi de l'Entropie. Le raffinage du minerai est plus que compensé par l'accroissement de l'entropie de l'environnement. Les économistes aiment à dire que l'on ne peut rien avoir pour rien. La Loi de l'Entropie nous enseigne que la règle de la vie biologique et dans le cas de l'homme, de sa continuation économique, est beaucoup plus sévère. En termes d'entropie, le coût de toute entreprise biologique ou économique est toujours plus grand que le produit. En termes d'entropie, de telles activités se traduisent nécessairement par un déficit.

IV

Ce que nous avons dit plus haut du processus économique, à savoir que, d'un point de vue purement physique, il ne fait que transformer des ressources naturelles de valeur (basse entropie) en déchets (haute entropie) est donc parfaitement établi. Mais, il nous reste à résoudre l'énigme du pourquoi d'un tel processus. Et l'énigme subsistera tant que nous ne verrons pas que le véritable produit économique du processus économique n'est pas un flux matériel de déchets mais un flux immatériel : *la joie de vivre*[13]. Si nous ne reconnaissons pas l'existence de ce flux, nous ne sommes pas dans le monde économique. Et nous n'avons pas davantage une vue d'ensemble du processus économique si nous ignorons le fait que ce flux – qui en tant que sensation entropique doit caractériser la vie à tous ses niveaux – n'existe qu'aussi longtemps qu'il peut se nourrir de basse entropie puisée dans l'environnement. Et si nous faisons un pas de plus, nous découvrons que tout objet présentant une valeur économique – qu'il s'agisse d'un fruit tout juste cueilli sur un arbre, d'un vêtement ou d'un meuble – comporte une structure hautement ordonnée, donc une basse entropie[14].

Il y a plusieurs leçons à tirer de cette analyse. La première, c'est que la lutte économique de l'homme se concentre sur la basse entropie de son environnement. La seconde, c'est que la basse entropie de l'environnement est rare, dans un sens différent de la rareté de la terre au sens de

Ricardo. Cette dernière et les dépôts de charbon sont certes disponibles l'un et l'autre en quantités limitées. Mais ce qui fait la différence, c'est que le charbon ne peut être utilisé qu'une seule fois. Et, en réalité, c'est la Loi de l'Entropie qui explique pourquoi une machine (et même un organisme biologique) finit par s'user et doit être remplacée par une *nouvelle machine*, ce qui signifie une ponction supplémentaire de basse entropie dans l'environnement. Le fait de puiser constamment dans les ressources naturelles n'est pas sans incidence sur l'histoire. Il est même, à long terme, l'élément le plus important du destin de l'humanité. Par exemple, c'est en raison du caractère irrévocable de la dégradation entropique de la matière-énergie que les peuples originaires des steppes asiatiques, dont l'économie était fondée sur l'élevage du mouton, commencèrent leur grande migration au début du premier millénaire de notre ère. De même, la pression à laquelle étaient soumises les ressources naturelles a joué, sans aucun doute, un rôle dans d'autres migrations, y compris celles des Européens vers le Nouveau Monde. Il est possible que les efforts prodigieux pour atteindre la Lune correspondent aussi à l'espoir plus ou moins conscient de trouver l'accès à des sources nouvelles de basse entropie. C'est aussi en raison de la rareté particulière de la basse entropie dans l'environnement que, dès l'aube de l'histoire, l'homme a continuellement cherché à inventer des moyens susceptibles de mieux capter la basse entropie. Dans la plupart des inventions humaines – quoique non point dans toutes – on peut voir se dessiner une meilleure économie de basse entropie.

Rien ne saurait donc être plus éloigné de la vérité que l'idée du processus économique comme d'un phénomène isolé et circulaire ainsi que le représentent les analyses tant des marxistes que des économistes orthodoxes. Le processus économique est solidement arrimé à une base matérielle qui est soumise à des contraintes bien précises. C'est à cause de ces contraintes que le processus économique comporte une évolution irrévocable à sens unique. Dans le monde économique, seule la monnaie circule dans les deux sens d'un secteur économique à l'autre (bien que, à la vérité, même, la monnaie métallique s'use lentement de sorte que son stock doit être continuellement réapprovisionné par prélèvement dans les dépôts de minerais). À la réflexion, il apparaît donc que les économistes des deux obédiences ont succombé au pire fétichisme économique, le fétichisme de la monnaie.

V

La pensée économique a toujours été influencée par les problèmes économiques d'actualité. Elle a aussi reflété – avec un certain décalage – le mouvement des idées dans les sciences de la nature. Nous en voulons pour preuve le fait que, lorsque les économistes commencèrent à ignorer l'environnement naturel dans leur représentation du processus économique, cette évolution refléta un tournant dans la disposition d'esprit du monde intellectuel tout entier. Les réalisations sans précédent de la Révolution Industrielle avaient si bien impressionné tout le monde quant à ce que l'homme peut faire avec l'aide des machines que l'attention générale se confina sur l'usine. L'avalanche de découvertes scientifiques spectaculaires déclenchées par les nouveaux moyens techniques renforça cette admiration générale pour la puissance de la technologie. Elle induisit aussi les intellectuels à surestimer, et finalement à trop faire miroiter, les pouvoirs de la science. Naturellement, hissé sur un tel piédestal, nul ne pouvait même concevoir l'existence d'obstacles réels inhérents à la condition humaine.

La simple vérité est différente. Même la durée d'existence de l'espèce humaine ne représente qu'un clin d'œil par rapport à celle d'une galaxie. Et même en misant sur le progrès dans les voyages extra-terrestres, l'humanité restera confinée à un coin de l'espace. La nature biologique de l'homme assigne d'autres limites à ce qu'il peut faire. Une température trop haute ou trop basse est incompatible avec son existence. Il en va de même de plusieurs radiations. Non seulement l'homme ne peut atteindre les étoiles, mais il ne peut même pas atteindre une seule particule élémentaire, non plus qu'un seul atome.

C'est précisément parce qu'il a senti, quoique obscurément que sa vie dépend de basse entropie rare et irrémédiable que l'homme a constamment nourri l'espoir de pouvoir découvrir une force se perpétuant d'elle-même. La découverte de l'électricité en conduisit plusieurs à croire que l'espoir s'était effectivement réalisé. Par suite de l'étrange mariage de la thermodynamique avec la mécanique, certains se mirent à songer sérieusement à des méthodes pour délier de l'énergie liée[15]. La découverte de l'énergie atomique déclencha une nouvelle vague d'optimisme chez ceux qui espérèrent que, cette fois, on avait vraiment maîtrisé une puissance se perpétuant d'elle-même. La pénurie d'électricité qui affecte New York et qui s'étend graduellement aux autres villes devrait suffire à nous faire déchanter. Les théoriciens de la physique nucléaire, comme les responsables de centrales atomiques, attestent que cela se ramène à un problème de coût ce qui, dans la perspective de cette étude, signifie un problème de bilan entropique.

Avec des savants prêchant que la science peut éliminer toutes les limitations pesant sur l'homme et avec des économistes leur emboîtant le pas en ne reliant pas l'analyse du processus économique aux limitations de l'environnement matériel de l'homme, il ne faut pas s'étonner si nul n'a réalisé que nous ne pouvons produire des réfrigérateurs, des automobiles ou des avions à réaction « meilleurs et plus grands » sans produire aussi des déchets « meilleurs et plus grands »[16].

Aussi bien, lorsque tout le monde (dans les pays avec une production industrielle toujours « meilleure et plus grande ») dut se rendre à l'évidence littéralement aveuglante de la pollution, les scientifiques et les économistes furent pris au dépourvu. Et même à présent nul ne paraît voir que la cause de tout cela réside dans le fait que nous avons négligé de reconnaître la nature entropique du processus économique.

La meilleure preuve en est que les diverses autorités responsables de la lutte contre la pollution s'efforcent, à présent, de nous insuffler l'idée de machines et de réactions chimiques ne produisant pas de déchets et d'autre part la conviction que le salut dépend d'un perpétuel recyclage de déchets. En principe au moins, il n'est pas contestable que nous puissions recycler l'or dispersé dans le sable des mers tout autant que l'eau bouillie dans mon exemple antérieur. Mais, dans l'un et l'autre cas, nous devons utiliser une quantité supplémentaire de basse entropie bien plus considérable que la baisse d'entropie obtenue par ce qui est recyclé. Car il n'y a pas plus de recyclage gratuit qu'il n'y a d'industrie sans déchets.

VI

Le globe terrestre auquel l'espèce humaine est attachée flotte, pour ainsi dire, dans un réservoir cosmique d'énergie libre, qui pourrait bien être infini. Mais, pour les raisons énumérées dans la section précédente, l'homme ne peut avoir accès à toute cette fantastique réserve d'énergie libre, non plus qu'à toutes les formes possibles d'énergie libre. L'homme ne peut, par exemple, puiser directement dans l'immense énergie thermonucléaire du soleil. Le plus grave obstacle (valable aussi pour l'usage industriel de la « bombe à hydrogène ») réside dans le fait qu'aucun récipient matériel ne peut résister à la température de réactions thermonucléaires massives. De telles réactions ne peuvent avoir lieu que dans un espace libre.

L'énergie libre à laquelle l'homme peut avoir accès vient de deux sources distinctes. La première d'entre elles est un stock, le stock d'énergie libre des dépôts minéraux dans les entrailles de la Terre. La seconde source est un *flux*, le flux du rayonnement solaire intercepté par la Terre. Il convient de bien relever plusieurs différences entre ces deux sources. L'homme a une maîtrise presque complète de la dot terrestre ; il serait même concevable qu'il l'épuisât en une seule année. Mais l'homme n'a le contrôle du flux du rayonnement solaire pour aucune fin pratique. Il ne peut pas davantage utiliser *maintenant* le flux de l'avenir. Une autre asymétrie entre les deux sources réside dans leurs rôles spécifiques. Seule la source terrestre nous fournit les matériaux de basse entropie avec lesquels nous fabriquons nos biens les plus importants. En revanche, le rayonnement solaire est la source première de toute vie sur Terre qui dépend de la photosynthèse chlorophyllienne. Enfin, le stock terrestre est une piètre source au regard de celle constituée par le soleil. Selon toute probabilité, la vie active du soleil – c'est-à-dire la période pendant laquelle la Terre recevra un flux d'énergie solaire d'une intensité appréciable – durera encore quelque cinq milliards d'années[17]. Mais, aussi incroyable que cela puisse paraître, le stock terrestre tout entier ne pourrait fournir que quelques jours de lumière solaire[18].

Tout cela projette une nouvelle lumière sur le problème de la population, qui est si crucial aujourd'hui. Certains chercheurs sont alarmés à l'idée que la population mondiale puisse atteindre sept milliards d'individus en l'an 2000, comme le prédisent les démographes des Nations Unies. Il y en a d'autres, en revanche, qui, à l'instar de Colin Clark*, proclament qu'une saine administration des ressources permettrait de nourrir jusqu'à quarante-cinq milliards d'individus[19].

Toutefois, aucun expert en démographie ne paraît avoir soulevé une question bien plus vitale pour l'avenir de l'humanité, à savoir : « Combien de temps une population mondiale – qu'elle s'élève à un milliard ou bien à quarante-cinq milliards d'individus – peut-elle subsister ? » Même le concept analytique de la population optimale sur lequel se fondent plusieurs études démographiques se révèle, à l'épreuve, une absurde fiction.

Rien n'est plus éclairant à ce sujet que l'histoire de la lutte entropique de l'homme au cours de ces deux cents dernières années. D'une part, grâce au progrès spectaculaire de la science, l'homme a atteint un niveau presque miraculeux de développement économique. D'autre part, ce développement a contraint l'homme à pousser son prélèvement des ressources terrestres à un degré stupéfiant dont témoignent les forages en haute mer. Il a aussi entretenu une croissance démographique qui a accentué la lutte pour la nourriture dont la pression a atteint dans certaines régions des cotes critiques. La solution préconisée unanimement consiste à rechercher une mécanisation accrue de l'agriculture. Mais voyons ce que cette solution signifie en termes d'entropie.

En premier lieu, du fait de l'élimination du partenaire traditionnel du fermier – l'animal de trait – la mécanisation de l'agriculture permet de consacrer toute la surface cultivable du sol à la production de nourriture (et au fourrage seulement dans la mesure requise par le besoin de viande). Mais le plus important, c'est qu'il en résulte, dans l'apport de basse entropie, un déplacement de la source solaire vers la source terrestre. Le bœuf ou le buffle, dont la puissance mécanique procède du rayonnement solaire capté par la photosynthèse chlorophyllienne, est remplacé par le tracteur qui est fabriqué et actionné au moyen de basse entropie terrestre. Et il en va de même en ce qui concerne le remplacement du fumier par les engrais artificiels. Par conséquent, la mécanisation de l'agriculture est une solution qui, bien qu'inévitable dans l'impasse actuelle, doit être considérée comme antiéconomique à long terme. Elle entraîne pour l'existence biologique de l'homme une dépendance toujours croissante à l'égard de celle des deux sources de basse entropie qui est la plus rare. Elle présente aussi le risque de piéger l'espèce humaine dans un cul-de-sac en raison de l'extinction possible de certaines espèces biologiques associées à l'agriculture organique.

En réalité, l'utilisation économique du stock terrestre de basse entropie ne se limite pas à la seule mécanisation de l'agriculture ; elle constitue le problème principal pour le destin de l'espèce humaine. Pour illustrer cela, supposons que S représente le stock actuel de basse entropie terrestre et r une certaine quantité moyenne annuelle d'épuisement. Si nous faisons abstraction de la lente dégradation de S, comme nous pouvons le faire sans inconvénient ici, le nombre *théorique* maximal d'années requis pour le tarissement complet de ce stock sera S/r. Tel sera aussi le nombre d'années au bout desquelles la phase *industrielle* de l'évolution de l'humanité prendra forcément fin. Étant donné la fantastique disproportion entre S et le flux d'énergie solaire qui atteint chaque année le globe, il ne fait aucun doute que, même avec une utilisation très parcimonieuse de S, la phase industrielle de l'évolution humaine se terminera bien avant que le Soleil ne cesse de briller. Il est difficile de conjecturer ce qu'il adviendra alors (si toutefois l'extinction de l'espèce humaine n'intervient pas plus tôt du fait d'un microbe totalement résistant ou de quelque insidieux produit chimique). L'homme pourrait continuer à vivre en revenant au stade de la cueillette, qu'il connut jadis. Mais, à la lumière de ce que nous savons sur l'évolution, un tel renversement évolutif paraît improbable. Quoi qu'il en soit, il n'en demeure pas moins certain que plus le degré de développement économique sera élevé, plus considérable sera l'épuisement annuel r et, par conséquent, plus courte sera l'espérance de vie de l'espèce humaine.

VII

La conclusion est évidente. Chaque fois que nous produisons une voiture, nous détruisons irrévocablement une quantité de basse entropie qui, autrement, pourrait être utilisée pour fabriquer une charrue ou une bêche. Autrement dit, chaque fois que nous produisons une voiture, nous le faisons au prix d'une baisse du nombre de vies humaines à venir. Il se peut que le développement économique fondé sur l'abondance industrielle soit un bienfait pour nous et pour ceux qui pourront en bénéficier dans un proche avenir : il n'en est pas moins opposé à l'intérêt de l'espèce humaine dans son ensemble, si du moins son intérêt est de durer autant que le permet sa dot de basse entropie. Au travers de ce paradoxe du développement économique, nous pouvons saisir le prix dont l'homme doit payer le privilège unique que constitue sa capacité de dépasser ses limites biologiques dans sa lutte pour la vie.

Des biologistes aiment à répéter que la sélection naturelle constitue une série de gigantesques bévues car elle ne tient pas compte des conditions à venir. Cette remarque, qui implique que l'homme est plus sage que la nature et devrait prendre la relève de cette dernière, tend à prouver que la vanité de l'homme et la présomption des scientifiques ne connaîtront jamais leurs limites. Car la course au développement économique, qui est le trait distinctif de la civilisation moderne, ne laisse aucun doute quant au manque de clairvoyance de l'homme. C'est seulement à cause de sa nature biologique (des instincts dont il a hérité) que l'homme a le souci de ses descendants immédiats, mais généralement non point au-delà de ses arrière-petits-enfants. Et il n'y a ni cynisme ni pessimisme à croire que, même si on lui faisait prendre conscience de la problématique entropique de l'espèce humaine, l'humanité n'abandonnerait pas volontiers ses fastes actuels en vue de faciliter la vie des humains qui naîtront dans dix mille ans, voire dans mille ans seulement. Ayant multiplié ses moyens d'action biologique par ses prothèses industrielles, l'homme *ipso facto* s'est rendu tributaire d'une source de subsistance très parcimonieuse, allant jusqu'à s'intoxiquer du luxe de la civilisation industrielle. Tout se passe comme si l'espèce humaine avait choisi de mener une vie brève mais excitante, laissant aux espèces moins ambitieuses une existence longue mais monotone.

Les questions comme celles que nous venons d'aborder traitent de forces à long terme. Parce que l'action de ces forces est extrêmement lente, nous sommes enclins à méconnaître leur existence ou, si nous l'admettons, à minimiser leur importance. L'homme est ainsi fait qu'il s'intéresse toujours à ce qui va arriver d'ici à demain et non dans des milliers d'années. Et pourtant, ce sont les forces agissant le plus lentement qui sont en général les plus décisives. La plupart des hommes meurent non d'une force agissant rapidement – telle une pneumonie ou un accident de voiture – mais de l'action lente des forces qui provoquent le vieillissement. Ainsi que le faisait observer un philosophe jaïniste, c'est à la naissance que l'homme commence à mourir. Il n'en demeure pas moins vrai qu'il ne serait pas plus hasardeux de conjecturer l'avenir lointain de l'économie humaine que de prédire dans ses grandes lignes la vie d'un enfant nouveau-né. Dans cette perspective, il apparaît que la pression croissante exercée sur le stock de ressources minérales que provoque la fièvre moderne du développement industriel, ainsi que le problème toujours plus préoccupant constitué par le besoin de rendre la pollution moins nocive (ce qui accroît d'autant la demande relative au stock en question), conduiront nécessairement l'humanité à rechercher les moyens de faire un plus grand usage du rayonnement solaire, la source la plus abondante d'énergie libre.

Certains savants sont maintenant fiers de proclamer que le problème alimentaire est sur le point d'être complètement résolu grâce à l'imminente transformation, à une échelle industrielle, du pétrole en protéine alimentaire. C'est absurde à la lumière de ce que nous savons de la problématique de l'entropie, dont la logique justifie que nous prédisions au contraire que, pressée par la nécessité, l'humanité se tournera vers la transformation inverse de produits végétaux en essence (si toutefois elle en a encore besoin)[20].

Aussi pouvons-nous être quasiment certains que, sous cette même pression, l'homme découvrira des moyens de transformer directement le rayonnement solaire en puissance mécanique. Assurément une telle découverte représentera la plus grande percée imaginable dans la problématique entropique de l'humanité, car elle donnera aussi à celle-ci la maîtrise de la source la plus abondante pour la vie. Le recyclage et la lutte contre la pollution consommeraient encore de la basse entropie, mais celle-ci ne serait alors plus prélevée sur le stock vite épuisable de notre globe.

Notes

1. W. Stanley Jevons, *The Theory of Political Economy*, 4e éd., Londres, 1924, p. 21.

2. Par exemple, R.T. Bye, *Principles of Economics*, 5e, éd., New York, 1956, p. 253 ; G.L. Bach, *Economics*, 2e éd. Englowood Cliffs, N.Y. 1957, p. 60 ; J.H. Dodd, C.W. Hasek, T.J. Hailstones, *Economics*, Cincinnati, 1957, p. 125 ; R.M. Havens, J.S. Henderson, D.L. Cramer, *Economics*, New York, 1966, p. 4 ; Paul A. Samuelson, *Economics*, 8e éd., New York, 1970, p. 42. (Le lecteur français peut consulter aisément la traduction française de Samuelson, *L'Économique*, Paris, Librairie Armand Colin, tome I, 1968, p. 79, N.d.T.)

3. Karl Marx, *Le Capital, in Œuvres* de Karl Marx, Paris, Gallimard, La Pléiade, tome I, 1963, p. 931, et *passim.*

4. *Ibidem*, tome II, Paris, 1968, pp. 501 et ss.

5. C.H. Hull, éd. *The Economie Writings of Sir William Petty*, 2 vols, Cambridge, 1899, tome II, p. 377. Curieusement, Marx poursuit l'idée de Petty, mais il proclame que la nature ne fait qu'« aider à créer la valeur d'usage sans contribuer à la formation de la valeur d'échange ».

6. Par exemple, Alfred Marshall, *Principles of Economics*, 8e éd., New York, 1924, p. 63.

7. Sur le problème de la représentation analytique d'un processus, voir mon ouvrage *The Entropy Law and The Economic Process* (1971), [chap. IX, The analytical representation of process and the economics of production], pp. 211-231.

8. Cette distinction, ainsi que le fait que personne ne voudrait échanger des ressources naturelles pour des déchets, infirme l'affirmation de Marx selon laquelle « aucun chimiste n'a jamais découvert la valeur d'échange dans une perle ou un diamant ».

9. D. ter Haar, « The quantum nature of matter and radiation », *in* R.J. Blin-Stoyle et al., eds, *Turning Points in Physics*, (Amsterdam, 1959), p. 37.

10. Le mot « entropie » a été récemment popularisé avec le sens de « quantité d'information ». On trouvera une argumentation à l'appui du caractère trompeur de ce terme et une critique de la prétendue relation établie entre l'information et l'entropie physique dans mon ouvrage *The Entropy Law and The Economic Process*, appendice B, Ignorance, information and entropy, pp. 388-406.

11. En France, le *Lexis* (Larousse, 1975) donne comme définition : « grandeur qui, en thermodynamique, permet d'évaluer la dégradation de l'énergie d'un système » (N.d.T.).

12. Ce point de vue appelle quelques précisions techniques. L'opposition entre la Loi de l'Entropie avec son changement qualitatif unidirectionnel – et la mécanique – où tout peut se mouvoir indifféremment dans un sens ou dans l'autre, sans pour autant s'altérer – est acceptée par tous les physiciens et tous les philosophes des sciences. Néanmoins, le dogme mécaniste a maintenu son emprise (et la maintient encore) sur l'activité scientifique après même que la physique l'a renié. Il en est résulté que la mécanique a bientôt été réintroduite dans la thermodynamique en compagnie de la probabilité. Or, c'est la plus étrange compagnie qui se puisse trouver, car le hasard est l'antithèse même de la nature déterministe des lois de la mécanique. Bien sûr, le nouvel édifice, connu sous le nom de mécanique statistique, ne pouvait à la fois abriter la mécanique et exclure la réversibilité. Aussi la mécanique statistique doit-elle enseigner qu'une casserole d'eau pourrait se mettre à bouillir d'elle-même, idée qu'elle escamote toutefois en arguant qu'un tel miracle n'a jamais été observé en raison de sa probabilité extrêmement faible. Cette attitude a facilité la croyance en la possibilité de convertir de l'énergie liée en énergie libre ou, comme P.W. Bridgman le dit spirituellement, de faire de la contrebande d'entropie. Pour une critique des paralogismes de la mécanique statistique et des diverses tentatives faites pour les rapiécer, voir mon ouvrage *The Entropy Law and The Economic Process*, chap. VI, Entropy, order, and probability, pp. 141-169.

13. C'est ainsi que l'auteur exprime en français sa formule « *the enjoyment of life* » que l'on trouve dans l'original anglais (N.d.T.).

14. Cela ne signifie pas que tout ce qui est de basse entropie a de la valeur économique. Les champignons vénéneux aussi ont une basse entropie. La relation entre basse entropie et valeur économique est semblable à celle existant entre valeur économique et prix. Un objet ne peut avoir de prix que s'il a une valeur économique et il ne peut avoir de valeur économique que si son entropie est basse. Mais la réciproque n'est pas vraie.

15. Voir la note 12, ci-dessus.

16. « *Bigger and better* » est, outre-Atlantique, une expression courante qui caractérise l'idéologie américaine (N.d.T.).

17. George Gamow, *Matter, Earth, and Sky*, Englewood Cliffs, N.J., 1958, pp. 493 et ss.

18. Quatre jours, d'après Eugene Ayres, « Power from the sun », *Scientific American*, août 1950, p. 16. La situation resterait inchangée même si on admettait que des erreurs de calcul pourraient avoir faussé le résultat de mille fois. (L'auteur a en vue le stock des combustibles fossiles de la planète. N.d.T.).

19. Colin Clark, « Agricultural productivity in relation to population », *in* G. Wolstenholme, ed., *Man and his Future*, Boston, 1963, p. 35.

20. La preuve que cette idée n'est pas extravagante, c'est que, pendant la guerre, des automobiles roulaient au gaz pauvre obtenu en chauffant du bois avec du bois.

Chapitre 2

L'ÉNERGIE ET LES MYTHES ÉCONOMIQUES

Ainsi, tous, à présent, vous pouvez rentrer chez vous, et dormir paisiblement dans vos lits cette nuit car, selon l'opinion mûrement réfléchie du dernier occupant de la seconde plus ancienne chaire d'Économie politique de ce pays, bien que la vie sur cette Terre soit très loin de la perfection, rien ne donne à penser que la croissance économique continue la rendra pire.

Wilfred Beckerman.

I. Introduction

À en croire l'une des remarques de Percy Bridgman*, la profession d'économiste serait la plus opportuniste de toutes. Il ne faut pas sous-estimer la part de vérité que contient cette remarque. En effet, l'attention des économistes a continuellement passé d'un problème à un autre, sans qu'il y ait nécessairement des liens étroits entre ces problèmes. Consultez tous les périodiques économiques du monde anglophone avant 1950, par exemple, et vous ne trouverez guère de références au « développement économique ». Aussi est-il étonnant que les économistes soient restés durant les cent dernières années obstinément attachés à une idée particulière, l'épistémologie mécaniste qui inspira l'orientation des fondateurs de l'école néo-classique. De leur propre aveu, et ils en étaient fiers, la plus grande ambition de ces pionniers était de construire une science économique d'après le modèle de la mécanique, et d'en faire, selon l'expression de W. Stanley Jevons* (1879, p. 23), « *la mécanique de l'utilité et de l'intérêt individuel* ».

Comme presque tous les savants et les philosophes de la première moitié du XIXe siècle, ils étaient fascinés par les succès extraordinaires de la mécanique rationnelle en astronomie et prenaient la célèbre apothéose de la mécanique de Laplace* (1814) pour l'évangile insurpassable de la connaissance scientifique. Ainsi, ils avaient quelques circonstances atténuantes ; mais celles-ci ne peuvent être invoquées par ceux qui vinrent après l'abandon du dogme mécaniste par la physique elle-même (Einstein et Infeld 1938, chap. II ; Blin-Stoyle 1959).

Les économistes contemporains se sont apparemment contentés, en toute bonne conscience, de développer leur discipline dans la voie mécaniste ouverte par leurs prédécesseurs, combattant farouchement l'idée que la science économique pourrait être autre chose qu'une sœur de la mécanique. L'attrait de cette position est évident. Hante l'esprit de presque tout économiste orthodoxe l'exploit spectaculaire d'Urbain Le Verrier et de John Couch Adams qui découvrirent la planète Neptune, non en scrutant le firmament réel, mais « à la pointe d'un crayon, sur une feuille de papier ». Quel rêve splendide que de pouvoir prédire, par une opération ne demandant que crayon et papier, la position d'une valeur dans le firmament de la Bourse de demain ou, mieux encore, dans une année !

La conséquence de cet attachement inconditionnel, explicite ou implicite, au dogme mécaniste, est l'assimilation du processus économique à un modèle mécanique régi – comme tous les modèles mécaniques – par un principe de conservation (transformation) et une loi de maximisation. La science économique elle-même est ainsi réduite à une cinématique *intemporelle*. Cette approche a conduit à une prolifération d'exercices avec « crayon et papier » et des modèles économétriques de plus en plus compliqués ne servant bien souvent qu'à masquer les questions économiques les plus fondamentales. Tout alors, se réduit à des mouvements pendulaires. Un « cycle » d'affaires en suit un autre. Le fondement de la théorie de l'équilibre est le suivant : si certains événements modifient la structure de l'offre et de la demande, le monde économique revient toujours aux conditions initiales dès que ces événements disparaissent. Une inflation, une sécheresse catastrophique ou un krach boursier ne laisse absolument aucune trace dans l'économie. La réversibilité complète est la règle générale, exactement comme en mécanique[1].

Rien n'illustre mieux le fondement épistémologique de l'économie dominante que le graphique classique par lequel pratiquement tout manuel d'introduction représente le processus économique comme un flux indépendant et circulaire entre « production » et « consommation »[2]. La monnaie elle-même ne circule pas indéfiniment à l'intérieur du processus économique, puisque les monnaies de métal autant que de papier finissent par s'user complètement de sorte que leurs stocks doivent être reconstitués par des prélèvements sur des sources extérieures (cf. chap. 1). La vérité, c'est que le processus économique n'est pas un processus isolé et indépendant. Il ne peut fonctionner sans un échange continu qui altère l'environnement d'une façon cumulative et sans être en retour influencé par ces altérations. Les économistes classiques, Malthus* en particulier, ont insisté sur la pertinence économique de ce fait. De nos jours, tant les économistes orthodoxes que les économistes marxistes ont choisi d'ignorer si complètement le problème des ressources naturelles qu'un économiste distingué et polyvalent a récemment avoué qu'il venait de décider qu'il « devrait rechercher ce que la théorie économique a à dire » sur ce problème (Solow, 1974).

Une idée fondamentale a dominé l'orientation de ces deux écoles. A.C. Pigou l'a écrit très explicitement : « Dans un état stationnaire, les facteurs de production sont des stocks, immuables en quantité, d'où sort un flux continu de revenu réel, également immuable en quantité » (Pigou 1935, p. 19). La même idée – un flux constant peut résulter d'une structure immuable – est à la base du diagramme de la reproduction simple de Marx. Dans le diagramme de la reproduction croissante, Marx a effectivement anticipé les modèles modernes – tel celui grâce auquel W.W. Leontief* en a imposé à tous les économistes – qui ignorent le problème de la source première du flux même dans le cas d'une économie en croissance. La seule différence est que Marx a prêché ouvertement que la nature nous offre tout gratuitement, tandis que les économistes orthodoxes l'ont admis tacitement. Les deux écoles de pensée auraient donc en commun avec la notion pigouvienne d'un état stationnaire dans lequel le flux matériel émerge d'une source invariable. Cette idée contient en germe un mythe économique qui, comme nous le verrons (section VIII), est maintenant propagé par beaucoup d'écologistes militants et quelques économistes conscients du problème. Ce mythe est celui qu'un monde stationnaire, une population constante, mettra fin au conflit écologique de l'humanité. L'humanité ne sera plus inquiétée par la rareté des ressources ou par la pollution – autre programme miracle – pour introduire la Nouvelle Jérusalem dans la vie terrestre de l'homme.

Les mythes ont toujours tenu un rôle primordial dans la vie de l'homme. À la vérité, adhérer à un mythe, agir en accord avec lui, c'est ce qui distingue l'homme parmi tous les êtres vivants. Beaucoup de mythes trahissent la plus grande folie de l'homme : son impulsion intérieure à croire qu'il est au-dessus de toutes choses dans l'univers réel et que ses pouvoirs ne connaissent pas de limites. Dans la Genèse, l'homme a proclamé qu'il a été créé à l'image de Dieu lui-même. Il fut un temps où il pensait que l'univers tout entier tournait autour de son petit monde, et un autre où il pensait que seul le soleil le faisait. Jadis, l'homme croyait qu'il pouvait mouvoir les choses sans consommer d'énergie, ce qui est le mythe du mouvement perpétuel de première espèce, certainement un mythe essentiellement économique. Le mythe du mouvement perpétuel de deuxième espèce, selon lequel nous pouvons utiliser la même énergie continuellement, subsiste encore sous diverses formes voilées.

Un autre mythe économique – celui de l'homme réussissant toujours à trouver de nouvelles sources d'énergie et de nouveaux moyens de les asservir à son profit – est à présent propagé par quelques scientifiques, mais spécialement par des économistes des deux obédiences orthodoxe et marxiste (section VI). Quoi qu'il advienne, « nous trouverons bien [toujours] quelque chose » (Beckerman 1972, p. 338). L'idée est que, si l'homme est mortel en tant qu'individu, l'espèce humaine, elle, est immortelle. Apparemment, il paraît contraire à la dignité de l'homme d'accepter le verdict d'un savant qui fait autorité en biologie tel que J.S.B. Haldane*, pour qui le destin le plus certain de l'humanité est le même que celui de toute autre espèce, à savoir l'extinction. Toutefois, nous ne savons ni quand ni pourquoi cela arrivera. Ce peut être plus tôt que les optimistes le croient ou beaucoup plus tard que ne le craignent les pessimistes. Cette disparition peut résulter de la détérioration continuelle de l'environnement, mais aussi d'un virus coriace ou d'un bizarre gène de stérilité.

Le fait est que nous savons peu de choses sur les causes de la disparition de certaines espèces dans le passé et nous ne comprenons même pas pourquoi certaines d'entre elles semblent en voie d'extinction sous nos yeux. Si nous pouvons prédire approximativement combien de temps vivra un chien et aussi ce qui risque le plus de mettre fin à ses jours, c'est seulement parce que nous avons eu maintes fois l'occasion d'observer la vie d'un chien, de la naissance à la mort. La difficulté du biologiste qui étudie l'évolution est qu'il n'a jamais observé une autre espèce humaine naître, vieillir et mourir (NGR 1966, p. 91 ; 1971, pp. 208-210). Cependant une espèce atteint le terme de son existence par un processus analogue au vieillissement de tout organisme individuel. Et bien que le vieillissement soit encore entouré de beaucoup de mystères, nous savons que les causes de l'extinction d'une espèce agissent lentement mais de façon *continue* et *cumulative*, dès le premier moment de sa naissance. En fait, chacun de nous vieillit à chaque minute – que dis-je ? – à chaque instant, même si nous ne pouvons nous en rendre compte.

Il est tout à fait absurde de soutenir – comme le font implicitement certains économistes – que, puisque l'humanité n'a pas rencontré de difficultés écologiques depuis l'époque de Périclès, elle n'en rencontrera jamais (section VI). Si nous ouvrons les yeux, cependant, nous observerons, au fil du temps, un certain nombre de symptômes suffisamment clairs qui nous aideront à avoir quelque idée générale des causes probables du vieillissement et, peut-être, de la mort. En vérité, les besoins de l'homme et le genre de ressources nécessaires à leur satisfaction sont bien plus complexes que ceux de toute autre espèce. En revanche, notre connaissance de ces facteurs et de leurs interrelations est, naturellement, plus grande. En conclusion, une analyse même sommaire des aspects énergétiques de l'existence humaine peut nous permettre de parvenir au moins à une vision globale des problèmes écologiques, et d'obtenir quelques conclusions à tout le moins pertinentes. Tel est le but que je me suis assigné dans la présente étude, *à l'exclusion de tout autre*.

II. La mécanique contre la thermodynamique

Il n'est aucune analyse rigoureuse possible d'un processus matériel, que ce soit en sciences naturelles ou en économie, sans une représentation analytique claire et globale d'un tel processus. Cette représentation doit tout d'abord inclure sa délimitation – frontière abstraite qui sépare le processus de son « milieu » – et sa durée. Ce dont le processus a besoin et ce qu'il fait sont donc décrits analytiquement par le tableau chronologique complet de tous les *inputs* (entrants) et *outputs* (extrants), c'est-à-dire le tableau des moments précis auxquels ces éléments traversent la frontière dans un sens ou dans l'autre. Quant au lieu où nous traçons la frontière abstraite, à la durée que nous considérons et à l'image qualitative que nous utilisons pour classer les éléments du processus, tout cela dépend de l'objectif particulier du chercheur et plus généralement de sa discipline scientifique[3].

La mécanique ne tient compte que de la masse, de la vitesse et de la position, ce sur quoi elle fonde le concept d'énergie potentielle et cinétique. Il en résulte que la mécanique réduit tout processus au mouvement et au changement dans la répartition de l'énergie. La constance de l'énergie mécanique totale (potentielle et cinétique) et la constance de la masse sont les premiers principes de conservation qui furent reconnus par la science. Un petit nombre d'économistes avertis, tel Marshall (1920, p. 63), notèrent que l'homme ne peut créer ni matière ni énergie. Mais ce faisant, ils n'eurent apparemment à l'esprit que les principes mécaniques de conservation, car ils ajoutèrent immédiatement que l'homme peut néanmoins produire des « utilités » en déplaçant et en arrangeant la matière. Ce point de vue ignore une question extrêmement importante : « Comment l'homme crée-t-il le mouvement ? » Car si on reste au niveau des phénomènes mécaniques, tout élément de matière et tout élément d'énergie mécanique entrant dans un processus doivent en sortir exactement dans la même *quantité* et la même *qualité*. Le mouvement ne peut changer ni l'une ni l'autre.

Assimiler le processus économique à un modèle mécanique, c'est admettre le mythe selon lequel l'économie est un carrousel qui n'a en aucune façon la possibilité d'affecter l'environnement composé de matière et d'énergie. La conclusion évidente est qu'il n'est pas nécessaire d'intégrer l'environnement au modèle analytique de ce processus[4]. La vieille doctrine de Sir William Petty*, ce chercheur consciencieux dans les affaires humaines qui soulignait que le travail est le père et la nature la mère de la richesse, a depuis longtemps été reléguée au rang de pièce de musée (cf. chap. I). Même l'accumulation des preuves flagrantes du rôle prépondérant joué dans l'histoire de l'humanité par les ressources naturelles n'a pas retenu l'attention des économistes orthodoxes. On peut voir, en effet, dans la Grande Migration du premier millénaire une conséquence ultime de l'épuisement du sol de l'Asie centrale après une longue période de pâturage continuel. Des civilisations remarquables – celle des Mayas est un exemple – disparurent de l'histoire parce que leurs peuples furent incapables d'émigrer ou de compenser la détérioration de leur environnement par un progrès technique adéquat. Par-dessus tout, il y a le fait indiscutable que, dans le passé, tous les conflits entre les grandes puissances n'ont pas eu pour objet des disputes idéologiques ou de prestige national, mais le contrôle des ressources naturelles. Il en va encore de même aujourd'hui.

Dans la mesure où la mécanique ne reconnaît pas le changement qualitatif, mais seulement le déplacement dans l'espace, tout processus mécanique peut être inversé, exactement comme celui d'un pendule.

Aucune des lois de la mécanique ne serait violée si la Terre tournait dans le sens opposé. Il n'y a absolument aucun moyen pour un observateur de découvrir si le film d'un mouvement pendulaire purement mécanique est projeté dans le sens où il a été pris ou dans le sens contraire. Mais les phénomènes réels dans tous leurs aspects ne suivent pas le célèbre refrain de la Mère Oie dans lequel le courageux duc d'York fait monter et descendre la colline à ses troupes sans jamais livrer bataille. Le mouvement des phénomènes réels a une direction définie et entraîne des changements qualitatifs. Telle est la leçon de la thermodynamique, une branche particulière de la physique, si particulière que les puristes préfèrent ne pas la considérer comme une véritable partie de la physique en raison de son caractère anthropomorphique. Quelque difficulté que l'on ait à imaginer comment la structure fondamentale d'une science pourrait ne pas être anthropomorphique, le cas de la thermodynamique est bien unique.

La thermodynamique s'est développée à partir d'un mémoire sur le rendement des machines thermiques d'un ingénieur français, Nicolas Sadi Carnot (1824)*. Elle a tout d'abord mis en lumière, entre autres choses, le fait que l'homme ne peut utiliser qu'une forme particulière d'énergie. Dès lors, l'énergie se divise en énergie *utilisable* ou *libre*, qui peut être transformée en travail, et en énergie *inutilisable* ou *liée*, qui ne peut pas être ainsi transformée[5]. Il est clair que la division de l'énergie selon ce critère est une distinction anthropomorphique à nulle autre pareille en science.

Cette distinction est étroitement liée à un autre concept spécifiquement thermodynamique, celui d'entropie. Ce concept est si complexe qu'un spécialiste a été jusqu'à dire qu'« il n'est pas facilement compris même par les physiciens eux-mêmes » (Haar 1959, p. 37)[6]. Cependant pour notre propos immédiat nous pouvons nous satisfaire de la simple définition de l'entropie comme un indice de la quantité d'énergie inutilisable contenue dans un système thermodynamique donné à un moment donné de son évolution.

L'énergie, indépendamment de sa qualité[7], est gouvernée par une loi stricte de conservation, le premier principe de la thermodynamique, qui est formellement identique à la conservation de l'énergie mécanique précédemment mentionnée. Et puisque le travail est l'une des multiples formes de l'énergie, cette loi démasque le mythe du mouvement perpétuel de première espèce. Elle ne tient cependant pas compte de la distinction entre énergie utilisable et énergie inutilisable ; *en soi, cette loi n'exclut pas la possibilité qu'une quantité de travail puisse être transformée en chaleur ni que cette chaleur soit reconvertie dans la quantité initiale de travail.* Le Premier Principe de la Thermodynamique permet donc que tout processus puisse avoir lieu dans un sens ou dans l'autre, de telle sorte que le système revienne à son état initial, sans laisser aucune trace de ce qui est advenu. Avec cette seule loi, nous sommes toujours dans la mécanique, non dans le domaine des phénomènes réels qui, sans aucun doute, comprennent le processus économique.

L'opposition irréductible entre la mécanique et la thermodynamique provient du Deuxième Principe, la Loi de l'Entropie. La plus ancienne de ses multiples formulations est aussi la plus limpide pour le profane : « La chaleur ne s'écoule d'elle-même que du corps le plus chaud vers le corps le plus froid, jamais en sens inverse ». Une formulation plus complexe mais équivalente dit que l'entropie d'un système *isolé* augmente continuellement (et irrévocablement) vers un maximum ; c'est-à-dire que l'énergie utilisable est continuellement transformée en énergie inutilisable jusqu'à ce qu'elle disparaisse complètement[8].

En gros, il s'agit de quelque chose de relativement simple : *Toutes les formes d'énergie sont graduellement transformées en chaleur et la chaleur en fin de compte devient si diffuse que l'homme ne peut plus l'utiliser.* En effet une découverte qui remonte à Carnot est qu'aucune machine à vapeur ne peut fournir du travail si la même température, aussi élevée soit-elle, règne dans la chaudière et le condenseur[9]. Pour être utilisable, l'énergie doit être répartie de façon inégale ; l'énergie qui est complètement dissipée n'est plus utilisable. L'illustration classique est la grande quantité de chaleur dissipée dans l'eau des mers, qu'aucun navire ne peut utiliser. Bien que les bateaux naviguent à sa surface, ils ont besoin d'une énergie utilisable, soit l'énergie cinétique concentrée dans le vent soit l'énergie chimique ou nucléaire concentrée dans un combustible. Nous pouvons voir pourquoi l'entropie a fini par être considérée aussi comme une mesure du désordre (de la dissipation) non seulement de l'énergie mais encore de la *matière*, et pourquoi la Loi de l'Entropie, sous sa forme actuelle, stipule que *la matière aussi est soumise à une dissipation irrévocable*. En conséquence, le destin ultime de l'univers n'est pas la « Mort Thermique » (comme on l'avait d'abord cru) mais un état plus désespérant : le Chaos. Nul doute que cette pensée ne soit pas satisfaisante pour l'esprit[10]. Mais ce qui nous intéresse, évidemment, c'est que, de toute évidence, notre environnement immédiat, le système solaire, s'achemine vers une mort thermodynamique, tout au moins pour ce qui est des structures porteuses de vie[11].

III. La Loi de l'Entropie et la science économique

Aucune loi peut-être n'occupe dans la science une place aussi singulière que la Loi de l'Entropie. C'est la seule loi physique qui reconnaisse que l'univers matériel lui-même est soumis à un changement qualitatif irréversible, à un processus évolutif. Rudolf Clausius* a forgé le terme « entropie » à partir d'un mot grec qui signifie transformation, évolution[12]. La découverte de cette loi conduisit un certain nombre de savants et de philosophes à entrevoir une affinité entre cette loi et le phénomène vivant. De nos jours, peu de gens éclairés nieraient que l'*économie* d'un processus vivant est régie par la Loi de l'Entropie et non par les lois de la mécanique (NGR 197lb, p. XIII, pp. 191-194). Comme nous allons le voir maintenant, cela est tout à fait manifeste dans le cas du processus économique.

Arguant du fait que certains scientifiques se sont mêlés d'économie sans y connaître grand-chose, il s'est trouvé des économistes pour prétendre que, eux aussi, étaient habilités à parler de sciences de la nature, nonobstant leur ignorance dans ce domaine (Beckerman 1972, pp. 328 et ss). Cette attitude reflète une erreur malheureusement courante chez les économistes. Mais, quel que soit l'avis des autres scientifiques sur l'économie, les économistes, eux, ne peuvent se complaire indéfiniment dans leur propre discipline sans comprendre, d'une façon approfondie, la Loi de l'Entropie et ses conséquences[13]. Comme je l'explique depuis un certain nombre d'années déjà, la thermodynamique est au fond une physique de la valeur économique – conception déjà implicite chez Carnot – et la Loi de l'Entropie est dans sa nature la plus économique de toutes les lois physiques (NGR 1966, pp. 92-94 ; 1971b, pp. 276-283).

Le processus économique, comme tout autre processus du vivant est irréversible (et l'est irrévocablement) ; par conséquent, on ne peut en rendre compte en termes mécaniques seulement. C'est la thermodynamique, avec sa Loi de l'Entropie, qui reconnaît la distinction qualitative, que les économistes auraient dû faire dès le début entre les *inputs* des ressources de valeur (basse entropie) et les *outputs* ultimes de déchets sans valeur (haute entropie). Le paradoxe soulevé par cette réflexion, à savoir que tout le processus économique consiste à transformer de la matière et de l'énergie de valeur en déchets, est ainsi résolu, facilement et de façon instructive. Cela nous force à reconnaître que le produit réel du processus économique (ou même, sous cet angle, de tout processus vivant) n'est pas le *flux matériel* de déchets, mais le *flux immatériel* toujours mystérieux de la joie de vivre[14]. Faute de reconnaître ce fait on s'interdit la compréhension des phénomènes du vivant.

Les lois actuelles de la physique et de la chimie n'expliquent pas complètement la vie. Cependant l'idée que la vie puisse violer une loi naturelle n'a pas de place dans la science. Néanmoins, comme on l'a remarqué depuis longtemps – et plus récemment dans l'exposé remarquable d'Erwin Schrödinger (1944, pp. 69-72), *Qu'est-ce que la vie ?* – la vie semble échapper à la dégradation entropique à laquelle est soumise la matière inerte. En réalité, tout organisme vivant s'efforce sans cesse de compenser sa propre dégradation entropique continuelle en assimilant de la basse entropie (néguentropie) et en rejetant de la haute entropie. Manifestement, ce phénomène n'est pas contraire à la Loi de l'Entropie qui stipule seulement que c'est l'entropie du système total (l'environnement *et* l'organisme) qui doit augmenter. Tout est en règle aussi longtemps que l'entropie de l'environnement augmente plus que l'entropie compensée de l'organisme.

Tout aussi important est le fait que la Loi de l'Entropie est la seule loi naturelle dont la prédiction n'est pas quantitative. Elle ne spécifie pas de combien sera l'accroissement à tel moment à venir ou quelle configuration entropique particulière surviendra. C'est pourquoi il existe dans le monde réel une indétermination entropique qui permet non seulement à la vie de se développer selon une infinité de formes, mais encore à la plupart des activités d'un organisme vivant de jouir d'une certaine marge de liberté (NGR 1971b, p. 12). Sans cette liberté, nous ne serions pas en mesure de choisir entre manger des haricots ou de la viande, entre manger maintenant ou plus tard. Nous ne pourrions pas non plus chercher à appliquer des plans économiques (à tous les niveaux) selon notre propre choix.

C'est aussi en raison de l'indétermination entropique que la vie n'est pas sans importance pour le processus entropique. Il ne s'agit pas là de vitalisme mystique, mais d'une affaire de faits bruts. Certains organismes ralentissent la dégradation entropique. Les plantes vertes emmagasinent une partie du rayonnement solaire qui autrement serait immédiatement dissipée en chaleur, en haute entropie. C'est pourquoi nous pouvons aujourd'hui brûler de l'énergie solaire préservée de la dégradation il y a des millions d'années sous forme de charbon ou depuis un plus petit nombre d'années sous forme d'arbres. Tous les autres organismes, au contraire, accélèrent la marche de l'entropie. Sur cette échelle, l'homme occupe la position la plus élevée ; d'où tous les problèmes d'environnement.

Pour les économistes, il est très important de reconnaître que la Loi de l'Entropie est la racine de la rareté économique. Si cette loi n'existait pas, nous pourrions réutiliser l'énergie d'un morceau de charbon à volonté, en le transformant en chaleur, cette chaleur en travail, et ce travail à nouveau en chaleur. Les moteurs, les habitations et même les organismes vivants (si tant est qu'ils pussent alors exister) ne s'épuiseraient jamais non plus. Il n'y aurait aucune différence économique entre les biens matériels et la terre au sens de Ricardo.

Dans un tel monde imaginaire, purement mécanique, il n'y aurait pas de véritable rareté de l'énergie et des matières premières. Une population aussi vaste que le permettrait l'étendue de notre globe pourrait en effet vivre pour toujours. Un accroissement dans le revenu réel par habitant pourrait s'appuyer en partie sur une plus grande vitesse d'utilisation (exactement comme dans le cas de la circulation monétaire) et en partie sur une extraction minière accrue. Mais il n'y aurait aucune raison pour que survienne une lutte réelle, que ce soit à l'intérieur des espèces ou entre elles.

Les économistes ont souvent affirmé qu'« il n'y a pas de repas gratuit », par quoi ils entendent que le prix de chaque chose doit être égal à son coût ; sinon, on pourrait obtenir quelque chose pour rien. Croire que cette égalité règne aussi en termes d'entropie constitue l'un des plus dangereux mythes économiques. *Dans le contexte de l'entropie, chaque action, de l'homme ou d'un organisme, voire tout processus dans la nature, ne peut aboutir qu'à un déficit pour le système total.* Non seulement l'entropie de l'environnement augmente avec chaque litre d'essence dans le réservoir de votre voiture, mais encore une part substantielle de l'énergie libre contenue dans cette essence, au lieu d'actionner votre voiture, se traduira directement par un accroissement supplémentaire d'entropie. Aussi longtemps que les ressources alentour sont abondantes et d'un accès facile, il se peut que nous ne nous souciions guère de l'importance de cette perte supplémentaire. Ainsi, quand nous produisons une feuille de cuivre à partir d'un minerai de cuivre, nous diminuons l'entropie (le désordre) du minerai, mais seulement au prix d'un plus grand accroissement de l'entropie dans le reste de l'univers. S'il n'y avait pas ce déficit entropique, nous serions capables de convertir le travail en chaleur, et en inversant le processus, de récupérer la totalité de la quantité initiale de travail – comme dans le monde imaginaire du paragraphe précédent. Dans un tel monde, la science économique orthodoxe atteindrait le sommet de son règne précisément parce que la Loi de l'Entropie n'y serait pas à l'œuvre.

IV. Énergie accessible et matière accessible

Comme nous l'avons vu, la distinction entre énergie utilisable et énergie inutilisable (généralisée par la distinction entre basse et haute entropie) a été introduite par la thermodynamique pour rendre compte du fait que seul un état particulier de l'énergie est utilisable par l'homme. Mais cette distinction ne signifie pas que l'homme peut *effectivement* utiliser toute énergie utilisable quel que soit l'endroit où elle se trouve et la forme sous laquelle elle se présente. Si l'énergie utilisable a quelque valeur pour l'humanité, c'est dans la mesure où elle est aussi *accessible*. L'énergie solaire et ses sous-produits nous sont accessibles pratiquement sans effort, sans consommation additionnelle d'énergie utilisable. Dans tous les autres cas, nous avons à dépenser du travail et des matériaux pour puiser dans un réservoir d'énergie utilisable. Même si nous pouvons un jour nous poser sur Mars et y trouver des gisements de gaz, l'énergie utilisable ne nous sera pas pour autant accessible si, pour en extraire un mètre cube nous avons besoin de plus d'énergie que l'équivalent d'un mètre cube de gaz *accessible sur la Terre*. Il y a certainement des schistes bitumineux dont nous ne pourrions extraire une tonne de pétrole qu'en utilisant pour ce faire plus d'une tonne de pétrole. Dans un tel gisement, le pétrole représenterait encore de l'énergie utilisable, mais non accessible. On nous a rappelé à satiété que les réserves réelles de combustibles fossiles sont certainement plus grandes que celles qui sont connues ou estimées (par ex. Maddox 1972, p. 331). Mais il est également certain qu'une partie substantielle de ces réserves réelles ne constitue pas de l'énergie accessible.

La distinction dont il s'agit concerne le rendement en termes énergétiques, non en termes économiques. Le rendement économique implique le rendement énergétique, mais la réciproque n'est pas vraie. L'utilisation du gaz, par exemple, est énergétiquement plus rentable que celle de l'électricité mais, dans bien des cas, l'électricité revient moins cher (Summers 1971, p. 152). Ainsi, bien qu'on puisse produire du gaz à partir du charbon, il est meilleur marché de l'extraire de ses dépôts naturels. Si les ressources naturelles de gaz venaient à s'épuiser avant celles de charbon, on aurait certainement recours à la méthode qui, pour le moment, n'est pas économiquement rentable. Il conviendrait de garder cette même idée présente à l'esprit dans toutes les discussions sur l'avenir des utilisations directes du rayonnement solaire.

Les économistes, cependant, insistent : « Il convient de mesurer les ressources en termes économiques, et non point en termes physiques ». Cette attitude traduit l'un de leurs mythes les plus tenaces de cette profession (partagé également par d'autres). C'est le mythe selon lequel le mécanisme des prix peut pallier toute pénurie, que ce soit de terre, d'énergie ou de matières[15]. Ce mythe sera examiné plus loin mais, pour l'instant soulignons seulement que, à long terme, il n'y a que le rendement en termes énergétiques qui entre en ligne de compte dans l'appréciation de l'accessibilité. Certes, le rendement réel dépend à chaque instant de l'état des techniques. Mais, comme nous le savons depuis Carnot, *dans chaque situation particulière, il y a une limite théorique, indépendante de l'état des techniques, qui ne peut jamais être effectivement atteinte.* En réalité, nous en sommes généralement bien loin.

L'accessibilité, telle qu'elle est ici définie, met en évidence le fait que, bien que le vaisseau spatial de l'humanité flotte au milieu d'une fantastique réserve d'énergie utilisable, seule une partie infinitésimale de ce réservoir est potentiellement accessible à l'homme. Car même s'il nous était donné de voyager dans l'espace à la plus grande vitesse, celle de la lumière, nous serions encore confinés à un coin du cosmos. Un simple voyage de reconnaissance autour du soleil le plus proche au-delà de notre propre système solaire pour y découvrir des satellites comparables à la Terre sans doute possibles mais jusqu'ici incertains, nous prendrait neuf ans ! S'il y a une chose que nous ayons apprise en débarquant sur la Lune, c'est que les voyages interplanétaires, sans parler des voyages intersidéraux, ne sont nullement prometteurs en fait de ressources.

Des limites encore plus étroites à l'accessibilité de l'énergie sont imposées par notre propre nature biologique : nous ne pouvons survivre à une trop haute ou à une trop basse température, ni à certaines radiations. C'est la raison pour laquelle l'extraction du combustible nucléaire et son utilisation sur une large échelle ont fait surgir des problèmes qui divisent de nos jours les non-initiés aussi bien que les experts en la matière. Certaines limites nous sont également imposées par des obstacles purement physiques. Le soleil ne peut absolument pas être exploité, même par un robot. De l'immense énergie du soleil, seul nous importe le faible pourcentage qui atteint la Terre (section IX). Nous ne pouvons pas non plus domestiquer l'immense énergie de la foudre terrestre. Des obstacles physiques sans pareils entravent inexorablement l'utilisation pacifique de l'énergie thermonucléaire. La fusion du deutérium requiert la fantastique température de 100 millions de degrés, une température d'un ordre de grandeur supérieur à celui de la température qui règne à l'intérieur du soleil. La difficulté se situe au niveau du récipient matériel dans lequel se ferait cette réaction. Comme on l'a expliqué dans un langage imagé, la solution actuellement recherchée ressemble à celle qui consisterait à stocker de l'eau dans un filet d'élastiques. À ce propos, nous pouvons rappeler que l'énergie chimique de la dynamite ou de la poudre à canon, bien qu'utilisée depuis longtemps, ne peut être maîtrisée pour faire fonctionner une turbine ou un moteur. L'utilisation de l'énergie thermonucléaire restera peut-être également confinée à la « bombe »[16]. Quoi qu'il en soit, avec ou sans énergie thermonucléaire, la quantité d'énergie accessible de basse entropie est limitée (section IV).

Des considérations similaires conduisent à la conclusion que la quantité de basse entropie matérielle accessible est également limitée. Mais bien que, dans les deux cas, seule la quantité de basse entropie soit en question, il importe de distinguer les deux bilans dans toute discussion du problème de l'environnement. Comme chacun sait, l'énergie utilisable et les structures matérielles ordonnées remplissent deux rôles distincts dans la vie de l'humanité. Cependant, à elle seule cette distinction anthropomorphique ne nous obligerait pas à séparer les deux bilans.

Si nous devons le faire, c'est tout d'abord que, nonobstant l'équivalence d'Einstein entre la masse et l'énergie, rien ne nous permet de croire que nous pouvons convertir de l'énergie en matière, excepté à l'échelle atomique dans un laboratoire et seulement à partir de certains éléments[17]. Nous ne pouvons produire une feuille de cuivre à partir d'énergie seulement. Tout le cuivre de cette feuille doit préalablement exister à l'état de cuivre (sous forme pure ou à l'état d'un composé chimique quelconque). Par conséquent l'affirmation que « l'énergie est convertible dans la plupart des autres nécessités de la vie » (Weinberg et Hammond 1970, p. 412) est, sous cette forme sans réserve, susceptible d'induire en erreur. En deuxième lieu, aucune macrostructure matérielle (que ce soit un clou ou un avion à réaction) dont l'entropie est plus basse que celle de son environnement ne peut durer éternellement dans sa forme originelle. Il en va ainsi même pour ces singulières organisations dont la caractéristique est de tendre à échapper à la dégradation entropique, à savoir les structures vivantes. Il faut donc continuellement puiser à certaines sources pour renouveler les artefacts qui sont à présent une partie essentielle de notre mode de vie. En fin de compte, la Terre est un système thermodynamique ouvert uniquement du point de vue énergétique. La quantité de matière provenant des météorites, bien que non négligeable, nous parvient sous une forme déjà dissipée.

Il en résulte que nous ne pouvons compter que sur des ressources minérales à la fois irremplaçables et non renouvelables, dont plusieurs ont été épuisées successivement dans différents pays (Lovering 1969, pp. 120 et ss)[18]. À présent, d'importants minéraux – le plomb, l'étain, le zinc, le mercure, les métaux précieux – sont rares dans le monde entier (Cloud 1971, pp. 72-77 ; MacDonald 1971). Les géologues faisant autorité (Cloud 1971, pp. 85-87) dénoncent comme une simple hyperbole l'idée largement répandue selon laquelle les océans constitueraient une réserve de minéraux presque inépuisable et pourraient même devenir un intermédiaire dans un système de recyclage naturel perpétuel (Barnett et Morse 1963, p. 239)[19].

C'est seulement par des manipulations physico-chimiques que nous pouvons remplacer de la matière de basse entropie par de l'énergie. En utilisant des quantités de plus en plus grandes d'énergie utilisable, nous pouvons extraire du cuivre de minerais de plus en plus pauvres, situés de plus en plus profondément sous terre. Mais le coût énergétique de cette extraction de minerais à faible teneur augmente très rapidement (Lovering 1959, pp. 122 et ss). Nous pouvons aussi recycler la ferraille. Cependant, un certain nombre d'éléments, en raison de leur nature et de leur insertion dans les processus naturels et anthropogéniques, sont hautement dissipatifs. Dans ce cas, le recyclage n'est guère utile. La situation est particulièrement préoccupante pour ceux de ces éléments qui, en plus, se trouvent en très petites quantités dans l'environnement. Le phosphore, un élément hautement critique dans les processus biologiques, semble appartenir à cette catégorie. Il en va de même de l'hélium, un autre élément qui joue un rôle très spécifique (Cloud, 1971, p. 81 ; Goeller 1972).

Un point important – apparemment ignoré des économistes (Johnson 1973, p. 8 ; Banque mondiale 1972, p. 16, 42) – est que le recyclage ne peut être intégral[20]. Nous pouvons ramasser toutes les perles tombées par terre et reconstituer un collier cassé, mais aucun processus ne peut effectivement réassembler toutes les molécules d'une pièce de monnaie usée.

Cette impossibilité n'est pas une conséquence directe de la Loi de l'Entropie, comme le croit Solow* (1974, p. 2). Il n'est pas exact non plus de dire, comme Boulding (1966, p. 7), qu'« il n'y a, heureusement, pas de loi de l'entropie matérielle croissante ». La Loi de l'Entropie ne fait pas de distinction entre la matière et l'énergie. Elle n'exclut pas (du moins en principe) une remise en ordre complète d'une structure matérielle *partielle*, pourvu qu'il y ait suffisamment d'énergie libre à disposition. À cette même condition, il est possible de séparer les molécules froides d'un verre d'eau et de les assembler en cubes de glace. Cependant si en pratique de telles opérations sont impossibles, c'est seulement parce qu'elles réclameraient un temps pratiquement infini. Tout cela prouve que, même si la Loi de l'Entropie peut paraître extrêmement simple, son interprétation correcte réclame une attention spéciale[21].

V. L'élimination des déchets

Malthus n'ayant pas vu que les déchets posaient aussi un certain nombre de problèmes économiques, il était normal que les différents économistes qui ignoraient jusqu'à l'*input* des ressources naturelles ne portassent aucune attention à l'*output* des déchets. En conséquence, les déchets, à l'instar des ressources naturelles, sont tout simplement négligés dans la fonction de production standard. La seule mention de la pollution dans certains manuels est l'exemple de l'entreprise de blanchissage qui subit une perte à cause de la proximité d'une cheminée. Les économistes doivent donc avoir éprouvé une certaine surprise lorsque le problème de la pollution a commencé à frapper tout le monde. Et pourtant étant donné la nature entropique du processus économique, les déchets sont un *output* aussi inévitable que l'*input* des ressources naturelles (NGR 1969, pp. 514 et ss, 519, 523 et ss). Des motocyclettes, des automobiles, des avions à réaction, des réfrigérateurs, etc., « plus gros et meilleurs », entraînent non seulement un épuisement « plus gros et meilleur » de ressources naturelles, mais aussi une pollution « plus grosse et meilleure » (NGR 1971a ; 1971b, pp. 19 et ss, 305 et ss). Mais dorénavant, les économistes ne peuvent plus ignorer l'existence de la pollution. Ils ont même subitement découvert qu'ils « ont réellement quelque chose d'important à dire au monde », à savoir que, si les prix sont justes, il n'y a pas de pollution (Solow 1973)[22] – ce qui est un autre aspect du mythe des prix chez les économistes (sections IV et XI).

Les déchets sont un phénomène physique qui est, en général, nuisible à telle ou telle forme de vie et, directement ou indirectement, à la vie humaine. Ils détériorent constamment l'environnement de plusieurs façons : chimiquement comme avec le mercure ou les pollutions acides ; nucléairement, comme avec les déchets radioactifs ; physiquement, comme avec les mines à ciel ouvert ou l'accumulation de gaz carbonique dans l'atmosphère. Dans certains cas, une partie substantielle de certains éléments de rebut – le gaz carbonique est un exemple notoire – est recyclée par certains processus « naturels » de l'environnement. De la même façon, la plupart des déchets désagréables – saletés, cadavres, excréments – sont graduellement réduits par des processus naturels. Tout ce que requièrent ces déchets, c'est quelque espace dans lequel ils puissent rester isolés jusqu'à leur réduction complète. S'ils posent des problèmes gênants pour l'hygiène, ils ne causent pas – c'est important – de dommages permanents et irréductibles à notre environnement.

D'autres déchets ne sont *susceptibles d'être éliminés* que dans la mesure où ils peuvent être convertis en déchets moins nuisibles grâce à certains traitements de notre part, comme par exemple lorsqu'une partie de l'oxyde de carbone est transformée en gaz carbonique et en chaleur grâce à une combustion améliorée. Une grande partie de la pollution par l'anhydride sulfureux, pour prendre un autre exemple, peut être évitée au moyen d'un certain nombre d'installations spéciales. Toutefois, on ne peut pas se débarrasser de tous les déchets de cette façon. L'impossibilité de réduire la très dangereuse radioactivité des déchets nucléaires nous en offre un exemple d'actualité (Hubbert 1969, p. 233). Cette radioactivité diminue d'elle-même avec le temps, mais très lentement. Dans le cas du plutonium 239, une réduction de 50 % prend 25 000 ans ! De toute façon, le dommage causé à la vie par la concentration de radioactivité peut fort bien être irréparable.

Ici, exactement comme pour l'accumulation de n'importe quelle sorte de déchet, depuis les ordures jusqu'à la chaleur, la difficulté tient à la finitude de l'espace accessible. L'humanité est comparable à une famille qui consommerait toutes les provisions, limitées, d'un garde-manger et jetterait les inévitables détritus dans une poubelle, en l'occurrence l'espace alentour. Même les ordures ordinaires sont une menace ; dans des temps anciens, quand elles ne pouvaient être enlevées qu'à grand-peine, certaines cités prestigieuses furent ensevelies sous l'accumulation de leurs ordures. De nos jours, nous avons de meilleurs moyens de ramassage, mais la production continuelle requiert toujours plus d'espace pour les décharges. Aux États-Unis, la quantité annuelle des déchets atteint presque deux tonnes par habitant et elle ne cesse de s'accroître (Cannon 1973, p. 11n).

Nous devons également garder présent à l'esprit que, pour chaque baril d'huile de schiste, nous nous encombrons de plus d'une tonne de cendres et que, pour obtenir quelque cent cinquante grammes d'uranium, nous devons broyer un mètre cube de rocher. Les conséquences des mines à ciel ouvert illustrent d'une manière frappante le problème que posent même ces résidus « neutres ». Les envoyer dans l'espace extra-atmosphérique ne serait pas rentable sur une grande échelle de manière continue[23].

La finitude de notre espace rend plus dangereuses les pollutions qui persistent longtemps, et particulièrement celles qui sont totalement irréductibles. Les dangers de la pollution thermique qui caractérise cette dernière catégorie ne sont pas pleinement évalués. La chaleur *additionnelle*, qui est la conséquence ultime de la transformation humaine de toutes les formes d'énergie terrestre[24], est susceptible de bouleverser le délicat équilibre thermodynamique de la planète de deux façons. En premier lieu, les îlots de chaleur créés par les centrales thermiques non seulement perturbent, comme chacun le sait, la faune et la flore locales des rivières, des lacs et même du littoral marin, mais ils peuvent même altérer les équilibres climatiques. Une seule centrale nucléaire peut élever la température de l'eau d'une rivière comme l'Hudson de 4°. D'où le problème formidable et récurrent du choix de l'emplacement de chacune des centrales suivantes. En second lieu, la chaleur globale additionnelle dégagée là où on « produit » de l'énergie et là où on la consomme pourrait augmenter la température de la Terre au point que les calottes glacières fondraient – événement aux conséquences catastrophiques. Puisque la Loi de l'Entropie n'offre aucune possibilité de refroidir une planète en réchauffement continuel, la pollution thermique pourrait se révéler pour la croissance un obstacle plus décisif encore que la finitude des ressources accessibles (Summers 1971, p. 160)[25].

On semble croire qu'il suffit de faire les choses différemment pour éliminer la pollution. La vérité, c'est que l'élimination de la pollution, comme le recyclage, n'est pas gratuite en termes énergétiques. En outre, chaque degré dans la réduction du taux de pollution se traduit par un coût qui s'élève plus rapidement encore que pour le recyclage (Meadows et al. 1972, pp. 126 et ss). Nous devons donc prendre garde – comme certains nous en ont déjà avertis (*The Ecologist* 1972, p. 9) – de ne pas troquer une pollution locale contre une pollution plus grande mais éloignée. En principe tout au moins, un lac « mort » peut bien être réactivé par une injection d'oxygène, comme Harry Johnson (1973) le suggère.

Mais il est non moins certain que ce genre d'intervention requiert d'énormes quantités de basse entropie supplémentaire, d'une part, et crée une pollution supplémentaire, d'autre part. Dans la pratique, les efforts de récupération entrepris sur les terrains et les cours d'eau pollués par les mines à ciel ouvert n'ont guère réussi (Cannon 1973). Le mode de pensée linéaire – pour emprunter une expression utilisée par Bormann (1972) – est peut-être bien en vogue de nos jours, mais justement, en tant qu'économistes, nous devrions ne jamais oublier que ce qui est vrai pour un lac mort ne l'est pas pour tous les lacs morts si leur nombre a dépassé un certain seuil. Avancer, en outre, que l'homme peut construire à n'importe quel coût un nouvel environnement confectionné à la mesure de ses désirs revient à ignorer complètement que le coût s'exprime essentiellement en basse entropie, non en argent, et qu'il est soumis aux limitations imposées par les lois naturelles[26].

Souvent, nos arguments procèdent de la croyance en une activité industrielle libre de toute pollution. C'est un mythe aussi trompeur que la croyance en une durabilité perpétuelle. La vérité toute crue c'est que, en dépit de nos efforts, l'accumulation de la pollution pourrait bien provoquer dans certaines circonstances la première crise écologique sérieuse (Meadows et al. 1972, pp. 126 et ss). Ce que nous ressentons aujourd'hui n'est qu'un clair avertissement d'une tendance qui, à long terme, pourrait devenir bien plus frappante.

VI. Le problème entropique de l'humanité et ses mythes

De nos jours, rares sont ceux qui professeraient ouvertement une croyance en l'immortalité de l'humanité. Néanmoins, beaucoup d'entre nous préfèrent ne pas exclure cette possibilité. Pour cela, nous nous efforçons de contester tout facteur qui pourrait limiter la vie de l'humanité. L'idée qui rencontre naturellement la plus grande adhésion est celle du caractère virtuellement inépuisable de la dot entropique de l'humanité en raison surtout du pouvoir inhérent à l'homme de vaincre d'une manière ou d'une autre la Loi de l'Entropie.

Pour commencer, il y a l'argument simpliste qui prétend que les lois sur lesquelles nous fondons la finitude des ressources accessibles seront réfutées à leur tour, comme cela est arrivé à plusieurs lois naturelles. La difficulté de cet argument historique, c'est que l'histoire prouve, avec même une plus grande force, d'une part que, dans un espace fini, il ne peut y avoir qu'une quantité finie de basse entropie et d'autre part que la basse entropie dégénère continuellement et irrévocablement. L'impossibilité du mouvement perpétuel (de première et de deuxième espèce) est aussi fermement ancrée dans l'histoire que la loi de la gravitation.

Des arguments plus sophistiqués ont été élaborés à partir de l'interprétation statistique des phénomènes thermodynamiques – une tentative pour rétablir la suprématie de la mécanique, étayée cette fois sur une notion *sui generis* de probabilité. Selon cette interprétation, la réversibilité de l'entropie haute en entropie basse est seulement un événement fortement improbable, mais non totalement impossible. Et puisqu'un tel événement est *possible*, nous devrions être capables de le provoquer par un dispositif ingénieux aussi souvent qu'il nous plaît, exactement comme un tricheur adroit peut sortir un « six » presque à volonté. L'argument ne fait que mettre en évidence les contradictions irréductibles et les sophismes incorporés aux fondements de l'interprétation statistique par les adorateurs de la mécanique (NGR 1971b, chap. VI). Les espérances soulevées par cette interprétation devinrent si vives à une certaine époque que P.W. Bridgman* (1955), un éminent expert en thermodynamique, estima nécessaire d'écrire un article uniquement pour réfuter l'idée aberrante selon laquelle on pourrait remplir ses poches d'argent en faisant de la « contrebande d'entropie ».

Certains, encouragés à un moment donné par un scientifique aussi éminent que John von Neumann*, ont exprimé *sotto voce* l'espoir que l'homme finira par découvrir comment faire de l'énergie un bien libre, « exactement comme l'air ambiant » (Barnett et Morse 1963, p. 32). D'autres envisagent un « catalyseur » grâce auquel on décomposerait, par exemple, l'eau de mer en oxygène et en hydrogène, dont la combustion permettrait de fournir autant d'énergie que l'on voudrait. Mais l'analogie avec la petite braise qui met le feu à une grosse bûche n'est pas pertinente. L'entropie de la bûche et de l'oxygène utilisé dans la combustion est plus basse que celle des cendres et de la fumée qui en résultent alors que l'entropie de l'eau est plus élevée que celle de l'oxygène et de l'hydrogène après décomposition. Par conséquent, le miraculeux catalyseur implique aussi de la contrebande d'entropie[27].

Avec l'idée, maintenant colportée d'un journal à l'autre, que le surrégénérateur produit plus d'énergie qu'il n'en consomme, le sophisme de la contrebande d'entropie semble. avoir atteint sa cote la plus élevée même parmi de larges cercles d'intellectuels, économistes compris. Malheureusement, l'illusion est alimentée par les boniments trompeurs tenus par certains experts du nucléaire qui vantent les réacteurs transformant des matériaux fertiles mais non fissiles en combustibles fissiles comme les surrégénérateurs qui « produisent plus de combustible qu'ils n'en consomment » (Weinberg 1960, p. 82). En vérité, le surrégénérateur n'est pas fondamentalement différent d'une installation qui produirait des marteaux avec l'aide d'autres marteaux. Selon le principe de déficit de la Loi de l'Entropie (section III), même dans l'élevage des poulets, la quantité de basse entropie consommée est supérieure à celle contenue dans le produit[28].

Pour défendre apparemment l'interprétation orthodoxe du processus économique, les économistes ont avancé des thèses de leur cru. En premier lieu, nous pouvons mentionner l'argument selon lequel « la notion d'une limite absolue des ressources naturelles utilisables est insoutenable dès lors que la définition des ressources varie radicalement et d'une façon imprévisible dans le temps... Une limite peut exister, mais elle ne peut être ni définie ni exprimée en termes économiques »

(Barnett et Morse 1963, pp. 7, 11.) On lit également qu'il n'existe pas de limite supérieure même pour une terre arable parce que « arable est infiniment indéfinissable » (*The Economist* 1972, p. 22). La sophistique de ces arguments est flagrante. Nul ne prétend qu'il soit possible de dire *précisément* quelle quantité de charbon, par exemple, est accessible. Les estimations des ressources naturelles se sont constamment révélées trop basses. Aussi, l'idée que les métaux contenus dans les mille six cents mètres supérieurs de la croûte terrestre pourraient être un million de fois plus importants que les réserves actuellement connues (Beckerman 1972, p. 338 ; Maddox 1972, p. 331) ne prouve-t-elle pas l'inépuisabilité des ressources, mais ignore-t-elle significativement : les difficultés et de l'accessibilité et de la disponibilité[29]. Quelles que soient les ressources ou la terre arable dont nous pouvons avoir besoin à une époque quelconque, il s'agira toujours de basse entropie accessible et de terres accessibles. *Et puisque tout cela n'existe qu'en quantité finie, aucun artifice de classification ne peut éliminer cette finitude.*

Cependant, la thèse favorite des économistes tant orthodoxes que marxistes est que la puissance de la technique est sans limites (Barnett et Morse 1963 ; Beckerman 1972 ; Bray 1972 ; Johnson 1973 ; Kaysen 1972 ; Solow 1973 ; Banque mondiale 1972). Nous serions toujours capables non seulement de trouver un substitut pour remplacer une ressource qui est devenue rare, mais encore d'augmenter la *productivité* de n'importe quelle sorte d'énergie et de matière. Devrions-nous manquer de quelques ressources que nous imaginerions toujours quelque chose ainsi que nous l'avons continuellement fait depuis l'époque de Périclès (Beckerman 1972, pp. 332-334). Rien, donc, ne saurait jamais se mettre en travers de la route qui mène l'espèce humaine vers une existence toujours plus heureuse. On peut difficilement imaginer une forme plus catégorique de mode de pensée linéaire. Avec une pareille logique, aucun être humain jeune et sain ne devrait être affligé de rhumatisme ou de n'importe quel autre de ces maux qui apparaissent avec l'âge ; il ne devrait jamais mourir non plus. Les dinosaures, juste avant de disparaître de notre planète n'avaient derrière eux pas moins de cent cinquante millions d'années d'existence véritablement prospère. (Et ils n'avaient pas pollué l'environnement avec des déchets industriels !). Mais la logique qui mérite d'être véritablement savourée est celle de Solo (1973, p. 516). Si la dégradation entropique doit à un certain moment dans l'avenir mettre l'humanité à genoux, cela aurait dû arriver au moins une fois après l'an mille. Nul n'a jamais tourné dans un style aussi savoureux la bonne vieille vérité du Seigneur de La Palice : « Un quart d'heure avant sa mort, il était encore en vie »[30].

À l'appui de la même thèse, on avance aussi des arguments de fond. Tout d'abord, il y a l'idée qu'il n'existe qu'un petit nombre de ressources qui, « étant particulièrement réfractaires au progrès technologique, ne fournissent normalement aucun produit d'extraction à un coût constant ou décroissant » (Barnett et Morse 1963, p. 10)[31]. Plus récemment certains en sont venus à alléguer une loi spécifique qui, en un sens, est le contraire de celle de Malthus concernant les ressources : la technologie progresserait de façon exponentielle (Beckerman 1972, p. 236 ; Kayseri 1972, p. 664 ; Solow 1973, p. 45). Sa justification superficielle est qu'un progrès technologique en induit un autre. Cela est vrai, mais le processus n'est pas cumulatif comme celui de la croissance démographique. Et il est tout à fait erroné d'arguer, comme le fait Maddox (1972, p. 21), qu'en insistant sur l'existence d'une limite à la technologie, on dénie à l'homme le pouvoir d'influencer le progrès. Même si la technologie continue à progresser, elle ne dépassera pas nécessairement toute limite : une séquence croissante peut avoir une limite supérieure. Dans le cas de la technologie, cette limite est posée par le coefficient théorique de rendement (section IV). En effet, si le progrès était exponentiel, l'*input* i par unité d'*output* suivrait dans le temps la loi $i = io\ (1 + r)^{-t}$ et tendrait constamment vers zéro. En fin de compte, la production deviendrait incorporelle et la Terre un nouveau jardin d'Eden.

Finalement, il y a la thèse que nous pourrions nommer le sophisme de la substitution perpétuelle : « Peu d'éléments de la croûte terrestre, y compris la terre arable, sont si spécifiques qu'ils défient tout remplacement économique ; ... la nature impose des raretés particulières, non une rareté générale inévitable » (Barnett et Morse 1963, pp. 10 et ss.)[32]. Nonobstant la protestation de Bray (1972, p.8), c'est « un tour de prestidigitation d'économiste ». Certes, il n'y a que quelques « vitamines » qui jouent un rôle entièrement spécifique, tel le phosphore dans les organismes vivants. Par ailleurs, l'aluminium a remplacé le fer et le cuivre dans beaucoup de cas, mais non point dans tous[33]. Néanmoins, *la substitution à l'intérieur d'un stock fini de basse entropie accessible* dont la dégradation irrévocable s'accélère avec son utilisation ne peut durer indéfiniment.

Sous la plume de Solow*, la substitution devient le facteur clé qui soutient le progrès technologique même lorsque les ressources deviennent de plus en plus rares. En premier lieu, il y aurait une substitution à l'intérieur de la gamme des biens de consommation. Les prix réagissant à la rareté croissante, les consommateurs achèteront « moins de biens riches en ressources et davantage d'autres choses » (Solow 1973, p. 47)[34]. Plus récemment, il étendit cette idée également à la production. Nous pouvons, soutint-il, substituer « d'autres facteurs aux ressources naturelles » (Solow 1974, p. 11). Il faut avoir une vue bien erronée du processus économique dans sa totalité pour ne pas remarquer qu'il n'existe pas de facteurs matériels autres que les ressources naturelles. Soutenir, en outre, que « le monde peut en effet subsister sans ressources naturelles », c'est ignorer la différence qui existe entre le monde réel et le jardin d'Eden.

Les données statistiques invoquées à l'appui de quelques-unes des thèses précitées sont encore plus frappantes. Les chiffres allégués par Solow (1973, pp. 44 et ss) montrent qu'aux États-Unis, entre 1950 et 1970, la consommation d'une série d'éléments minéraux par unité de PNB a substantiellement baissé. Les exceptions furent attribuées au phénomène de substitution, mais on conjecturait qu'elles disparaîtraient tôt ou tard. En stricte logique, ces données ne prouvent pas que, pendant cette période, la technologie a nécessairement progressé dans le sens d'une plus grande économie des ressources. Le PNB peut augmenter plus que tout *input* de minéraux même si la technologie reste la même, ou même si elle se détériore. Mais nous savons aussi que, durant pratiquement la même période, de 1947 à 1967, la consommation par habitant des matériaux de base a augmenté aux États-Unis. Et dans le monde, au cours de la seule décennie 1957-1967, la consommation d'acier par habitant a augmenté de 44 % (Brown 1970, pp. 198-200). Ce qui importe en fin de compte, c'est non seulement l'impact du progrès technologique sur la consommation des ressources par unité de PNB, mais surtout l'accroissement du taux d'épuisement des ressources, qui est un effet secondaire de ce progrès.

Plus frappantes encore – elles en ont fait la preuve – sont les données utilisées par Barnett et Morse pour montrer que, de 1870 à 1957, la part des coûts tant du travail que du capital par rapport au produit net a diminué sensiblement dans l'agriculture et l'industrie minière, deux secteurs critiques en ce qui concerne l'épuisement des ressources (Barnett et Morse, 1963, p. 3, 8 et ss., 167-178). Malgré certaines incongruités arithmétiques[35], on ne peut rejeter le tableau général qui ressort de ces chiffres. Seule son interprétation doit être corrigée.

Pour la problématique de l'environnement il est essentiel de comprendre les types de formes sous lesquels peut apparaître le progrès technologique.

Une première catégorie comprend les *innovations d'économie*, qui apportent une économie *nette* de basse entropie – que ce soit par une combustion plus complète, une diminution des frottements, l'obtention d'une lumière plus intense à partir du gaz ou de l'électricité, la substitution de matériaux par d'autres moins coûteux en énergie, et ainsi de suite. Dans cette catégorie, nous devrions également ranger la découverte de nouveaux procédés d'utilisation de basse entropie accessible.

Une deuxième catégorie consiste en *innovations de substitution* qui ne font que remplacer de l'énergie humaine par de l'énergie physico-chimique. L'invention de la poudre à canon qui remplaça la catapulte en est une bonne illustration. En général, de telles innovations nous permettent non seulement d'agir plus efficacement mais encore et surtout de faire des choses qu'il était impossible de réaliser auparavant, comme de voler en avion.

Enfin, il y a les *innovations de la gamme des produits* qui créent de nouveaux biens de consommation, tels que le chapeau, les bas nylon, etc. La plupart des innovations de cette catégorie appartiennent en même temps à celle des innovations de substitution.

En réalité, la plupart des innovations appartiennent à plus d'une catégorie. Mais cette classification n'en est pas moins utile à l'analyse.

Or, l'histoire économique confirme un fait assez élémentaire, à savoir que les grands bonds du progrès technologique ont généralement été déclenchés par la découverte de la maîtrise d'une nouvelle forme d'énergie accessible. Par ailleurs, un grand bond dans le progrès technologique ne peut se matérialiser sans que cette innovation soit suivie d'une grande expansion de l'extraction minière. Même un accroissement substantiel dans le rendement de l'utilisation de l'essence comme combustible serait bien peu de chose en comparaison d'une multiplication des riches champs pétrolifères connus.

Ce type d'expansion est celui que nous connaissons depuis une centaine d'années. Nous avons fait jaillir du pétrole et découvert de nouveaux gisements de charbon et de gaz dans une proportion beaucoup plus grande que celle de nos possibilités de consommation durant la même période (cf. note 38). Plus important encore : toutes les découvertes minéralogiques ont présenté une proportion substantielle de ressources *facilement* accessibles. Cette exceptionnelle prospérité a suffi par elle-même à abaisser le coût réel de l'extraction des ressources minérales de leurs gisements à la surface. L'énergie issue des combustibles fossiles devenant ainsi meilleur marché, les innovations de substitution ont entraîné une baisse de la part du travail dans le produit net. Le capital aussi a dû évoluer vers des formes qui coûtent moins mais utilisent davantage d'énergie pour atteindre le même résultat. Durant cette période, on a donc assisté à une modification de la structure des coûts, les facteurs flux ayant augmenté et les facteurs fonds diminué[36]. C'est pourquoi, en examinant seulement les variations relatives des facteurs fonds durant une période d'abondance minérale exceptionnelle, nous ne pouvons prouver ni que le coût total par unité suivra toujours une tendance à la baisse, ni que le progrès continu de la technologie rendra toutes les ressources accessibles presque inépuisables, comme le proclament Barnett et Morse (1963, p. 239).

Il apparaît donc très vraisemblable que les thèses que nous venons d'examiner procèdent de la croyance profondément enracinée en l'immortalité de l'humanité. Certains de leurs défenseurs nous ont même exhortés à avoir foi en l'espèce humaine : une telle foi, selon eux, triomphera de toutes les limitations[37]. Mais ni la foi ni l'assurance de quelque autorité académique (Beckerman 1972), aussi prestigieuse fût-elle, ne sauraient prévaloir contre le fait qu'aux termes de la loi fondamentale de la thermodynamique, la dot de l'humanité est limitée. Même si on était enclin à croire que ces principes pourraient être réfutés dans l'avenir, on ne serait pas en droit d'agir maintenant en fonction de cette croyance. Nous devons admettre que l'évolution ne constitue pas une répétition linéaire, même si, dans de courts intervalles, nous sommes amenés à croire le contraire.

À propos du problème de l'environnement, il règne une grande confusion non seulement chez la plupart des économistes (comme l'ont mis en évidence les nombreux cas déjà cités), mais encore parmi les cercles intellectuels les plus élevés, simplement parce que la véritable nature entropique de ces événements est ignorée ou mal comprise. Sir Macfarlane Burnet, un Prix Nobel, consacra une conférence spéciale à l'impératif de « prévenir la destruction progressive des ressources irremplaçables de la Terre » (cité *in* Cloud 1969, p. 1). Et cette prestigieuse institution qu'est l'O.N.U. recommanda à tout le monde, à plusieurs reprises, dans sa Déclaration sur l'environnement humain (Stockholm,

1972), « d'améliorer l'environnement ». Ces deux recommandations reflètent l'illusion que l'homme peut inverser le cours de l'entropie. La vérité, peu réjouissante d'ailleurs, c'est que nous pouvons seulement prévenir le gaspillage inutile de ressources et la détérioration inutile de l'environnement sans toutefois que nous prétendions connaître la signification précise de l'adjectif « inutile » dans ce contexte.

VII. La croissance : mythes, polémiques et sophismes

Une grande confusion imprègne les vives controverses relatives à la « croissance » tout simplement parce que ce terme est utilisé dans de multiples acceptions. Une confusion sur laquelle Joseph Schumpeter a constamment mis en garde les économistes, c'est la confusion entre *croissance* et *développement*. Il n'y a croissance que lorsqu'augmente la production par habitant des types de biens courants, ce qui implique naturellement aussi un épuisement croissant des ressources également accessibles. Le développement signifie l'introduction de n'importe laquelle des innovations décrites dans la section précédente. Dans le passé, le développement a généralement induit la croissance et la croissance n'est advenue qu'en association avec le développement. Il en est résulté une singulière combinaison dialectique également appelée « croissance », mais à laquelle nous pourrions réserver une autre étiquette courante, celle de « croissance économique ». Les économistes en mesurent le niveau au moyen du PNB par habitant en prix constants.

La croissance économique – il convient de le souligner – est un état dynamique, analogue à celui d'une automobile prenant un virage. Il est impossible pour une telle automobile de se trouver sur une trajectoire à un moment donné et sur une autre au moment suivant. L'enseignement de l'économie dominante selon lequel la croissance économique dépend seulement de la décision prise à un moment donné de consommer une proportion plus ou moins grande de la production (Beckerman, pp. 342 et ss ; Solow 1973, p. 41) est en grande partie non fondé. En dépit des superbes modèles mathématiques d'Arrow-Debreu-Hahn qui ont fait les délices des professionnels, ainsi que des modèles d'orientation pragmatique de Leontief, il n'est pas vrai que tous les facteurs de production (y compris les biens intervenant dans le processus) puissent être *directement* utilisés en tant que biens de consommation. Ce n'est que dans une société agraire primitive n'employant pas d'équipement en capital que la décision d'économiser du blé sur la moisson en cours se traduirait par un accroissement de la récolte moyenne de l'année à venir.

Les autres économies croissent maintenant parce qu'elles ont crû hier et elles croîtront demain parce qu'elles croissent aujourd'hui.

Les racines de la croissance économique plongent profondément dans la nature humaine. C'est en raison des instincts d'artisanat et de curiosité gratuite de l'homme décrits par Veblen qu'une innovation en suscite une autre – ce qui constitue le développement. Étant donné aussi la fascination de l'homme pour le confort et les gadgets, toute innovation conduit à la croissance. Certes, le développement n'est pas une caractéristique inévitable de l'histoire ; il dépend de plusieurs facteurs ainsi d'ailleurs que d'accidents, ce qui explique que le passé de l'homme consiste principalement en longues séquences d'états quasi stationnaires et que l'ère d'effervescence actuelle ne soit qu'une toute petite exception[38].

Toutefois, au niveau purement logique, il n'y a nul lien nécessaire entre développement et croissance ; on pourrait concevoir le développement sans la croissance. C'est faute d'avoir systématiquement observé les distinctions précédentes que les défenseurs de l'environnement ont pu être accusés d'être des adversaires du développement[39]. En fait, la véritable défense de l'environnement doit être centrée sur le *taux global* d'épuisement des ressources (et sur le taux de pollution qui en découle). Si la controverse s'est finalement nouée autour de cet indicateur de l'économiste qu'est le PNB par habitant, c'est seulement parce que, dans le passé, la croissance économique s'est traduite non seulement par une augmentation du taux d'épuisement, mais encore par un accroissement de la consommation de ressources par habitant. Il en est résulté que le vrai problème a été enterré sous un monceau de sophismes du type de ceux que nous avons rapportés dans la section précédente. Car même si, bien qu'à un niveau purement théorique, la croissance économique est compatible avec une baisse du taux d'épuisement, la croissance pure ne peut excéder une limite certaine, quoique indéterminable, sans un accroissement de ce taux – à moins qu'il y ait une baisse substantielle de la population.

Il était naturel pour des économistes, inébranlablement attachés à leur cadre mécaniste, de rester complètement insensibles aux appels que lancèrent à différentes reprises le mouvement pour la conservation de la nature ou certains intellectuels isolés, comme Fairfield Osborn* et Rachel Carson*, soulignant les dommages écologiques de la croissance et la nécessité de ralentir cette dernière. Mais, il y a quelques années, le mouvement environnementaliste a opéré une percée avec le problème de la population – *La bombe P* pour reprendre la métaphore de Paul Ehrlich. Aussi bien, quelques économistes hétérodoxes se sont-ils tournés vers une position physiocratique, sous des formes certes profondément révisées, à moins qu'ils n'aient tenté de greffer l'écologie sur la science économique (par ex. Boulding 1966, 1971 ; Culberston 1971 ; NGR 1966, 1971b). Certains se sont préoccupés de la qualité de la vie plutôt que de l'abondance (Boulding 1966 ; Mishan 1970). Par ailleurs, une longue série d'incidents a suffisamment démontré à tout le monde que la pollution n'est pas un passe-temps des écologistes. Bien que l'épuisement des ressources se soit aussi poursuivi avec une intensité constamment accrue, c'est ordinairement un phénomène massif qui se déroule sous la surface de la terre, où nul ne peut le voir vraiment. La pollution, en revanche, est un phénomène de surface dont l'existence ne peut être ignorée, encore moins niée. Ceux parmi les économistes qui ont réagi à ces événements se sont généralement efforcés de raffermir l'idée que la rationalité économique et un mécanisme des prix justes peuvent résoudre tous les problèmes écologiques.

Mais, curieusement la publication récente du rapport au Club de Rome *The Limits to Growth* [*Les Limites à la croissance*] (Meadows et al. 1972) a causé un émoi inhabituel parmi les professionnels de la science économique. En fait c'est de leurs milieux que sont venues les principales critiques de ce rapport. Si cet honneur a été pratiquement épargné à un manifeste d'un contenu semblable intitulé *A Blueprint for Survival* [*Changer ou Disparaître*] (*The Ecologist* 1972), ce n'est sans doute pas parce qu'il fut signé par un groupe important de savants hautement respectés, mais parce que seul le rapport *Les Limites à la croissance* utilisait des modèles analytiques du genre de ceux auxquels on a recours en économétrie et dans les travaux de simulation. Pour autant que l'on puisse en juger, c'est cet emprunt qui irrita les économistes au point de les porter à manier l'insulte directe ou voilée dans leur attaque contre le cheval de Troie. Même la revue *The Economist* (1972) se départit pour l'occasion de la proverbiale courtoisie britannique et dans son éditorial intitulé « Les limites au malentendu », stigmatisa le rapport en question comme ayant atteint « la cote d'alerte du non-sens rétrograde ». Faisant fi de la solennité d'une leçon inaugurale, Beckerman* (1972, p. 327) alla jusqu'à condamner cette étude comme un « échantillon effronté et impudent de non-sens émanant d'une équipe d'hurluberlus du MIT »[40].

Rappelons d'abord que, particulièrement ces trente dernières années, les économistes ont prêché à tout venant que seuls des modèles mathématiques étaient à même de servir les objectifs les plus élevés de leur science. Avec l'apparition de l'ordinateur, l'utilisation de modèles économétriques et de techniques de simulation est devenue une routine fort répandue. À l'occasion, des arguments techniques ont servi à dénoncer le sophisme consistant à s'en remettre à des modèles arithmomorphiques pour prédire la marche de l'histoire, mais en vain[41]. À présent, toutefois, des économistes critiquent les auteurs des *Limites à la croissance* pour avoir commis ce même péché et pour avoir cherché à obtenir par l'utilisation de l'ordinateur « une aura d'autorité scientifique » ; certains ont été jusqu'à récuser l'utilisation des mathématiques (Beckerman 1972, pp. 331-334 ; Bray 1972, pp. 22 et ss ; Kneese et Ridker 1972 ; Kaysen 1972, p. 660 ; Banque mondiale 1972, pp. 15-17). Relevons, en second lieu, que l'agrégation a toujours été considérée comme une démarche appauvrissante bien qu'inévitable en macroéconomie qui, de ce fait ignore largement les problèmes de structure. Néanmoins, des économistes dénoncent à présent ce rapport pour son utilisation d'un modèle fondé sur l'agrégation (Beckerman 1972, pp. 338 et ss ; Kneese et Ridker 1972 ; Banque mondiale 1972, pp. 61 et ss, 74). En troisième lieu, il est un article commun de la foi économique, connu sous le nom de principe d'accélération, qui veut que l'*output* soit proportionnel au stock en capital. Pourtant certains économistes ont, derechef fait grief aux auteurs des *Limites* d'avoir (implicitement) supposé que la même proportionnalité prévalait pour la pollution – qui est aussi un *output* ! (Beckerman 1972, pp. 399 et ss ; Kneese et Ridker 1972 ; Banque mondiale 1972, p. 47 et ss.)[42]. En quatrième lieu, le complexe des prix n'a pas empêché les économistes de développer et d'utiliser des modèles dont les schémas ne comportent explicitement aucun prix, tels les modèles statiques et dynamiques de Leontief, le modèle de Harrod-Domar, le modèle de Solow, pour s'en tenir aux plus fameux. Malgré cela, certains critiques (dont Solow lui-même) ont contesté la valeur des *Limites* du seul fait que son modèle ne comporte pas de prix (Beckerman 1972, p. 337 ; Kaysen 1972, p. 665 ; Solow 1973, pp. 46 et ss ; Banque mondiale 1972, p. 14).

Enfin, et c'est le point le plus important, il est indiscutable que, ces années dernières, les économistes, hormis quelques auteurs isolés, ont toujours souffert de la manie de la croissance (Mishan 1970, chap. I « *Growthmania* »). Les systèmes et les plans économiques ont toujours été évalués en fonction seulement de leur capacité à soutenir un taux élevé de croissance économique. Tous les plans économiques, sans aucune exception, ont visé le taux de croissance économique le plus haut possible. Il n'est pas jusqu'à la théorie même du développement économique qui ne soit solidement amarrée aux modèles de croissance exponentielle. Mais lorsque les auteurs des *Limites* utilisent aussi l'hypothèse de la croissance exponentielle, c'est le tollé chez les économistes qui crient au scandale ! (Beckerman 1972, pp. 332 et ss ; Bray 1972, 13 ; Kaysen 1972, p. 661 ; Kneese et Ridker 1972 ; Solow, pp. 42 et ss ; Banque mondiale 1972, pp. 58 et ss.). Le plus curieux est que, parallèlement, certains de ces critiques soutenaient que la croissance de la technologie est exponentielle (section VI). D'autres, tout en admettant que, en fin de compte, la croissance économique ne peut se poursuivre indéfiniment au taux actuel, avancèrent l'idée qu'elle pourrait se poursuivre à des taux moins élevés (Solow 1973, p. 666).

De l'examen de cette critique singulière, on retire l'impression que, dans leurs objections, les professionnels de la science économique ont illustré l'adage latin *Quod licet Jovi non licet bovi* – ce qui est permis à Zeus ne l'est pas à un bœuf ! Quoi qu'il en soit la science économique dominante ne se remettra qu'avec difficulté du spectacle qu'elle a donné de ses propres faiblesses dans ses efforts d'autodéfense.

En dehors de ces milieux, le rapport en question a été accueilli avec passablement d'intérêt, en tout cas non point avec des sarcasmes[43]. Le jugement le plus équitable porté à son endroit est que, en dépit de ses imperfections, « il n'est pas frivole »[44]. Certes, sa présentation plutôt défectueuse trahit la précipitation qui a présidé à son lancement publicitaire prématuré (Gillette 1972). Mais il s'est même trouvé quelques économistes pour reconnaître le mérite que ce rapport a eu à souligner les conséquences lointaines de la pollution (Banque mondiale 1972, pp. 58 et ss). Cette étude a aussi mis en évidence l'importance de la durée dans le cours réel des événements (Meadows et al. 1972, p. 183) – problème souvent relevé dans les sciences de la nature (Hibbart 1968, p. 144 ; Lovering 1969, p. 131) mais généralement négligé par les économistes (NGR 1971b, p. 273). En effet nous avons besoin d'un certain laps de temps non seulement pour accéder à un plus haut niveau de croissance économique, mais encore pour descendre à un niveau inférieur.

Il n'en reste pas moins que la conclusion partout diffusée selon laquelle un maximum de cent ans séparerait l'humanité d'une catastrophe écologique (Meadows et al. 1972, p. 23 et *passim*) manque d'assise scientifique solide.

Nous n'avons guère la place de discuter le schéma général de relations postulé dans les diverses simulations envisagées par ce rapport. Relevons toutefois que les formes *quantitatives* de ces relations n'ont été soumises à aucune vérification empirique. Au surplus, en raison même de leur nature rigide, les modèles arithmomorphiques utilisés sont incapables de prédire les changements évolutifs qui peuvent affecter ces relations dans le cours du temps. La prédiction, qui évoque la fameuse peur de la fin du monde de l'an mille, n'a rien à voir avec tout ce que nous savons sur l'évolution biologique. Rien n'indique que, parmi toutes les espèces, l'espèce humaine doive entrer brusquement dans un bref coma. Sa fin ne se profile même pas sur un lointain horizon ; et lorsqu'elle viendra, ce ne sera qu'après une très longue série de crises subreptices et prolongées. Néanmoins, comme le remarque Silk (1972), ce serait folie d'ignorer les avertissements généraux que comporte ce rapport au sujet de la croissance de la population, de la pollution et de l'épuisement des ressources. Car en vérité, n'importe lequel de ces facteurs est susceptible d'entraîner un essoufflement de l'économie mondiale.

Certains critiques n'ont pas manqué de réduire la portée des *Limites*, coupable selon eux d'avoir utilisé un appareil analytique à seule fin d'illustrer une tautologie inintéressante, à savoir qu'une croissance exponentielle indéfinie dans un environnement fini est impossible (Beckerman 1972, pp. 333 et ss ; Kaysen 1972, p. 661 ; Solow 1973, pp. 42 et ss ; Banque mondiale 1972, p. 55). L'accusation est fondée, mais en apparence seulement ; car il s'agit bien de l'un de ces cas où l'évidence doit être rappelée pour avoir longtemps été ignorée.

Toutefois, la faute la plus grave commise par les auteurs des *Limites* a été d'occulter la plus grande partie de l'évidence en concentrant leur attention exclusivement sur la croissance exponentielle, comme l'on fait Malthus et presque tous les autres environnementalistes.

VIII. L'état stable : un mirage à la mode

L'une des critiques fondamentales retenues contre Malthus visait, on le sait sa conception d'une croissance de la population et des ressources conformes à quelques lois mathématiques simples. Mais cette critique épargnait l'erreur véritable de Malthus*, qui semble n'avoir toujours pas été relevée, et qui réside dans l'hypothèse implicite que la population peut croître au-delà de toute limite de masse ou de temps *pour autant qu'elle ne croisse pas trop rapidement*[45]. C'est une erreur tout à fait semblable qu'ont commise les auteurs des *Limites*, ceux de l'étude non mathématique, mais plus cohérente, *Changer ou Disparaître*, ainsi d'ailleurs que plusieurs auteurs antérieurs. Parce que, à l'instar de Malthus, ils se sont attachés à prouver l'impossibilité de la croissance, ils ont été victimes d'un simple syllogisme, actuellement fort répandu quoique faux : puisque la croissance exponentielle dans un monde fini conduit à des désastres de toutes sortes, le salut écologique réside dans l'état stationnaire (Hardin 1968 ; Istock 1971 ; Meadows et al. 1972, pp. 156-184 ; *The Ecologist*, pp. 3 et ss, 8, 20)[46]. H. Daly (1971b, p. 5) va même jusqu'à proclamer que « l'économie stationnaire est, de ce fait, une nécessité ».

Le tableau d'un monde de félicité dans lequel tant la population que le stock de capital demeurent constants, tableau illustré jadis par John Stuart Mill* avec son talent habituel, a sombré dans l'oubli jusqu'à une date récente. En raison du réveil spectaculaire de ce mythe du salut écologique, il est bon d'en souligner les multiples écueils logiques et pratiques. L'erreur cruciale consiste à ne pas voir que non seulement la croissance, mais même un état de croissance zéro, voire un état décroissant qui ne tendrait pas à l'annihilation, ne saurait durer éternellement dans un environnement fini. L'erreur provient peut-être d'une certaine confusion entre les notions de stock fini et de taux de flux fini, comme le suggère l'incommensurabilité des dimensions de divers graphiques (Meadows et al. 1972, pp. 62, 64 et ss, 124 et ss ; *The Ecologist* 1972, p. 6). Et contrairement à ce que proclament certains avocats de l'état stationnaire (Daly 1971b, p. 15), ce dernier n'occupe pas une position privilégiée au regard des lois physiques.

Allons au cœur du problème : soit S la quantité réelle des ressources accessibles de la croûte terrestre. Soit P_i et s_i respectivement la population et la quantité de ressources épuisées par personne dans l'année i. Soit la « quantité de vie totale » mesurée en années de vie définie par $L = \sum Pi$, de $i = 0$ à i = infini. S constitue une limite supérieure pour L en raison de la contrainte évidente $\sum P_i s_i \leq S$. Car bien que s_i soit une variable historique, elle ne peut être égale à 0 ni même être négligeable (à moins que l'humanité ne retourne un jour à une économie de cueillette). Par conséquent $P_i = 0$ pour i plus grand qu'un nombre fini n, et $P_i > 0$ autrement. Cette valeur de n est la durée maximale de l'espèce humaine (NGR 1971a, p. 12ss ; 1971b, p. 304).

La Terre a aussi ce qu'on appelle une capacité de charge qui dépend d'un ensemble de facteurs incluant la taille de s_i[48]. Cette capacité de charge impose une limite à toute valeur de P_i. Mais cette limite ne rend pas superflues les autres limites, de L et de n. Il est donc inexact de prétendre – comme l'équipe Meadows (1972, pp. 91ss) paraît le faire – que l'état stationnaire peut perdurer aussi longtemps que le niveau de la population P_i n'excède pas cette capacité. Les partisans du salut par l'état stationnaire doivent reconnaître que cet état ne saurait avoir qu'une durée finie, faute de quoi il leur faudrait rejoindre le club des « sans limites » en soutenant que S est inépuisable ou presque – comme l'avance en fait l'équipe Meadows (1972, p. 172). S'ils s'y refusent, qu'ils élucident donc le mystère d'une économie entière qui, après avoir été stationnaire pendant une longue période, tout à coup prendrait fin !

Apparemment les avocats de l'état stationnaire assimilent ce dernier à la notion d'état stable d'un système *thermodynamique* ouvert. Cet état consiste en un macrosystème *ouvert* qui maintient sa structure entropique constante au moyen d'échanges matériels avec son « environnement ». Chacun comprendra d'emblée que ce concept constitue un outil très utile pour l'étude des organismes biologiques. On doit néanmoins relever que ce concept est assujetti à certaines conditions particulières introduites par L. Onsager* (Katchalsky et Curran 1965, pp. 89-97). Ces conditions sont si délicates (elles sont appelées le principe de compensations *détaillées*), qu'elles ne peuvent tenir en réalité « qu'à l'intérieur d'une déviation de quelques centièmes » (Katchalsky et Curran 1965, p. 140). Pour cette raison, un état stable ne peut exister en fait que d'une manière approximative et pour une durée finie. Cette impossibilité pour un macrosystème hors de l'état de chaos de durer indéfiniment sera peut-être un jour explicitement reconnue par une nouvelle loi de la thermodynamique de la même manière que l'impossibilité du mouvement perpétuel l'a déjà été. Les spécialistes s'accordent en effet à reconnaître que les lois actuelles de la thermodynamique ne suffisent pas à rendre compte de tous les phénomènes non réversibles, et notamment des processus de la vie.

Indépendamment de ces écueils, il y a des raisons fort simples qui militent contre la croyance en la possibilité pour l'humanité de vivre dans un état stationnaire perpétuel. La structure d'un tel état demeure identique d'un bout à l'autre ; elle ne comporte pas en elle-même les germes de mort inexorable propres à tous les macrosystèmes ouverts. Par ailleurs, un monde avec une population stationnaire serait au contraire continuellement forcé de changer sa technologie de même que son mode de vie pour faire face à l'inévitable baisse dans l'accessibilité des ressources. Même si l'on résolvait la question de savoir comment le capital peut changer qualitativement tout en demeurant constant, il faudrait imaginer que cette baisse imprévisible serait miraculeusement compensée par de bonnes innovations intervenant au bon moment. Pendant un certain temps, un monde stationnaire peut rester synchronisé avec un environnement changeant grâce à un système de régulations équilibrantes analogues à celles d'un organisme vivant pendant telle ou telle phase de sa vie. Mais, comme Bormann nous le rappelait, le miracle ne peut durer éternellement ; tôt ou tard, Ie système de régulation s'effondrera. À ce moment, l'état stationnaire connaîtra une crise qui provoquera l'échec du but et de la nature qu'on lui suppose.

Il faut se garder d'un autre piège logique qui consiste à invoquer le principe de Prigogine* en faveur de l'état stationnaire. D'après ce principe, le minimum de l'entropie produite par un système thermodynamique ouvert du type Onsager* est atteint quand ce système devient stable (Katchalsky et Curran 1965, chap. XVI). Il ne dit nullement comment cette entropie se compare avec celle produite par d'autres systèmes ouverts[49].

Les arguments habituellement avancés en faveur de l'état stationnaire sont, toutefois, d'une nature différente et plus directe. On fait valoir, par exemple, que, dans un tel état, il y a plus de temps disponible pour réduire la pollution par des processus naturels et pour permettre à la technologie de s'adapter à la diminution de l'accessibilité des ressources (Meadows et al. 1972, p. 166). Il est parfaitement vrai que nous pourrions utiliser aujourd'hui beaucoup plus efficacement le charbon que nous avons brûlé dans le passé. Mais aurions-nous maîtrisé les techniques efficaces actuelles si nous n'avions pas brûlé « inefficacement » tant de charbon ? Dans la lignée de l'aspiration de Mill* visant à permettre au peuple de consacrer davantage de temps aux activités intellectuelles, on affirme que, dans un état stationnaire, les gens n'auront pas à effectuer de travail supplémentaire pour accumuler du capital, ce qui, compte tenu de ce que j'ai dit dans les derniers paragraphes, n'est pas tout à fait exact. « Le piétinement l'entassement, le coudoiement et l'encombrement » des individus cessera (Mill 1965, p. 754). Toutefois, l'histoire offre de multiples exemples – tel le Moyen Âge – de sociétés quasi stationnaires où les arts et les sciences étaient pratiquement stagnants. Dans un état stationnaire aussi, les gens peuvent être occupés à longueur de journées dans les champs et les boutiques. Quel que soit l'état croissant ou non, le temps disponible pour le progrès intellectuel dépend de l'intensité de la pression de la population sur les ressources. Là gît le principal point faible de la vision de Mill. Preuve en est – comme Daly (1971, pp. 6-8) l'admet explicitement – que ses écrits n'offrent aucune base pour déterminer, ne fût-ce qu'en principe, les niveaux optimaux de la population et du capital. Cela met en évidence un point important, quoique inaperçu jusqu'ici, à savoir que *la conclusion nécessaire des arguments avancés en faveur de cette perspective consiste à remplacer l'état stationnaire par un état de décroissance.*

À n'en point douter, la croissance actuelle doit non seulement cesser, mais être inversée. Mais quiconque croit pouvoir écrire un projet pour le salut écologique de l'espèce humaine ne comprend pas la nature de l'évolution ni même de l'histoire, qui ne s'apparente pas à un processus physico-chimique prévisible et contrôlable comme la cuisson d'un œuf ou le lancement d'une fusée vers la Lune mais qui consiste en une lutte permanente dans des formes constamment nouvelles.

IX. Éléments de bioéconomie[50]

Hormis quelques exceptions peu significatives, toutes les espèces autres que l'homme n'utilisent que des instruments *endosomatiques*, pour reprendre le terme qu'Alfred Lotka* proposa pour désigner les instruments (les jambes, les griffes, les ailes, etc.) dont l'organisme individuel est doté à la naissance. Seul l'homme en est venu, au cours des temps, à utiliser une massue qui ne lui appartenait pas génétiquement, mais qui prolongea son bras endosomatique et accrut sa puissance.

Alors seulement l'évolution humaine transcenda les limites biologiques pour inclure aussi (et même au premier chef) l'évolution d'instruments *exosomatiques*, c'est-à-dire produits par l'homme mais n'appartenant pas à son corps[51]. C'est pourquoi l'homme peut maintenant voler dans le ciel ou nager sous l'eau bien que son corps n'ait ni ailes ni nageoires ni branchies.

L'évolution exosomatique imprima à l'espèce humaine deux transformations fondamentales et irrévocables. La première n'est autre que le conflit social irréductible qui caractérise l'espèce humaine (NGR 1966, pp. 98-101 ; 1971b, pp. 306-315, 348 et ss). Certes, d'autres espèces vivent également en société, mais elles ne connaissent pas de tels conflits. La raison en est que leurs « classes sociales » correspondent à certaines divisions biologiques bien nettes. L'extermination périodique d'une grande partie des faux bourdons par les abeilles est un phénomène naturel, biologique, et non point une guerre civile.

La seconde transformation réside dans la dépendance de l'homme vis-à-vis de ses instruments exosomatiques – un phénomène analogue à celui du poisson volant qui s'est rendu dépendant de l'atmosphère et a muté en oiseau pour toujours. C'est en raison de cette dépendance que la survie de l'humanité présente un problème totalement différent de celui de toute autre espèce (NGR 1971a, 1971b, pp. 302-305) car il n'est pas seulement biologique ni seulement économique. Il est bioéconomique. *Grosso modo*, ses contours dépendent des multiples asymétries qui existent dans les trois sources de basse entropie qui, ensemble, constituent la dot de l'humanité : d'une part l'énergie libre reçue du soleil, d'autre part, l'énergie libre et les structures matérielles ordonnées emmagasinées dans les entrailles de la Terre.

La *première asymétrie* provient du fait que la composante terrestre est un *stock*, tandis que la composante solaire est un *flux*. Il y a là une différence qu'il est nécessaire de bien comprendre (NGR 1971b, pp. 226 et ss). Le charbon *in situ* est un stock parce que nous sommes libres de l'utiliser intégralement aujourd'hui (théoriquement du moins) ou bien sur des siècles. Mais en aucun cas nous ne pouvons utiliser une part quelconque du flux à venir du rayonnement solaire. Au surplus, le débit de ce rayonnement est absolument hors de notre maîtrise ; il est intégralement déterminé par des conditions cosmologiques, y compris la taille de notre globe[52]. Quoi qu'elle puisse faire, une génération ne peut empiéter sur la part de rayonnement solaire d'une quelconque génération à venir. En raison de la priorité du présent sur le futur et de l'irrévocabilité de la dégradation entropique, c'est l'opposé qui est vrai pour les parts du stock terrestre. Ces parts dépendent en effet du volume de la dot terrestre qui a été consommé par les générations passées.

Deuxième asymétrie : comme il n'y a pas de moyens pratiques, à l'échelle humaine, pour transformer de l'énergie en matière (section iv), c'est la matière de basse entropie accessible qui constitue, de beaucoup, l'élément le plus critique du point de vue bioéconomique. À la vérité, un morceau de charbon brûlé par nos arrière-grands-pères est perdu aujourd'hui pour toujours, de même que la part d'argent ou de fer, par exemple, qu'ils ont extraite. En revanche, les générations à venir pourront encore disposer de leur part inaliénable d'énergie solaire (dont nous verrons d'ailleurs plus loin qu'elle est énorme). Aussi bien pourront-elles utiliser chaque année, au moins, une quantité de bois correspondant à la croissance végétale annuelle. Pour l'argent et le fer dissipés par les générations antérieures, il n'est point de semblable compensation. C'est pourquoi en bioéconomie il nous faut insister sur le fait que toute Cadillac ou toute Zim – et bien sûr tout instrument de guerre – signifie moins de socs de charrues pour de futures générations et, implicitement, moins d'êtres humains aussi (NGR 1971a ; 1971b, p. 304).

Troisième asymétrie : il y a une différence astronomique entre l'importance du flux d'énergie solaire et la taille du stock d'énergie terrestre libre. Au prix d'une perte de masse de 131 x 10^{12} tonnes, le soleil irradie annuellement 10^{13} Q - chaque Q étant égal à 10^{18} BTU[53] ! De ce flux fantastique, seuls quelque 5 300 Q sont interceptées aux limites de l'atmosphère terrestre, dont une moitié environ sont réfléchis dans l'espace extérieur. À notre propre échelle, toutefois, ce qui reste est encore fantastique car la consommation mondiale totale d'énergie ne s'élève pas à plus de 0,2 Q par an. La photosynthèse absorbe seulement 1,2 Q de l'énergie solaire qui atteint le niveau du sol. Nous pourrions tirer au maximum 0,08 Q des chutes d'eau, mais nous n'exploitons pour l'instant qu'un dixième de ce potentiel. Si l'on veut bien songer en outre que le soleil continuera à briller avec pratiquement la même intensité pendant cinq milliards d'années encore (avant de devenir une étoile géante rouge qui portera la température de la Terre à 1 000° Fahrenheit ou 555° Celsius), il ne fait aucun doute que l'espèce humaine ne vivra pas assez longtemps pour bénéficier de toute cette abondance.

Pour ce qui est de la dot terrestre, les meilleures estimations nous donnent une quantité initiale de combustible fossile de 215 Q seulement. Les principales réserves récupérables (connues et probables) s'élèvent à environ 200 Q. Ces réserves ne pourraient donc produire que deux semaines de lumière solaire sur le globe[54]. Si leur épuisement continue à croître au rythme actuel, ces réserves pourront entretenir l'activité industrielle de l'homme pendant encore tout juste quelques décennies. Les réserves d'uranium 235 elles-mêmes ne dureront pas plus longtemps si elles sont utilisées dans des réacteurs ordinaires. Certes, on fonde à présent des espoirs sur le réacteur surrégénérateur qui, à l'aide d'uranium 235, peut « extraire » de l'énergie des éléments fertiles mais non fissiles que sont l'uranium 238 et le thorium 232. Certains experts affirment que cette source d'énergie est « essentiellement inépuisable » (Weinberg et Hammond 1970, p. 412). On tient pour acquis qu'aux États-Unis seulement il y a de vastes zones couvertes de schistes noirs et de granits qui contiennent 60 grammes d'uranium naturel ou de thorium par tonne métrique (Hubbert 1969, pp. 226 et ss). Sur cette base, Weinberg et Hammond (1970, pp. 415 et ss) ont élaboré un projet grandiose. En creusant et broyant toutes ces roches, nous pourrions obtenir suffisamment de combustible nucléaire pour alimenter quelque 32 000 réacteurs surrégénérateurs répartis en 4 000 parcs de haute mer capables de fournir pendant des millions d'années à une population de vingt milliards d'individus deux fois plus d'énergie par tête d'habitant qu'on n'en consomme au taux actuel aux États-Unis. Ce projet grandiose offre un exemple typique de mode de pensée linéaire, car il postule que, pour permettre l'existence d'une population « même beaucoup plus importante que vingt milliards d'individus », il n'est besoin que d'accroître toutes les fournitures proportionnellement[55]. Ces auteurs ne contestent d'ailleurs pas qu'il y a des problèmes non techniques à résoudre ; seulement, ils les fardent avec un zèle remarquable (Weinberg et Hammond 1970, pp. 417 et ss). Ainsi, Weinberg (1960) écarte comme « transcientifique » le plus important de ces problèmes, à savoir si l'on peut rendre compatible une organisation sociale avec la densité de population et de manipulation nucléaire requise à ce niveau gigantesque[56]. Les techniciens sont enclins à oublier que, en raison de leurs propres succès, il peut être de nos jours plus tentant de transporter la montagne vers Mahomet que de persuader Mahomet d'aller à la montagne. Pour l'instant l'écueil est beaucoup plus considérable, car les milieux responsables[57] reconnaissent sans ambages que même un seul surrégénérateur présente encore des risques réels de catastrophes nucléaires et que le problème de la sécurité du transport des combustibles nucléaires et surtout celui de la sécurité de l'entreposage des déchets radioactifs attendent toujours une solution, fût-ce à une échelle d'activité réduite (Gillette 1972 ; surtout Gofman 1972 et Novick 1974).

Reste le plus grand rêve du physicien : la réaction thermonucléaire contrôlée. Mais, pour opérer une réelle percée, encore devrait-il s'agir de la réaction deutérium-deutérium, la seule qui pourrait ouvrir la voie à une formidable source d'énergie terrestre pour une longue période[58]. Néanmoins, en raison des difficultés déjà mentionnées (section IV), même les experts qui y travaillent n'y trouvent pas motif à un optimisme excessif.

Pour être complet nous devons aussi mentionner les énergies marémotrices et géothermiques qui, bien que non négligeables (en tout = 0,1 Q par an), ne peuvent être exploitées que dans des conditions strictement limitées.

Nous avons désormais une vue d'ensemble. Les énergies terrestres sur lesquelles nous pouvons effectivement miser n'existent qu'en quantités très limitées, tandis que l'utilisation de celles qui existent en quantités plus considérables sont entourées de grands risques et d'obstacles techniques formidables. Par ailleurs, il y a l'immense énergie qui nous arrive sans faille du soleil. Si son utilisation directe ne se fait pas encore à une échelle significative, c'est principalement que les industries de rechange sont à présent beaucoup plus rentables économiquement. Mais des résultats prometteurs sont annoncés de plusieurs côtés (Glaser 1968 ; Hammond 1971). Ce qui compte du point de vue bioéconomique, c'est que – et cela est établi – la mise en oeuvre de l'utilisation directe de l'énergie solaire ne comporte pas de risques ou de points d'interrogation majeurs.

Il en résulte que la dot entropique de l'humanité présente une autre importante rareté différentielle. À très long terme, l'énergie terrestre libre est bien plus rare que celle que nous recevons du soleil. Cela fait ressortir la vanité du cri de victoire de ceux qui font valoir que nous pouvons enfin extraire des protéines des combustibles fossiles ! La saine raison nous commande de faire l'inverse, c'est-à-dire de transformer la matière végétale en hydrocarbures combustibles - orientation manifestement naturelle déjà explorée par plusieurs chercheurs (Daniels 1964, pp. 311-313)[59].

Quatrième asymétrie : du point de vue de son utilisation industrielle, l'énergie solaire comporte un immense désavantage par rapport à l'énergie d'origine terrestre. Cette dernière se présente sous une forme concentrée, parfois même trop concentrée. Il en résulte qu'elle nous permet d'obtenir presque instantanément d'énormes quantités de travail dont la majeure partie ne pourrait même pas être obtenue autrement. En contraste total, le flux d'énergie solaire nous parvient avec une très faible intensité, comme une fine pluie, presque un brouillard microscopique. Il diffère toutefois sensiblement de la pluie véritable dans la mesure où cette pluie de rayonnement ne forme pas des ruisseaux, des rivières et des fleuves qui finalement se jettent dans les lacs d'où nous pourrions l'utiliser sous une forme concentrée comme on le fait avec les chutes d'eau. Que l'on imagine la difficulté que l'on rencontrerait si l'on essayait d'utiliser *directement* l'énergie cinétique lors de la chute de minuscules gouttes de pluie. Or, c'est à la même difficulté que l'on se heurte lorsque l'on utilise l'énergie solaire directement (c'est-à-dire sans passer par l'énergie chimique des plantes vertes ni par l'énergie cinétique du vent et des chutes d'eau). Mais, comme on l'a dit plus haut, difficulté ne signifie pas impossibilité.

Cinquième asymétrie : l'énergie solaire a par ailleurs un avantage unique et incommensurable. L'utilisation de n'importe quelle énergie terrestre produit une pollution nuisible qui est, en outre, irréductible et par conséquent cumulative, fût-ce la seule pollution thermique. En revanche, toute utilisation d'énergie solaire est exempte de pollution. Car, utilisée ou non, le sort ultime de cette énergie est le même : elle se transforme en chaleur ambiante qui maintient l'équilibre thermodynamique entre le globe et l'espace extérieur à une température favorable[60].

La sixième asymétrie procède de ce fait primordial que la survie de toute espèce sur la Terre dépend, directement ou indirectement du rayonnement solaire (qui s'ajoute à certains éléments d'une couche environnementale superficielle). Seul l'homme, en raison de sa dépendance exosomatique, dépend également de ressources minérales. Dans l'utilisation de ces ressources, il n'est concurrencé par aucune autre espèce ; néanmoins, ses activités dans ce domaine mettent en péril plusieurs formes de vie, à commencer par la sienne. Certaines espèces sont en fait menacées d'extinction du seul fait des besoins exosomatiques de l'homme et de ses exigences extravagantes. Mais il n'est rien dans la nature de plus féroce que la compétition de l'homme pour l'énergie solaire (sous sa forme primaire ou sous celle de ses sous-produits). L'homme n'a pas dévié si peu que ce soit de la loi de la jungle ; s'il a fait quelque chose, c'est de la rendre plus impitoyable par ses instruments exosomatiques perfectionnés. L'homme a ouvertement cherché à exterminer toutes les espèces qui lui volent sa nourriture ou qui se nourrissent à ses dépens – les loups, les lapins, les mauvaises herbes, les insectes, les microbes, etc.

Mais cette lutte de l'homme contre les autres espèces pour la nourriture (en dernière analyse, pour l'énergie solaire) comporte également certains aspects cachés. Et, curieusement, c'est l'un de ces aspects les plus lourds de conséquences qui offre en outre une réfutation fort instructive à la croyance commune en l'orientation positive de toute innovation technologique pour l'économie des ressources. Cela nous introduit dans l'économie des techniques agricoles modernes.

X. L'agriculture moderne : un gaspillage d'énergie

Étant donné l'éventail existant des plantes vertes et leur distribution géographique à n'importe quelle époque, la capacité de charge biologique de la Terre est déterminée, même si nous ne pouvons l'évaluer que malaisément et approximativement. C'est dans ce cadre que l'homme lutte pour la nourriture contre d'autres organismes vivants. Mais il est le seul de toutes les espèces à pouvoir influencer dans certaines limites non seulement sa part de nourriture, mais encore l'efficacité de la transformation d'énergie solaire en nourriture. Avec le temps, il a appris à labourer plus profondément, à pratiquer l'assolement, à fertiliser le sol avec du fumier, etc. Dans ses activités agricoles, il en est également venu à tirer un bénéfice immense de l'utilisation d'animaux de trait domestiques.

Au cours des années, deux facteurs d'évolution ont influé sur la technologie agricole. Le plus ancien est la pression continuelle de la population sur la terre effectivement cultivée. L'essaimage des villages d'abord, les migrations ensuite, parvinrent à réduire cette pression. Les moyens d'amélioration de la productivité de la terre contribuèrent aussi à relâcher la tension. Toutefois, l'élément le plus important à cet égard demeure le défrichement de vastes étendues de terrain. Le second de ces deux facteurs est un sous-produit de la révolution industrielle ; il réside dans l'extension à l'agriculture du processus par lequel la basse entropie d'origine minérale remplaça celle de nature biologique. C'est même dans l'agriculture que ce processus est le plus frappant. Les tracteurs et autres machines agricoles ont supplanté l'homme et les animaux de trait, les fertilisants chimiques ont supplanté fumures et jachères.

Bien que l'agriculture mécanisée ne convienne pas aux petites fermes familiales qui disposent de grandes réserves de bras libres, elle s'imposa même à ces dernières. Le paysan qui pratique l'agriculture organique, qui utilise la force des animaux et emploie le fumier comme fertilisant doit produire non seulement de la nourriture pour sa famille, mais aussi du fourrage pour ses auxiliaires. C'est ainsi que la pression croissante de la population contraignit presque partout les petits fermiers eux-mêmes à se séparer de leurs bêtes de somme afin d'utiliser tout leur terrain pour produire de la nourriture (NGR 1969, p. 526 ; 1971a ; 1971b, pp. 302 et ss).

Il est absolument hors de doute, compte tenu de la pression de la population dans la plus grande partie du monde, qu'il n'y a pas de salut face aux calamités de la sous-nutrition et de la famine sinon dans le renforcement de la productivité de la terre cultivée par une mécanisation accrue de l'agriculture, par une utilisation accrue des fertilisants et des pesticides chimiques et par une culture accrue de nouvelles variétés de céréales à hauts rendements. Toutefois, contrairement à l'opinion sans nuances généralement admise, cette technique agricole moderne constitue à long terme une orientation défavorable à l'intérêt bioéconomique fondamental de l'espèce humaine.

En premier lieu, le remplacement du buffle par le tracteur, du fourrage par les combustibles pour les moteurs, du fumier et de la jachère par des fertilisants chimiques équivaut à substituer des éléments rares au plus abondant de tous, le rayonnement solaire. En second lieu, ce remplacement constitue aussi un gaspillage de basse entropie terrestre en raison de ses rendements fortement décroissants[61]. De fait, les techniques agricoles modernes parviennent à accroître la quantité de photosynthèse pour une surface donnée de terre cultivée. Mais cet accroissement est compensé par un accroissement plus que proportionnel dans l'épuisement de la basse entropie d'origine terrestre, c'est-à-dire de la seule ressource dont la rareté fasse problème. (Relevons au passage que l'obtention de rendements décroissants par suite du remplacement de l'énergie terrestre par de l'énergie solaire constituerait en revanche, une bonne affaire énergétique.) Cela signifie que, si l'on utilise chaque année la moitié de l'*input* d'énergie terrestre (compté à partir de l'extraction minière) requis par l'agriculture moderne pour un hectare de blé par exemple, en deux ans une agriculture moins industrialisée produirait plus du double de blé sur la même surface. Aussi curieux que cela puisse paraître aux adorateurs du machinisme, cette économie à rebours est particulièrement lourde dans le cas des variétés à hauts rendements qui valurent à leur promoteur, Norman E. Borlaug*, un Prix Nobel.

Une agriculture hautement mécanisée et lourdement fertilisée permet la survie d'une très grande population P_i, mais au prix d'un épuisement accru des ressources s_i, ce qui, toutes choses égales par ailleurs, signifie une réduction proportionnellement accrue de la quantité de vie future (section VIII). En outre, si la production de nourriture dans des « complexes agro-industriels » devient une règle générale, plusieurs espèces associées à l'agriculture organique traditionnelle pourraient disparaître peu à peu, ce qui risquerait de conduire l'humanité dans un cul-de-sac écologique, sans retour possible (NGR 1971a).

Les observations qui précèdent portent sur l'éternelle question de savoir combien d'êtres humains la Terre pourrait accueillir. Certains experts en démographie proclament que, si chaque hectare de terrain potentiellement arable faisait l'objet des meilleures méthodes agricoles, il y aurait assez de nourriture même pour quarante milliards d'individus sur la base d'une ration de 4 500 kilocalories par personne[62]. Leur raisonnement consiste à multiplier la quantité de terre potentiellement arable par le rendement moyen actuel dans l'Iowa. Les calculs peuvent être aussi « méticuleux » qu'on les vante, ils n'en représentent pas moins une pensée linéaire. Bien entendu, aucun de ces auteurs, non plus d'ailleurs que d'autres moins optimistes, ne se sont posés la question cruciale de savoir *combien de temps* pourrait durer une population de quarante milliards, voire, pour la circonstance, d'un seul million (NGR 1971a, 1971b, pp. 20, 301 et ss). C'est cette question qui, plus que la plupart des autres, met à nu le résidu le plus rétif de la vision mécaniste du monde, à savoir le mythe de la population optimale « comme d'une population qui peut se maintenir indéfiniment » (*The Ecologist*, 1972, p. 14 ; aussi Meadows et al. 1972, pp. 172 et ss ; Solow 1973, p. 48).

XI. Un programme bioéconomique minimal

Les auteurs du plan *Changer ou disparaître* (*The Ecologist,* 1972, p. 13) ont exprimé l'espoir que l'économie et l'écologie finiraient par fusionner. Une possibilité semblable a déjà été envisagée pour la biologie et la physique, la plupart de ses protagonistes conjecturant que, dans une telle fusion, la biologie absorberait la physique puisque, aussi bien, le champ des phénomènes embrassé par la première de ces deux disciplines est plus vaste que celui couvert par la seconde (NGR 1971b, p. 42). C'est d'ailleurs fondamentalement pour la même raison – à savoir que le domaine des phénomènes couvert par l'écologie est plus large que celui couvert par la science économique – que l'économie devra être absorbée par l'écologie, si jamais une telle fusion se produit. Car, ainsi qu'on l'a vu dans les deux sections précédentes, l'activité économique de n'importe quelle génération n'est pas sans influer sur celle des générations à venir : les ressources terrestres en énergie et en matériaux sont irrévocablement dégradées et les effets nocifs de la pollution sur l'environnement s'accumulent. Par conséquent, l'un des principaux problèmes écologiques posé à l'humanité est celui des rapports entre la qualité de la vie d'une génération à l'autre et plus particulièrement celui de la répartition de la dot de l'humanité entre toutes les générations. La science économique ne peut même pas songer à traiter ce problème. Son objet comme cela a souvent été expliqué, est l'administration des ressources rares ; mais, pour être plus exact, nous devrions ajouter que *cette administration ne concerne qu'une seule génération*. Il ne saurait en être autrement.

Il y a un principe économique élémentaire selon lequel le seul moyen d'attribuer un prix convenable à un objet non reproductible, par exemple la *Mona Lisa* de Léonard de Vinci, consiste à faire en sorte qu'absolument tout le monde surenchérisse pour l'acquérir. Autrement si seulement vous et moi faisions une offre, l'un de nous pourrait l'obtenir pour tout juste quelques dollars. Cette enchère ou plutôt ce prix, serait bien entendu étriqué[63]. Or, c'est exactement ce qui se passe pour les ressources non reproductibles. Chaque génération peut utiliser autant de ressources terrestres et produire autant de pollution que son enchère seule en décide. Les générations à venir sont exclues du marché actuel pour la simple raison qu'elles ne peuvent y être présentes.

Bien entendu, la demande de la génération actuelle reflète aussi son intérêt à *protéger* ses enfants et peut-être ses petits-enfants. L'offre aussi peut refléter les prix futurs calculés sur quelques décennies. Mais ni la demande ni l'offre actuelles ne peuvent tenir compte, si peu que ce soit de la situation des générations plus éloignées, par exemple de celles de l'an 3 000, pour ne pas parler de celles qui pourraient exister d'ici à 100 000 ans.

On peut illustrer par un diagramme très simple, en réalité extrêmement simplifié, la répartition des ressources entre les générations au moyen des mécanismes du marché, sinon dans tous ses détails, du moins dans ses conséquences les plus importantes. Nous supposerons que la demande de certaines ressources minérales déjà extraites (par exemple du charbon sur le carreau) est la même pour toutes les générations successives et que chaque génération doit consommer au moins une tonne de charbon. On supposera aussi que l'évaluation de la demande tient compte de la préférence relative à la protection de quelques générations à venir. Dans la figure ci-dessous, D_1, D_2... D_{15}, représentent les demandes agrégées des générations successives, à commencer par la présente. La ligne brisée *a b c d e f* représente le coût moyen d'extraction des dépôts en fonction de leur degré d'accessibilité. Les réserves totales s'élèvent à 15 tonnes. À présent, si nous négligeons temporairement les effets du taux d'intérêt sur l'offre de charbon *in situ* par les propriétaires des mines, la première génération extraira alors la quantité *a'b'* la zone hachurée représentant la rente différentielle des meilleures mines et aa' le prix du charbon contenu dans ces mines. La deuxième génération extraira la quantité *b'c'*. Mais vu qu'aucune mine ne rapportera alors une rente différentielle, le prix du charbon *in situ* sera à zéro. Au cours de la troisième génération, le coût marginal de l'extraction s'élèvera à *h* ; la quantité extraite sera de *gh* et la zone hachurée *c'c* = *gg'* correspondra à la rente enregistrée. Enfin, reste à la quatrième génération la quantité *hh'* (déterminée par la condition que *g'd* = *h'e*) qui rapportera une rente de pure pénurie représentée par la zone hachurée *hh'i'i*. Il ne subsistera rien pour les générations suivantes.

De tout cela découlent plusieurs évidences. Tout d'abord, par eux-mêmes les mécanismes du marché conduisent à une consommation des ressources en quantités plus grandes par les premières générations, donc plus rapidement qu'il ne faudrait. En effet *a'b'* > *b'c'* > *gh* > *hh'*, ce qui confirme la dictature du présent sur l'avenir. Si d'emblée toutes les générations surenchérissaient pour l'ensemble des dépôts de charbon, le prix de ce dernier *in situ* s'élèverait à l'infini, circonstance qui ne conduirait nulle part et ferait seulement exploser l'impasse entropique de l'humanité. Seul un planificateur omniscient pourrait éviter cette situation en attribuant simplement une tonne de

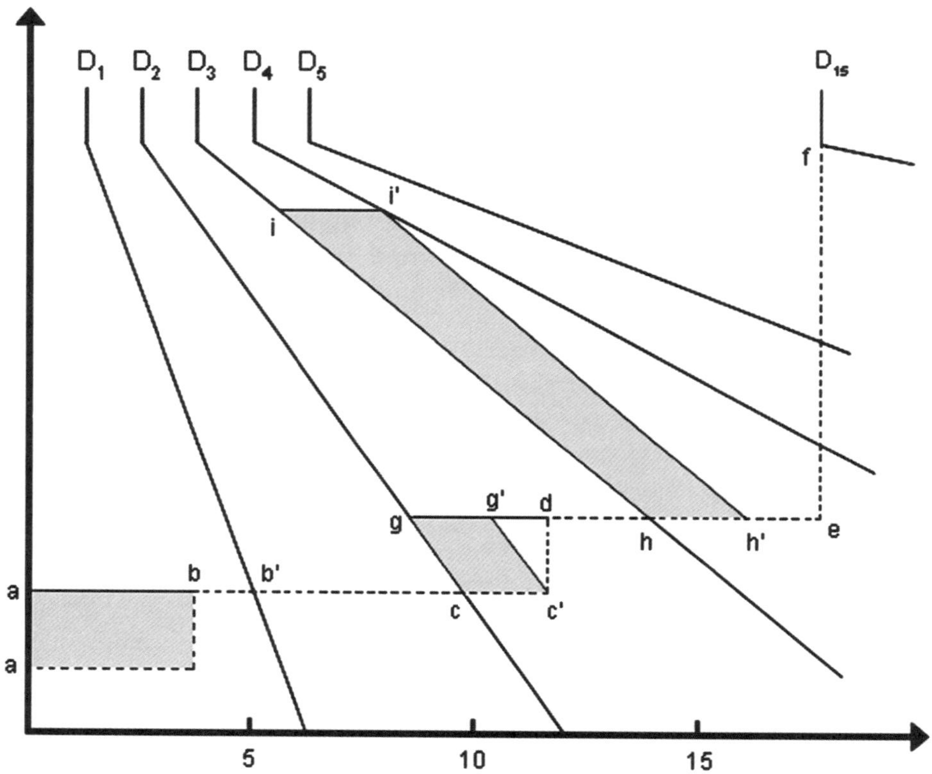

charbon *in situ* à chacune des quinze premières générations, étant entendu que chaque tonne aurait la même composition qualitative[64]. Si à présent on tient compte du taux d'intérêt, il en résulte un tableau quelque peu différent qui nous permet de voir même plus clairement l'impuissance du marché à prévenir l'épuisement excessif des ressources par les générations antérieures. Prenons le cas de ce que j'ai appelé plus haut « ère d'abondance ». Dans ce cas d'espèce, la meilleure qualité de charbon suffit à satisfaire la demande actuelle de même que celle des générations à venir, *aussi longtemps* que durent les perspectives économiques présentes. À l'intérieur de ces dernières, il n'y a pas de rente à un moment quelconque et, dès lors, aucune incitation à économiser du charbon *in situ* pour les générations à venir. Le charbon *in situ* peut donc n'avoir pas de prix pendant la génération présente.

Il est une question qu'ignorent les rares économistes qui ont récemment traité certains aspects du problème du marché des ressources naturelles, celle de savoir pourquoi les ressources *in situ* peuvent, après tout, avoir un prix positif, même s'il n'y a pas d'auto-restriction de la part des propriétaires de mines. La réponse est que, si les ressources naturelles ont un prix, ce n'est d'habitude pas à cause de leur rareté actuelle, mais en raison d'une certaine rareté escomptée dans le champ de l'horizon temporel actuel. Pour illustrer la logique de ce processus, supposons que C_1, C_2, C_3 soient des mines de charbon de différentes qualités et $k_1, < k_2, < k_3$ les coûts d'extraction des unités de charbon correspondantes. Supposons en outre que l'épuisement de C_1 soit prévu pour la troisième génération après la présente, lorsque C_2 deviendra économiquement rentable. Supposons encore que l'épuisement de C_2 intervienne à son tour deux générations après que C_3 suffise alors pour le reste de l'horizon temporel. Au cours de la troisième génération à venir, C_1 bénéficiera d'une rente différentielle $r_1 = k_2 - k_1$ par rapport à C_2 et après le passage de deux autres générations apparaîtra la rente différentielle de C_2 par rapport à C_3, $r_2 = k_3 - k_2$. Seul C_3 ne présente pas de rente différentielle et, par conséquent, comme nous l'avons vu dans le paragraphe précédent son prix reste à zéro d'un bout à l'autre. Par ailleurs, étant donné que C_2 gagne nécessairement une rente à la cinquième génération à partir de maintenant elle doit avoir un prix positif dès maintenant à savoir $p_2{}^{0}\ r_2 / (1 + i)^5$, où i est le taux d'intérêt supposé constant tout au long de la variable temporelle. À la j[e] génération à partir de maintenant, le prix sera $p_2{}^{j} = r_2 / (1 + i)^{5-1}$. Le prix de C_1 obéit à une logique semblable. Seulement, il convient d'observer que, pendant la génération où apparaît la rente différentielle de C_1, le prix de C_2 s'élève à $P_2{}^{3} = r_2(1 + i)^2$. La rente doit donc être ajoutée à ce prix. Par conséquent, le prix actuel du charbon de C_1 correspond à $p_1{}^{0} = r_1 + p_2{}^{3}/(1 + i)^3$.

Les formules que nous venons de donner montrent que le taux d'intérêt en présence d'un éventail qualitatif de mines aboutit à étendre l'utilisation des charbons extraits de sources plus accessibles (par rapport aux quantités indiquées par la figure). Nous pouvons donc dire que, par une voie détournée, l'existence du taux d'intérêt favorise l'économie des ressources. Mais n'oublions pas la conclusion bien plus importante dans le cas d'une ère d'abondance : de graves pénuries peuvent apparaître (et apparaîtront certainement) au-delà de notre horizon temporel actuel. Ce fait à venir ne peut influer en aucune manière sur les décisions qu'enregistre le marché actuel ; il est virtuellement inexistant au regard de ces décisions.

Point n'est besoin d'ajouter quoi que ce soit pour nous convaincre que les mécanismes du marché ne peuvent protéger à l'avenir l'humanité des crises écologiques, ni répartir les ressources de façon optimale entre les générations, même si nous nous efforcions de fixer les prix « justes »[65]. Le seul moyen de protéger les générations à venir à tout le moins de la consommation excessive des ressources pendant l'abondance actuelle, c'est de nous rééduquer de façon à ressentir quelque sympathie pour les êtres humains *futurs* de la même façon que nous nous sommes intéressés au bien-être de nos « voisins » *contemporains*. Ce parallèle ne signifie pas que la nouvelle orientation éthique soit chose facile. La charité pour nos propres contemporains repose sur une certaine base objective, à savoir l'intérêt individuel. La question difficile que l'on doit affronter pour répandre le nouvel évangile n'est pas : « Qu'est-ce que la postérité a fait pour moi ? », comme Boulding l'a dit spirituellement, mais plutôt : « Pourquoi dois-je faire quelque chose pour la postérité ? » Certes, il serait économiquement insoutenable de sacrifier quoi que ce soit en faveur d'un bénéficiaire inexistant. Ces questions, qui relèvent de l'éthique nouvelle, ne peuvent donc pas faire l'objet de réponses faciles et convaincantes.

Au surplus, il y a le revers de la médaille, également éthique et plus urgent même sur lequel Kaysen (1972) et Silk (1972) notamment ont insisté à juste titre. La nature des hommes de Mohammed étant ce qu'elle est si nous arrêtons la croissance économique partout, nous gelons la situation actuelle et éliminons ainsi la chance des nations pauvres d'améliorer leur sort. C'est la raison pour laquelle une aile du mouvement de défense de l'environnement soutient que le problème de la croissance démographique n'est qu'un croquemitaine agité par les nations riches afin de masquer leurs propres abus écologiques. Pour les tenants de cette opinion, il n'y a qu'un mal, à savoir le développement inégal. Nous devons procéder, disent-ils, à une redistribution radicale de la capacité productive entre toutes les nations. D'autres font valoir en sens inverse que la croissance de la population est le mal le plus menaçant pour l'humanité et qu'il doit être traité d'urgence et indépendamment de toute autre action. Comme il fallait s'y attendre, ces deux opinions opposées n'ont cessé de s'affronter en controverses inutiles et même violentes, ainsi qu'on a pu le constater notamment lors des conférences de Stockholm[66] sur l'environnement en 1972 et tout récemment en 1974, lors de la conférence de Bucarest sur la population[67]. Ici encore, la difficulté gît dans la nature humaine ; c'est la méfiance mutuelle profondément enracinée du riche qui craint de voir le pauvre ne pas cesser de proliférer et du pauvre de voir le riche ne pas cesser de s'enrichir. Toutefois, la saine raison nous invite à reconnaître que la différence de progression des nations riches et des nations pauvres est un mal en soi et que, bien qu'étroitement liée à la croissance démographique continue, elle doit être traitée aussi pour elle-même.

Vu que la pollution est un phénomène visible qui affecte aussi la génération qui la produit elle retiendra assurément bien plus l'attention publique que son inséparable contrepartie, l'épuisement des ressources. Mais, dans les deux cas, il n'y a rien de semblable au coût de la destruction d'un mal irréparable ou de l'inversion d'un épuisement irrévocable, et aucun prix pertinent ne peut être fixé pour l'élimination de la gêne si les générations à venir n'ont rien à dire. Nous devons donc insister pour que les mesures prises dans ces deux buts consistent en des réglementations quantitatives, quoique la plupart des économistes soient favorables à l'amélioration de l'efficacité de la répartition par les mécanismes du marché au moyen de taxes et subventions. Le programme des économistes se limite à la protection des riches ou des protégés politiques. Que nul n'oublie, particulièrement s'il est économiste, que le déboisement irresponsable de nombreuses montagnes a eu lieu parce que "le prix était juste" et qu'il n'a pris fin qu'après l'adoption de restrictions quantitatives. Mais il convient d'expliquer aussi au public la difficulté inhérente au choix : un épuisement plus lent signifie moins de confort exosomatique, et un plus grand contrôle de la pollution requiert proportionnellement une plus grande consommation de ressources. Autrement on n'aboutira qu'à la confusion et à des controverses sur des malentendus.

Aussi bien nul programme écologique raisonnable ne devrait-il ignorer le fait fondamental que, d'après tout ce que nous savons sur la lutte pour la vie en général, l'homme ne se laissera probablement pas abattre pressé qu'il est par ses besoins naturels ou culturels, s'il doit pour cela épargner ses concurrents, y compris les humains à venir. Il n'y a aucune loi en biologie qui affirme qu'une espèce doive défendre l'existence des autres aux dépens de sa propre existence. Le mieux que nous puissions raisonnablement espérer, c'est d'apprendre à nous abstenir de causer des dommages "inutiles" et à protéger l'avenir de notre espèce en protégeant les espèces qui nous sont bénéfiques, même au prix de certains sacrifices. Une protection totale et une réduction absolue de la pollution constituent des mythes dangereux qui doivent être dénoncés comme tels (section V).

Justus von Liebig* a écrit quelque part que « la civilisation, c'est l'économie de l'énergie » (NGR 1971, p. 304). À l'heure actuelle, l'économie de l'énergie, sous tous ses aspects, requiert une reconversion. Au lieu de poursuivre notre pratique on ne peut plus opportuniste tendant à concentrer nos recherches sur la découverte de moyens économiquement plus rentables d'extraire les énergies minérales – toutes en réserves limitées et lourdement polluantes – nous devrions nous concentrer sur l'amélioration des utilisations directes de l'énergie solaire, la seule source propre et essentiellement illimitée. Il faudrait diffuser les techniques déjà connues afin que chacun d'entre nous puisse apprendre par la pratique à développer les activités correspondantes.

Une économie fondée en priorité sur le flux d'énergie solaire rompra aussi avec le monopole de la génération actuelle par rapport aux générations à venir, mais non point complètement car même une telle économie devra encore puiser dans la dot terrestre, notamment pour ses matériaux. Aussi bien faut-il réduire autant que faire se peut l'épuisement de ces ressources cruciales. L'innovation technologique a certainement un rôle à jouer dans ce sens. Mais il est grand temps pour nous de ne plus mettre l'accent exclusivement - comme tous les programmes l'ont fait jusqu'ici - sur l'accroissement de l'offre. La demande peut aussi jouer un rôle et même, en dernière analyse, un rôle plus grand et plus efficace.

Bien sot serait celui qui proposerait de renoncer totalement au confort industriel de l'évolution exosomatique. L'humanité ne retournera pas dans les cavernes, ou plutôt sur les arbres ! Il n'en reste pas moins que certains points pourraient être inclus dans un programme bioéconomique minimal.

1.- Il faudrait interdire totalement *non seulement la guerre elle-même*, mais la production de tous les instruments de guerre. Il est tout à fait absurde (et tout autant hypocrite) de continuer à cultiver du tabac si, de l'avis unanime, plus personne n'a l'intention de fumer. Les pays qui sont tellement développés qu'ils sont devenus les principaux producteurs d'armements devraient être capables de parvenir sans difficulté aucune à un consensus sur une telle interdiction si, comme ils le prétendent, ils possèdent de surcroît assez de sagesse pour guider l'humanité. L'arrêt de la production de tous les instruments de guerre, non seulement mettra fin à tout le moins à des tueries de masses par des armes perfectionnées, mais encore, libérera des forces de production fantastiques en faveur de l'aide internationale sans pour autant abaisser le niveau de vie des pays intéressés.

2.- Grâce à l'utilisation de ces forces de production ainsi qu'à des mesures complémentaires, bien planifiées et sincèrement conçues, il faut aider les nations sous-développées à parvenir aussi vite que possible à une existence digne d'être vécue, mais non point luxueuse. Les deux extrémités de l'éventail politique doivent prendre une part effective aux efforts requis par cette transformation et accepter la nécessité de changer radicalement leurs conceptions opposées de la vie[68].

3.- L'humanité devrait diminuer progressivement sa population jusqu'à un niveau où une agriculture organique suffirait à la nourrir convenablement[69]. Bien entendu, les pays qui connaissent à présent une très forte croissance démographique devront faire des efforts tout particuliers pour obtenir aussi vite que possible des résultats dans cette direction.

4.- En attendant que l'utilisation directe de l'énergie solaire soit entrée dans les mœurs ou bien que l'on soit parvenu à contrôler la fusion thermonucléaire, il convient d'éviter soigneusement et si nécessaire, de réglementer strictement tout gaspillage d'énergie tel que les excès de chauffage, de climatisation, de vitesse, d'éclairage, etc.

5.- Nous devons nous guérir nous-mêmes de notre soif morbide de gadgets extravagants, si bien illustrés par cet article contradictoire qu'est la voiture de golf, et de splendides mammouths telles les grosses voitures. Lorsque tous nous y serons décidés, les fabricants devront cesser de fabriquer de tels « biens ».

6.- Nous devons aussi nous débarrasser de la mode, « cette maladie de l'esprit humain », comme l'abbé Ferdinando Galiani l'a appelé dans son fameux *Della moneta* (1750). C'est bien, en effet une maladie de l'esprit que de jeter une veste ou bien un meuble alors qu'ils sont en mesure de rendre les services que l'on est en droit d'en attendre. Et c'est même un crime bioéconomique que d'acheter une « nouvelle » voiture chaque année et de réaménager sa maison tous les deux ans. D'autres auteurs ont déjà avancé que les marchandises devraient être construites de façon à durer davantage (par ex. Hibbard 1968, p. 146). Mais il est plus important encore que les consommateurs se rééduquent eux-mêmes dans le mépris de la mode. Les constructeurs devront bien alors se concentrer sur la durabilité.

7.- Il est nécessaire – et c'est ici un point en relation étroite avec celui qui précède – que les marchandises durables soient rendues plus durables encore en étant conçues comme réparables. (N'y a-t-il pas bien des cas de nos jours où nous faisons comme celui qui jetterait une paire de chaussures simplement parce qu'il aurait usé un lacet ?)

8.- En accord forcé avec tout ce que nous avons dit jusqu'ici, il nous faut nous guérir nous-mêmes de ce que j'ai appelé « le cyclondrome du rasoir électrique »[70] qui consiste à se raser plus vite afin d'avoir plus de temps pour travailler à un appareil qui rase plus vite encore, et ainsi de suite *à l'infini*. Ce changement conduira à un émondage considérable des professions qui ont piégé l'homme dans le vide de cette régression indéfinie. Nous devons nous faire à l'idée que toute existence digne d'être vécue a comme préalable indispensable un temps suffisant de loisir utilisé de manière intelligente.

Sur le papier ou dans l'abstrait les recommandations qui précèdent apparaîtront en général raisonnables à quiconque est désireux d'examiner la logique qui les sous-tend. Néanmoins, j'avoue n'avoir jamais pu chasser de mon esprit un soupçon depuis que je me suis attaché à l'étude de la nature entropique du processus économique : l'humanité voudra-t-elle prêter attention à un quelconque programme impliquant des entraves à son attachement au confort exosomatique ? Peut-être le destin de l'homme est-il d'avoir une vie brève mais fiévreuse, excitante et extravagante, plutôt qu'une existence longue, végétative et monotone. Dans ce cas, que d'autres espèces dépourvues d'ambition spirituelle – les amibes par exemple – héritent d'une Terre qui baignera longtemps encore dans une plénitude de lumière solaire !

Notes

1. Quelques économistes ont insisté, au contraire, sur le fait que l'irréversibilité caractérise le monde économique mais ce trait bien qu'il n'ait jamais été contesté, a été simplement écarté. C'est en vain qu'à présent quelques-uns essaient de déclarer que l'analyse orthodoxe de l'équilibre a toujours considéré les feedbacks négatifs. Les seuls feedbacks dans la théorie dominante sont ceux qui sont responsables du maintien de l'équilibre, et non pas des changements évolutifs.

2. Pour un échantillon hautement significatif, voir G.L. Bach, *Economics*, 2e éd. Englewood Cliffs, N.J., Prentice-Hall, 1957, p. 60 ; Paul A. Samuelson, *Economics*, 8e éd., New York, McGraw-Hill, 1970, p. 72 ; Robert L. Heilbronner, *The Economic Problem*, 3e éd., Englewood Cliffs, N.J., Prentice-Hall, 1972, p. 177.

3. Pour une discussion détaillée de la représentation analytique d'un processus, voir *The Entropy Law and the Economic Process*, chap. IX.

4. Si la « terre » [*land*] apparaît en tant que variable dans un certain nombre de fonctions de productions usuelles, c'est seulement au sens de Ricardo, c'est-à-dire de simple espace. Le manque d'intérêt pour la véritable nature du processus économique est également responsable de l'inadéquation de la fonction de production dominante selon d'autres points de vue, également décisifs. Voir Georgescu-Roegen 1969a ; 1970b ; 1972a.

5. La définition technique de l'énergie utilisable (ou inutilisable) n'est pas exactement identique à celle de l'énergie libre (ou liée). Mais la différence est de peu d'importance pour notre présente discussion et nous pouvons l'ignorer en toute sécurité.

6. Ce jugement est justifié par la discussion de la Loi de l'Entropie dans Holdren et Herera, 1971, p. 17. Même la notion familière de chaleur soulève de délicates questions, si bien qu'un certain nombre de physiciens peuvent s'y tromper eux aussi. Voir [Adelman 1972] *Journal of Economic Literature*, X, déc. 1972, p.1268.

7. Notons également que même l'énergie ne se prête pas d'elle-même à une définition formelle et simple. La notion familière que l'énergie est la capacité d'un système à fournir un travail ne s'accorde pas avec la définition de l'énergie inutilisable. Il nous faut en effet dire que toute énergie peut en principe être transformée en travail, à condition que le système correspondant soit couplé avec un autre qui se trouve au zéro absolu de température. Cette explication n'a cependant que la valeur d'une pure extrapolation puisque, en vertu du Troisième Principe de la Thermodynamique, cette température ne peut jamais être atteinte.

8. Un système est isolé s'il n'échange ni matière ni énergie avec son « environnement ». Évidemment, dans un tel système la quantité d'énergie-matière est constante. Cependant, la constance de cette quantité seule ne garantit pas l'augmentation de l'entropie. L'entropie peut même diminuer s'il y a échange.

9. L'idée d'Holdren (1971, p. 17) que la température mesure « l'utilité » de la chaleur ne correspond donc pas à la vérité. Tout ce que nous pouvons dire est que la *différence* de température est une mesure grossière de l'utilité de la chaleur la plus élevée.

10. Une hypothèse, soutenue par la thermodynamique statistique (section VI), consiste à dire que l'entropie peut décroître en certains lieux de l'univers, de telle sorte que l'univers vieillisse et rajeunisse à la fois. Mais il n'existe aucune preuve observationnelle d'une telle possibilité. Une autre hypothèse, avancée par un groupe d'astronomes britanniques, consiste à dire que l'univers est un éternel état stable (*steady-state*) dans lequel les galaxies individuelles naissent et meurent continuellement. Mais les faits ne concordent pas non plus avec cette hypothèse. La question de la véritable nature de l'univers est loin d'être résolue.

11. Pour éviter tout égarement, nous devons souligner le point que le renversement de cette tendance serait tout aussi fâcheux pour la préservation de la vie sur Terre. [Précision si importante pour l'épistémologie de la thermodynamique du vivant que nous l'avons introduit dans le texte. N.D.T.]

12. Voir *The Entropy Law and the Economic Process*, p. 130. [Cette remarque est si importante que nous l'avons introduite dans le texte. Clausius a introduit le terme entropie dans un mémoire de 1865, repris dans

son livre : Rudolf Clausius, *Théorie mécanique de la Chaleur*, trad. de l'allemand par F. Folie, Paris, (Eugène Lacroix, 1868), *reprint* : Éditions Jacques Gabay, 1991, p. 420. N.d.T.]

13. Comme nous le verrons plus loin, on en trouve quelques exemples hautement significatifs chez Harry G. Johnson (1973) et, sous une forme peu académique et péremptoire, chez Robert A. Solo (1974). Robert M. Solow, qui tout d'abord refusa de s'écarter d'un iota de la position orthodoxe, a récemment trouvé opportun de concéder que « l'on a besoin de la science économique et de la Loi de l'Entropie » pour traiter du problème des ressources (Solow 1974, p. 11). Mais, au fond, il reste encore attaché à son vieux *credo*.

14. Il semble donc inutile de se demander – comme le fait Boulding (1966, p. 10) – si le bien-être est un flux ou un stock.

15. Les preuves sont nombreuses (Barnett et Morse 1963, pp. 240 et ss ; Beckerman 1972, pp. 337 et ss ; Johnson 1973 ; Kaysen 1972, pp. 663, 665 ; Solow 1973, pp. 46 et ss ; Wallich 1972 ; *Report on the Limits to Growth*, International Bank for Reconstruction and Development, 1972, pp. 9 et ss, 14 et ss). On voit l'attrait de ce mythe au fait que même la partie opposée le partage (Maddox 1972 ; Meadows et al. 1972, p. 65 ; *The Ecologist* 1972, pp. 10, 12 ; et Frank Notestein, cité *in* Meadows et al. 1972, p. 130).

16. Les difficultés techniques actuelles sont examinées *in* Metz 1972. D'un autre côté nous devons nous rappeler qu'en 1933 Ernest Rutherford doutait fortement que l'énergie atomique puisse être contrôlée (Weinberg 1972, p. 27).

17. Par exemple, même la formation d'un atome de carbone à partir de trois atomes d'hélium requiert une telle précision que sa probabilité est astronomiquement faible, et l'événement ne peut en fait survenir sur une large échelle qu'à l'intérieur de masses astronomiques énormes.

18. Voir l'histoire intéressante du domaine de Mesabi *in* Cannon 1973, pp. 11 et ss.

19. De même, l'opinion courante selon laquelle les océans peuvent devenir une immense source de nourriture constitue une grande illusion (Brown et Finsterbush 1971, pp. 59 et ss).

20. Les données sur le recyclage sont rares et inadéquates ; on en trouve un petit nombre dans Brown et Finsterbusch 1971, p. 205 et Cloud 1971, p. 14. Pour l'acier, voir Cannon 1973.

21. En raison de l'importance de cette remarque en note de bas de page, nous l'avons intégré dans le texte. N.D.T.

22. Harry Johnson (1973, p. 10) est finalement arrivé à voir que la représentation complète d'un processus de production doit nécessairement inclure l'*output* des déchets.

23. La photographie de couverture du numéro du 12 avril 1968 de *Science* et les photographies dans le *National Geographic* de décembre 1970 sont hautement instructives sur ce point. Il peut bien être vrai – comme l'argumentent Weinberg et Hammond (1970, p. 415) – que si nous avons à fournir de l'énergie même pour 20 milliards d'êtres humains à une moyenne annuelle de 600 millions de B.T.U. par tête, nous aurions à broyer des roches à une vitesse seulement deux fois plus rapide que celle à laquelle nous extrayons le charbon à présent. Nous aurions encore à faire face au problème de savoir que faire avec la roche broyée.

24. L'énergie solaire (sous toutes ses formes) constitue la seule (et notable) exception (section IX).

25. L'accumulation continuelle de gaz carbonique dans l'atmosphère a un effet de serre qui ne peut qu'aggraver le réchauffement du globe. Cependant d'autres effets contraires proviennent de l'accroissement des particules dispersées dans l'atmosphère : changements dans la végétation induits par l'agriculture, interférence avec le régime normal des eaux de surface et de profondeur, etc. (« The fragile climate of spaceship Earth », *Intellectual Digest*, mars 1972 ; McDonald 1971.) Bien que les experts ne puissent déterminer la résultante de ce système complexe dans lequel une petite perturbation peut entraîner un énorme effet le problème n'est pas « un vieil épouvantail », comme le dit Beckerman (1972, p. 340) en l'écartant. [Voir les rapports de IPCC, 1990, 1995, 2001. N.d.T.]

26. Solo (1974, p. 517) fait valoir également que, grâce à la croissance et à la technologie, la société actuelle pourrait éliminer toute pollution à un coût supportable (« à l'exception peut-être des déchets radioactifs »). Si nous ne le faisions pas, ce serait seulement en raison d'une sorte de perversion de nos

valeurs. Que nous puissions faire plus d'efforts pour maîtriser la pollution est hors de doute. Mais croire qu'avec des valeurs non perverties nous pourrions vaincre les lois physiques traduit en fait une vision pervertie de la réalité.

27. Une suggestion particulière impliquant de la contrebande d'entropie est celle d'Harry Johnson : il envisage la possibilité de reconstituer les réserves de charbon et de pétrole « avec suffisamment d'ingénuosité » (Johnson 1973, p. 8). Mais s'il entend aussi avec suffisamment d'énergie, pourquoi perdre une grande partie de cette énergie dans la transformation ?

28. L'incroyable persistance du mythe de la régénération de l'énergie est bien mise en évidence par la récente déclaration de Roger Revelle (1974, p. 169) : « L'agriculture peut être représentée comme une sorte de surrégénérateur dans lequel on produit beaucoup plus d'énergie que l'on n'en consomme ». L'ignorance des principales lois régissant l'énergie est en effet fort répandue.

29. Les économistes marxistes font aussi partie de ce chorus. Un critique roumain de mon livre (NGR 1971b), par exemple, objectait que nous avions à peine égratigné la surface de la Terre.

30. Voir le *Grand Dictionnaire universel du* XIX*e Siècle*, vol. X, p. 179.

31. Même certains représentants des sciences naturelles (par ex. Abelson 1972) ont soutenu cet avis. Curieusement, ils escamotent le fait historique qu'un certain nombre de civilisations furent incapables « d'imaginer quelque chose » en faisant observer qu'elles étaient « relativement isolées » (Barnett et Morse 1963, p. 6). Mais l'humanité n'est-elle pas également une communauté complètement isolée de tout contact extérieur et qui est tout aussi incapable d'émigrer ?

32. On peut trouver des arguments similaires *in* Beckerman 1972, pp. 338 et ss ; Maddox 1972, p. 102 ; Solow 1973, p. 45.

33. Même dans ce cas le plus cité, la substitution n'a pas été aussi réussie dans toutes les directions qu'on l'a généralement cru. Récemment, on a découvert que des câbles électriques d'aluminium constituent un risque d'incendie.

34. À ce propos, la perle nous est cependant offerte par Maddox (1972, p. 104) : « De même que la prospérité dans les pays à présent avancés a

été accompagnée par une diminution réelle de la consommation de pain, on peut s'attendre à ce que l'abondance rendra ces sociétés moins dépendantes de métaux comme l'acier ».

35. On vise par-là l'addition du capital (mesuré en *termes monétaires*) et du travail (mesuré en nombre de *travailleurs employés*) aussi bien que le calcul de l'*output* net (par soustraction) par rapport à l'*output* brut *physique* (Barnett et Morse 1963, pp. 167 et ss).

36. Pour ces distinctions, voir NGR 1969, pp. 512-519 ; 1970b, p. 3 ; 1971b, pp. 223-225.

37. Voir le dialogue entre Preston Cloud et Roger Revelle cité in Murdoch, ed. 1971, p. 416. Le même refrain se retrouve dans la plainte de Maddox (1972, pp. VI, 138, 280) contre ceux qui soulignent les limitations de l'humanité. En relation avec le chapitre de Maddox, « *Man-made Men* », voir *The Entropy Law and the Economic Process*, pp. 348-359.

38. Certains de ceux qui ne comprennent pas combien exceptionnel et peut-être même anormal est l'intermède actuel ([Adelman 1972] *Journal of Economic Literature*, juin 1972, pp. 459 et ss) ignorent le fait que l'extraction du charbon des mines a commencé il y a seulement huit cents ans et que, aussi incroyable que cela paraisse, la moitié de la quantité de charbon qui ait jamais été extraite l'a été dans les trente derrières années. À noter aussi que la moitié de la production totale de pétrole brut date des dix dernières années seulement ! (Hubbert 1969, pp. 166, 238 ; Lovering 1969, pp. 119 et ss ; NGR 1971b, p. 228.)

39. Solow (1973, p. 49) affirme aussi que s'opposer à la pollution équivaut à s'opposer à la croissance économique. Toutefois, la pollution nuisible peut être contenue à un niveau très bas si des mesures idoines sont prises et si la croissance *pure* est ralentie.

40. Par la suite, il demanda : « De quel degré de bêtise devez-vous faire montre pour être admis (au Club de Rome) ? » (Beckerman 1972, p. 339). Kaysen (1972) aussi est caustique par endroits ; Solow (1974, p. 1) déclare seulement que, comme n'importe qui d'autre, il a été « contraint de lire *The Limits to Growth* », tandis que Johnson (1973, p. 1) disqualifie intellectuellement d'entrée de jeu tous les écologistes inquiets. En dehors du cercle des économistes, John Maddox se singularise en s'efforçant d'impressionner ses lecteurs à l'aide de tels « arguments ».

41. Voir en particulier NGR 1952 et 1966b ; aussi NGR 1971b, pp. 339-341. Plus récemment, et d'un autre point de vue, W. Leontief a aussi développé ce point dans son Adresse Présidentielle à l'*American Economic Association* (Leontief 1971). Symptomatiquement, le franc verdict de Ragnar Frisch dans son adresse au Premier Congrès Mondial de la Société d'économétrie (1965) reste encore inédit.

42. Certaines de ces objections furent aussi exprimées à l'extérieur de la science économique (Abelson 1972 ; Maddox 1972).

43. Une exception notable est le livre de Maddox (1972). Son compte rendu de A *Blueprint for Survival* (« Le procès de l'hystérie », *Nature*, 14 janvier 1972, p. 63-65) souleva de nombreuses protestations (*Nature*, 21 janvier 1972, p. 179 ; 18 février 1972, pp. 405 et ss). Mais étant donné la position des économistes dans la controverse, il est compréhensible que Beckerman ne puisse s'expliquer pourquoi les représentants des sciences de la nature n'ont pas attaqué le rapport et pourquoi ils paraissent même en avoir admis la thèse.

44. *Financial Times*, 3 mars 1972, cité *in* Beckerman 1972, p. 337n. Denis Gabor, un Prix Nobel, a conclu que « quels que soient les détails, les principales conclusions sont incontestables » (cité *in* Beckerman 1972, p. 342).

45. Joseph J. Spengler, une autorité reconnue dans ce vaste domaine, m'a dit qu'en effet il ne connaissait personne qui aurait fait cette observation. Pour quelques discussions très approfondies de Malthus et de l'actuelle pression de la population, voir Spengler 1966,1970.

46. L'essentiel de l'argument utilisé par *The Limits*, au-delà de celui de Mill, est emprunté à Boulding (1966, 1971) et Daly (1971a, 1971b).

47. Dans l'*International Encyclopédia of the social sciences*, par exemple, ce point n'est mentionné qu'en passant.

48. Évidemment, tout accroissement de s_i entraînera généralement un accroissement de L et de n. Aussi, la capacité de charge d'une année peut être accrue par une plus grande utilisation des ressources terrestres. Ces points élémentaires devraient être retenus pour un usage ultérieur (section x).

49. Cette remarque rappelle l'idée de Boulding selon laquelle le flux qui entre de la nature dans le processus économique, et qu'il appelle « *throughput* », est « quelque chose qui doit être minimisé et non point

maximisé » et que nous devrions passer d'une économie de flux à une économie de stock (Boulding 1966, pp. 9 et ss ; 1971, pp. 359 et ss). L'idée est plus frappante qu'éclairante. Certes, les économistes souffrent d'un complexe du flux ; en outre, ils n'ont guère compris qu'une description analytique adéquate d'un processus doit inclure tant les flux que les fonds. Les entrepreneurs ont toujours visé – pour reprendre l'idée de Boulding – à minimiser le flux nécessaire à l'entretien de leurs fonds en capitaux. Si le flux actuel procédant de la nature est sans commune mesure avec la sécurité de notre espèce, c'est seulement parce que la population est trop nombreuse et qu'une de ses parties jouit d'un confort excessif. Par la force des choses, les décisions économiques intéresseront toujours tant des flux que des stocks. N'est-il pas vrai que le problème de l'humanité soit d'économiser *S* (un stock) afin d'obtenir une quantité de vie aussi grande que possible, ce qui implique la minimalisation de S (un flux) pour jouir d'une vie digne d'être vécue ? (Section XI)

50. J'ai vu ce terme pour la première fois dans une lettre de Jiri Zeman.

51. La pratique de l'esclavage, dans le passé, et l'acquisition possible, dans l'avenir, d'organes de transplantation sont des phénomènes apparentés à l'évolution exosomatique.

52. Il est un fait généralement incompris, c'est que la terre au sens de Ricardo a une valeur économique pour la même raison qu'un filet de pêcheur en a une. En effet, la terre de Ricardo capte l'énergie la plus précieuse, et ce, *grosso modo*, proportionnellement à sa superficie totale.

53. Le B.T.U. (British Thermal Unit) = 1,06 kilojoules = 253 calories
Q = Quantité de chaleur conventionnelle : 293 kwh (N.d.T.)

54. Les chiffres utilisés dans cette partie sont tirés des données de Daniels (1964) et Hubbert (1969). Ces données, en particulier celles relatives aux réserves, varient d'un auteur à l'autre, mais non dans une proportion réellement significative. Toutefois, l'allégation selon laquelle « les nombreux schismes bitumineux qui seront trouvés dans le monde entier dureraient non moins de 40 000 ans » (Maddox 1972, p. 99) est pure fantaisie.

55. Dans une réponse aux critiques (*American Scientist*, LVII, 6, p. 619), les mêmes auteurs prouvent, encore linéairement, que les complexes agroalimentaires de leur gigantesque plan pourraient facilement nourrir une telle population.

56. Pour une discussion récente de l'impact social de la croissance industrielle, en général, et sur les problèmes sociaux qu'entraîne une utilisation à large échelle de l'énergie nucléaire en particulier, voir la monographie de Sprout et Sprout (1974), des pionniers dans ce domaine.

57. Ici,manifestement, l'auteur ne pense qu'aux États-Unis (N.d.T.)

58. Un pour cent seulement du deutérium des océans fournirait 10^8 Q au moyen de cette réaction, quantité amplement suffisante pour assurer un très haut degré de confort industriel pendant quelques centaines de millions d'années. La réaction deutérium-tritium est plus prometteuse, car elle requiert une température moins haute. Mais comme elle exige du lithium 6 qui n'existe qu'en quantité limitée, elle ne fournirait en tout qu'environ 200 Q.

59. Il est intéressant de savoir que durant la deuxième guerre mondiale, en Suède, notamment, on conduisait des automobiles roulant avec le gaz pauvre obtenu par la combustion du charbon de bois avec du petit bois d'allumage dans un container servant de réservoir !

60. Il est nécessaire de faire ici une réserve : l'utilisation de l'énergie solaire elle-même peut perturber le climat si l'énergie est évacuée dans un lieu autre que celui où elle est recueillie. On peut dire la même chose de la distance dans le temps, mais il est peu probable que cette hypothèse ait une importance pratique quelconque.

61. Entre 1951 et 1966, le nombre des tracteurs a augmenté de 63 %, les fertilisants phosphatés ont augmenté de 75, les fertilisants azotés de 146 et les pesticides de 300 %. Pendant le même temps, les récoltes, qui peuvent être considérées comme un bon indice de la productivité, ne se sont accrues que de 34% ! (*The Ecologist*, p. 40.)

62. Cette position a été soutenue, par exemple, par Colin Clark en 1963 (voir ici le chap. I, note 16), et tout récemment par Revelle (1974).

63. Cependant, le mythe de l'économiste selon lequel les prix reflètent les valeurs d'une façon généralement convenable est maintenant repris par d'autres spécialistes. Ainsi, l'équipe Meadows parle du coût de l'épuisement des ressources (Meadows et al. 1972, p. 181) et Barry Commoner (1971, pp. 253 et ss et *passim*) du coût de la détérioration de l'environnement. Ce ne sont là que des mots, car il n'y a aucun moyen d'établir le coût des ressources irremplaçables non plus que celui d'une pollution irréductible.

64. Dans un travail de pionnier, Hotelling (1931) a démontré une fois pour toutes que l'on ne peut parler d'une attribution optimale des ressources à moins que ne soit connue la demande relative à l'avenir tout entier.

65. La confiance caractéristique des économistes dans la toute-puissance du mécanisme des prix (section IV, note 15) a conduit plusieurs de mes auditeurs à m'opposer que le choix entre les besoins présents et à venir à satisfaire, avec la prime habituellement accordée à la consommation différée, fixera les justes prix pour une utilisation optimale des ressources. Toutefois, cet argument omet de tenir compte précisément de la limitation de notre horizon temporel qui ne s'étend pas au-delà de quelques décennies (Bray 1972, p. 10). Même Solow (1973, p. 427), dans une tentative de défendre la position dominante, part de l'hypothèse d'un horizon de trente ans seulement.

66. Pour un compte rendu très intéressant des courants d'idées à la Conférence de Stockholm, voir Artin 1973. (L'auteur participait à la conférence non officielle, comme il l'indique plus loin et comme en témoigne le livre d'Artin. N.d.T.)

67. Il en a été de même à la Conférence de Mexico en 1984 et à la Conférence du Caire en 1994. (N.d.T.)

68. Lors de la Conférence Dai Dong sur l'environnement (Stockholm, 1972), j'ai proposé l'adoption d'une mesure qui m'apparaît beaucoup moins difficilement applicable que la négociation de migrations de toutes sortes. Ma proposition consistait au contraire à permettre aux gens de n'importe quel pays de se déplacer librement dans n'importe quel autre. L'accueil qui lui fut réservé ne fut même pas tiède. Voir Artin 1973, p. 72.

69. Pour éviter tout malentendu, je me dois de préciser que l'engouement actuel pour les aliments organiques n'a rien à voir avec cette proposition qui est fondée sur les seules raisons exposées à la section X ci-dessus.

70. L'auteur écrit en anglais « *the circumdrome of the shaving machine* » (N.d.T.).

Références

- Abelson, Philip H., 1972. « Limits to Growth », *Science*, 17 mars, p. 1197.

- Artin, Tom, 1973. *Earth Talk ; Independent Voices on the Environment*, New York, Grossman Publishers.

- Banque mondiale, 1972. *Report on Limits to Growth. A Study of the Staff of the International Bank for Reconstruction and Development*, Washington, D.C. (miméographié).

- Barnett, Harold J. et Chandler Morse, 1963. *Scarcity and Growth*, Baltimore, Johns Hopkins University Press.

- Beckerman, Wilfred, 1972. « Economists, scientists and environmental catastrophe », *Oxford Economic Papers*, novembre, 24 (3), pp. 327-344.

- Blin-Stoyle, R. J., 1959. « The end of mechanistic philosophy and the rise of field physics », *in* R. J. Blin-Stoyle et al., eds, *Turning Points in Physics*, Amsterdam, North-Holland, pp. 5-29.

- Bormann, F. H., 1972. « Unlimited growth : growing, growing, gone », *BioScience*, décembre, pp. 706-709.

- Boulding, K., 1966. « The economics of the coming spaceship Earth », *in* Henry Jarrett ed., *Environmental Quality in a Growing Economy*, Baltimore, Johns Hopkins Press, 1966, pp. 3-14 [et *in* Daly, ed., 1973, 1980 : Daly et Townsend, eds, 1993 (N.d.T.)].

- Boulding, K., 1971. « Environment and economics », *in* William W. Murdoch, ed., *Environment : Resources, Pollution and Society*, Stamford, Conn., Sinauer, pp. 359-367.

- Bray, Jeremy, 1972. *The Politics of The Environment*, Fabian Tract 412, London, Fabian Society.

- Bridgman, P.W., 1955. « Statistical mechanics and the second law of thermodynamics », *in Reflections of a Physicist*, 2nd ed., New York, Philosophical Library, pp. 236-268.

- Brown, Harrison, 1970, « Human materials production as a process in the biosphere », *Scientific American*, septembre, 223 (3), pp. 194-208.

- Brown, Lester R. et Gail Finsterbusch, 1971. « Man, food and environment » in William W. Murdoch, ed., *Environment : Resources, Pollution and Society*, Stamford, Conn., Sinauer, pp. 53-69.

- Cannon, James, 1973. « Steel : The recyclable material », *Environment, November*, pp. 11-20.

- Cloud, Preston, ed., 1969. *Resources and Man*, A Study and Recommendations by the Committee on Resources and Man, National Research Council, National Academy of Sciences, San Francisco, Freeman.

- Cloud, Preston, 1971a. « Resources, population and quality of life », *in* S. F. Singer, ed., *Is There an Optimum Level of Population ?*, New York, McGraw Hill, pp. 8-31.

- Cloud, Preston, 1971b. « Mineral resources in fact and fancy », *in* William W. Murdoch, ed., *Environment : Resources, Pollution and Society*, Stamford, Conn., Sinauer, pp. 71-88.

- Commoner, Barry, 1971. *The Closing Circle : Nature, Man and Technology*, New York, Knopf. (Trad. fr. *L'Encerclement*, Paris, Seuil, 1972.)

- Culbertson, John M., 1971. *Economic Development : an ecological approach*, New York, Knopf.

- Daly, H. E., 1971a. « Toward a stationary-state economy », *in* John Hart and Robert H. Socolow, eds, *The Patient Earth*, New York, Holt Rinehart and Winston, pp. 226-244.

- Daly, H. E., 1971b. *The Stationary-State Economy : toward a political economy of biophysical equilibrium and moral growth*, University of Alabama, Department of Economics, Distinguished Lecture Series n°2. [rééd. *in The Ecologist*, July 1972, 2 (7), pp. 4-12 ; *in* Daly, ed., 1973 ; 1980 ; *in* Daly et Townsend, eds, 1993. N.D.T.]

- Daniels, Farrington, 1964. *Direct Use of the Suns Energy*, New Haven, Yale University Press.

- *The Ecologist*, 1972. « A Blueprint for Survival », janvier, pp. 1-43. (Trad. fr. : *Changer ou Disparaître. Plan pour la Survie*, Paris, Fayard, coll. « Écologie », 1972.)

- Einstein, Albert et Leopold Infeld, 1938. *The Evolution of Physics*. New York, Simon et Schuster. (Trad. fr. : *L'Évolution des Idées en Physique*, Paris, Flammarion, 1948.)

- « The Fragile Climate of Spaceship Earth », *Intellectual Digest*, mars 1972, 78-80.

- Georgescu-Roegen, N., 1950. « The theory of choice and the constancy of economic laws », *Quarterly Journal of Economics*, février, pp. 125-138 (*in Analytical Economics*).

- Georgescu-Roegen, N., 1952. « Toward partial redirection of econometrics, Part III », *Review of Economics and Statistics*, août, pp. 206-211 (*in Energy and Economic Myths*).

- Georgescu-Roegen, N., 1969. « Process in farming versus process in manufacturing : a problem of balanced development », chap. XXIV *in Economic Problems of Agriculture in Industrial Societies (Proceedings of a Conference of the International Economic Asociation*, Rome, septembre 1965), Ugo Papi et Charles Nunn, eds, London, Macmillan, and New York, St. Martin's Press, pp. 497-528 (*in Energy and Economic myths*).

- Georgescu-Roegen, N., 1966. « Further thoughts on Corrado Gini's Delusioni dell'econometría », Metron, pp. 265-279 (*in Energy and Economic Myths*).

- Georgescu-Roegen, N., 1970. « The economics of production », Richard T. Ely Lecture, *American Economic Review*, mai, pp. 1-9 (*in Energy and Economic Myths*).

- Georgescu-Roegen, N., 1971a. *The Entropy Law and the Economic Problem*, Distinguished Lecture Series n° 1, *Department of Economics, University of Alabama* (*in Energy and Economic Myths*). Trad. fr. : chap. I dans ce volume.

- Georgescu-Roegen, N., 1971b. *The Entropy Law and the Economic Process*, Cambridge, Mass., Harvard University Press.

- Georgescu-Roegen, N., 1972. « Process analysis and the neoclassical theory of production », *American Journal of Agricultural Economics*, mai, pp. 279-294 (*in Energy and Economic Myths*).

- Gillette, Robert 1972a. « The Limits to Growth ; hard sell for a computer view of doomsday », *Science*, 10 mars, pp. 1088-1092.

- Gillette, Robert, 1972b. « Nuclear safety : damaged fuel ignites a new debate in AEC », *Science*, 28 juillet, pp. 330-331.

- Gillette, Robert, 1972c. « Reactor safety : AEC concedes some points to its critics ». *Science*, 3 novembre, pp. 482-484.

- Glaser, Peter E., 1968. « Power from the sun : its future », *Science*, 22 novembre, pp. 857-861.

- Goeller, H. E., 1972. « The Ultimate Mineral Resource Situation », *Proceedings of the National Academy of Science*, U.S.A., octobre, pp. 2991- 2992.

- Gofman, John W., 1972. « Time for a moratorium », *Environmental Action*, novembre, pp. 11-15.

- Haar, D. ter, 1959. « The quantum nature of matter and radiation », *in* R.J. Blin-Stoyle et al., eds, *Turning Points in Physics*, Amsterdam, North-Holland, pp. 30-44.

- Hammond, Allen L., 1971. « Solar energy : a feasible source of power ? », Science, 14 mai, p. 660.

- Hardin, Garrett, 1968. « The tragedy of the commons », *Science*, 13 décembre, 162, pp. 1243-1248.

- Hibbard Walter R., Jr., 1968. « Mineral resources : challenge or threat ? », *Science*, 12 avril, pp. 143-145.

- Holdren, John and Philip Herera, 1971. *Energy*, San Francisco, Sierra Club Books.

- Hotelling, Harold, 1931. « The economics of exhaustible resources », *Journal of Political Economy*, mars-avril, 39, pp. 137-175.

- Hubbert, M. King, 1969. « Energy resources », *in* Preston Cloud, ed., *Resources and Man*, San Francisco, Freeman, pp. 157-242,

- Istock, Conrad A., 1971. « Modern environmental deterioration as a natural process », *International Journal of Environmental Studies*, pp. 151-155.

- Jevons, W. Stanley, 1879. *The Theory of Political Economy*, 2nd ed. London, Macmillan.

- Johnson, Harry G., 1973. *Man and His Environment*, London, The British-North American Committee.

- Katchalsky, A. et Peter F. Curran, 1965. *Nonequilibrium Thermodynamics in Biophysics*, Cambridge, Mass., Harvard University Press.

- Kaysen, Carl, 1972. « The computer that printed out W*O*L*F* », *Foreign Affairs*, juillet, 50 (4), pp. 660-668.

- Kneese, Allen et Ronald Ridker, 1972. « Predicament of mankind », *Washington Post*, 2 mars.

- Laplace, Pierre Simon de, 1902. *A Philosophical Essay on Probability*, New York, Wiley. (Éd. originale : *Essai philosophique sur les Probabilités*, Paris, 1814, rééd. : Gauthier-Villars, 1921.)

- Leontief, Wassily, 1971. « Theoretical assumptions and nonobserved facts », *American Economical Review*, Mars, pp. 1-7. [Trad. fr. : « Hypothèses théoriques et faits non observés », *in Essais d'économie*, Paris, Calmann-Lévy, 1974, pp. 11-25 ; et *in* Bernard Rosier, ed., *Wassily Leontief : Textes et itinéraire*, Paris, La Découverte, 1986, pp. 11-21.]

- « Limits to Misconception », *The Economist*, 11 mars 1972, pp. 20-22.

- Lovering, Thomas S., 1969. « Mineral resources from the land », in P. Cloud, ed., *Resources and Man*, San Francisco, Freeman, pp. 109-134.

- Macdonald, Gordon J.F., 1971. « Pollution, weather and climate », *in* William W. Murdoch, ed., *Environment : Resources, Pollution and Society*, Stamford, Conn., Sinauer, pp. 326-336.

- Maddox, J., 1972a. « Raw materials and the price mechanism », *Nature*, 14 avril, pp. 331-334.

- Maddox, J., 1972b. *The Doomsday Syndrome*, New York, MacGraw Hill.

- Marshall Alfred, 1920. *Principles of Economics*, 8th ed. London, Macmillan.

- Marx, Karl, 1906-1933. *Capital*, 3 vols., Chicago, ed. by Charles H. Kerr. (Trad. fr. : Karl Marx, *Le Capital*, *in* Karl Marx, *Œuvres. Économie*, présentées par Maximilien Rubel, Paris, Gallimard, La Pléiade, 2 vols., 1965-1968.)

- Meadows, Donella H., et al., 1972. *The Limits to Growth*, New York, Universe Books. (Trad. fr. : « Les Limites à la croissance » *in Halte à la croissance ?*, Paris, Fayard, coll. « Écologie », 1972.)

- Metz, William D., 1972. « Fusion : Princeton Tokamak proves a principle », *Science*, 22 décembre, 1274b.

- Mill, John Stuart 1965. *Principles of Political Economy*, *in* Collected Works, vol. II-III, edited by J.M. Robson, Toronto, University of Toronto Press.

- Mishan, E.J., 1970. *Technology and Growth : the Price We Pay*, New York, Praeger (*The Costs of Economic Growth*, London, Staples Press, 1967).

- Murdoch, William W., ed., 1971. *Environment : resources, pollution and society*, Stamford, Conn., Sinauer.

- Novick, Sheldon, 1974. « Nuclear breeders », *Environment*, juillet-août, pp. 6-15.

- Pigou, A. C., 1935, *The Economics of Stationary States*, London, Macmillan.

- Revelle, Roger, 1974. « Food and population » , *Scientific American*, Septembre, pp. 161-170.

- Schrödinder, Erwin, 1944. *What is Life ?*, Cambridge, Cambridge University Press. [Trad. fr. : *Qu'est-ce que la vie ?* Paris, Seuil, « Points-Sciences », 1993)

- Silk Leonard, 1972. « On the imminence of disaster », *New York Times*, 14 mars.

- Solo, Robert A., 1974. « Arithmomorphism and entropy », *Economic Development and Cultural Change*, avril, pp. 510-517.

- Solow, Robert M., 1973. « Is the end of the world at hand ? », *Challenge*, mars-avril, 16 (1), pp. 39-50.

- Solow, Robert M., 1974. « The economics of resources or the resources of economics (Richard T. Ely Lecture) », *American Economic Review*, mai, 64 (2), pp. 1-14.

- Spengler Joseph J., 1966. « Was Malthus right ? », *Southern Economic Journal*, juillet, pp. 17-34.

- Spengler, Joseph J., 1970. « Homosphere, seen and unseen ; retreat from atomism », *Proceedings of the Nineteenth Southern Water Resources and Pollution Control Conference*, pp. 7-16.

- Sprout Harold et Margaret Sprout 1974. *Multiple Vulnerabilities*, Research Monograph n° 40, Center of International Studies, Princeton University (miméographié).

- Summers, Claude M., 1971. « The conversion of energy », *Scientific American*, septembre, pp. 149-160.

- Wallich, Henry C.., 1972. « How to live with economic growth » *Fortune*, octobre, pp., 115-122.

- Weinberg, Alvin M., 1960. « Breeder reactors », *Scientific American*, janvier, pp. 82-94.

- Weinberg, Alvin M., 1972. « Social institutions and nuclear energy », *Science*, 7 juillet, pp. 27-34.

- Weinberg, Alvin M, et R. Philip Hammond, 1970. « Limits to the use of energy », *American Scientist*, juillet-août, pp. 412-418.

Chapitre 3

L'ÉTAT STABLE ET LE SALUT ÉCOLOGIQUE : UNE ANALYSE THERMODYNAMIQUE

Le conflit est bien le père
et le roi de toutes choses...

Héraclite d'Éphèse, Fragment LIII.

I. L'état stationnaire : historique

Le devenir est le plus grand défi lancé à toute étude de la réalité et l'élément le plus embarrassant pour tout prétendu architecte d'une cité idéale. Il ne faut donc pas s'étonner que l'état ne présentant aucun changement significatif ait offert un havre de paix à l'esprit savant. Dans *La République* de Platon, non seulement la taille de la population doit être maintenue constante (si besoin est par des infanticides dissimulés), mais encore toute tendance au changement doit être tuée dans l'œuf (*Les Lois*, 740-1 ; *La République*, 424, 546). Aristote lui-même, bien qu'il rejetât dans l'ensemble les prescriptions de son maître, enseigna que l'Etat idéal doit veiller à ce que la taille de sa population reste accordée à celle de son sol et éviter tout ce qui pourrait introduire le changement (*La Politique*, II, VII). Bien entendu, si nous parvenons à empêcher le changement, nous assurons, par là même, une stabilité sociale permanente, c'est-à-dire une société aussi proche que possible de l'immortalité, comme le rêvait Platon (*Les Lois*, 739).

La même idée sous-tend la version récemment exhumée d'un vieux thème de John Stuart Mill (éd. 1920, IV. VI), selon laquelle le salut écologique résiderait dans une humanité à l'état stable. Bien que l'individu soit mortel, il n'en resterait pas moins que l'espèce humaine pourrait devenir immortelle à condition que l'humanité se résolve à suivre ce conseil qui lui est prodigué avec le plus de force par Kenneth E. Boulding (1966) et surtout par Herman E. Daly (1973).

Toutefois, la plupart des économistes ont toujours envisagé avec une immense défaveur l'avènement d'une économie stationnaire. Adam Smith (éd. 1937, pp. 71-95) craignait une telle perspective, car la tendance à la baisse des profits arrêterait toute « acquisition ultérieure ». C'est dans l'état progressif, soutenait-il que la condition du grand corps de la population est la plus heureuse. « Elle est dure dans l'état stationnaire et misérable dans l'état de déclin... L'état stationnaire est terne, le déclin morose. » Et il recourait à l'exemple de la Chine pour illustrer son idée que le bien-être général ne dépend pas du niveau de la richesse, mais de la façon dont la richesse varie dans le temps.

David Ricardo (éd. 1951, I, pp. 109, 119-122, IV, pp. 234, VII, pp. 16-17), quant à lui, estimait que l'économie stationnaire n'adviendrait qu'à cause de la pression de la population sur la nourriture, lorsque la taille de la population atteindrait son sommet. Mais il exprimait aussitôt l'espoir que « nous sommes encore très éloignés » d'une situation aussi déplaisante.

Tout récemment, les économistes orthodoxes sont allés plus loin encore en considérant l'état stationnaire (qu'ils assimilèrent à la « stagnation ») avec une vive horreur. Ils croient non seulement en la possibilité d'une croissance matérielle continue, mais aussi en sa nécessité axiomatique. Cette hérésie – la manie de la croissance [*growthmania*], comme Ezra Mishan (1967) l'a dénommée – a donné naissance à une énorme littérature dans laquelle la croissance exponentielle est conçue comme la marche normale des affaires. Mais le soulagement intellectuel dû à l'absence de changement explique l'étrange mariage de cette philosophie avec l'attachement unilatéral de ces mêmes économistes pour l'analyse statique. L'élément de base de cette analyse est l'état stationnaire (aussi appelé statique ou stable) – système économique dans lequel des unités économiques invariables (mais pas nécessairement identiques entre elles) poursuivent au même taux, jours après jours, la production et la consommation.

Une autre raison encore faisait que l'analyse statique fournît d'emblée le fondement sur lequel allait être érigée la nouvelle science économique. Le prestige sans pareil dont la philosophie mécaniste bénéficia parmi les savants et philosophes jusque bien avant dans la deuxième moitié du XIXe siècle explique que la science économique néo-classique fut considérée comme une science sœur de la mécanique. Il en résulta que l'état stationnaire fut considéré, quoique tacitement, comme un concept frère de celui d'équilibre statique de la mécanique (NGR 1966, pp. 18-19 ; 1971, pp. 40-42 ; 1976b, ch. I).

Cette évolution aggrava la confusion héritée d'Adam Smith, Ricardo et surtout John Stuart Mill qui, tous, se révélèrent incapables d'expliciter ce qu'ils entendaient par état stationnaire. Aussi Robbins (1930) fut-il conduit à relever que l'« état stationnaire » est enveloppé de tant d'ambiguïtés que chacun devrait aller jusqu'à spécifier le niveau particulier d'un tel état. En outre, il insista pour que l'on fît une stricte distinction entre l'état stationnaire *conçu comme équilibre ultime d'un processus évolutif* (*ou même dynamique*) – ainsi que le voulait le vieil usage de l'école classique – et l'état qui est stationnaire parce que ses principaux facteurs (la population et le capital) *ne peuvent pas varier* – ce qui n'est qu'une fiction analytique de la science économique.

La nécessité de cette distinction nous apparaît des plus problématiques. Le concept géométrique du « carré », par exemple, est toujours identique à lui-même, que nous nous référions à un corps parfaitement rigide ou aux limites d'un quadrilatère élastique soumis à certaines forces dynamiques. C'est évidemment un tout autre problème que celui de savoir si une forme géométrique existante peut être un carré. On peut fort bien contester – comme Alfred Marshall en particulier l'a fait (Robbins 1930, p. 200) – que l'état stationnaire ressemble à quoi que ce soit dans le monde réel. Toutes les fictions analytiques ont leurs défauts. Néanmoins, l'insistance que met Daly à distinguer le « stationnaire » du « statique » constitue l'axe du raisonnement qui fait passer le salut écologique par l'état stable. En effet, l'état stationnaire, tel que le conçurent les économistes classiques, et plus spécialement John Stuart Mill, est si élastique qu'il peut être adapté presque sans difficulté notable à presque toutes les exigences d'une polémique.

II. Le pendule mécanique contre le sablier thermodynamique

L'adoption de l'épistémologie mécaniste par la science économique dominante comporte plusieurs conséquences regrettables. La plus importante d'entre elles n'est autre que la complète ignorance de la nature évolutive du processus économique. Etablie comme une science sœur de la mécanique, la théorie orthodoxe ne fait pas davantage place à l'irréversibilité que la mécanique elle-même. L'analyse dominante du marché est tout entière fondée sur la complète réversibilité d'un équilibre à un autre. À l'exception d'Alfred Marshall et de quelques autres, les théoriciens de l'économie raisonnent comme si un événement (par exemple, une sécheresse ou une inflation) ne laissait aucune trace dans le processus économique. L'assimilation du processus économique à un carrousel qui tournerait entre la production et la consommation a entraîné une deuxième omission regrettable, celle du rôle des ressources naturelles dans ce processus[1].

Pour trouver la racine de toutes ces anomalies, il nous suffit d'observer que, d'après l'épistémologie mécaniste, l'univers n'est qu'un énorme système dynamique. Par conséquent, il ne se déplace dans aucun sens particulier. Comme un pendule, il peut se déplacer tout aussi bien dans le sens opposé sans pour autant violer un quelconque principe de la mécanique. Les morts eux-mêmes pourraient revivre une vie à contre-sens et mourir à la naissance. Mais le sort fatal de l'épistémologie mécaniste fut scellé voici plus d'un siècle lorsque la thermodynamique nous contraignit à prendre en considération l'irrévocable irréversibilité qui domine le monde physique au niveau macroscopique.

FIGURE 1 • Le sablier de l'univers

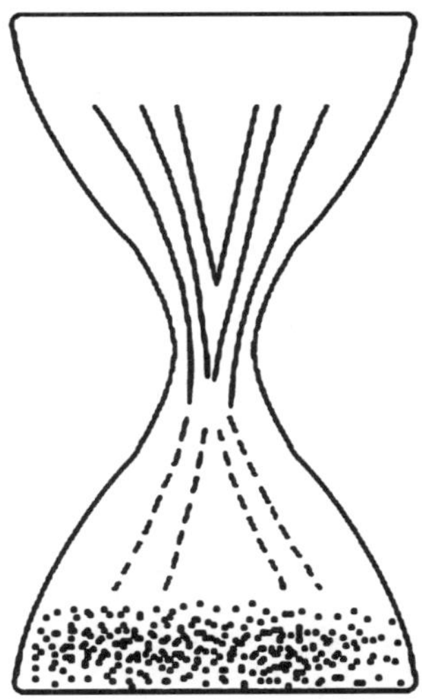

Pour tenter d'illustrer cette question de la thermodynamique, admettons que le sablier de la figure 1 représente un système *isolé*, c'est-à-dire un système qui n'échange ni énergie ni matière avec l'extérieur. Admettons encore que le sable contenu dans le sablier représente la matière-énergie. Comme dans tout sablier bien construit, la quantité de sable demeure toujours constante, ce qui rend compte de la première loi de la thermodynamique. De même, comme dans tout sablier, le sable s'écoule toujours de la moitié supérieure à la moitié inférieure de l'appareil. Mais deux traits importants distinguent notre système d'un sablier ordinaire.

D'abord, tout en s'écoulant le sable change de qualité. Le sable contenu dans la moitié supérieure représente de la matière-énergie *utilisable*, c'est-à-dire de la matière-énergie sous la forme où elle peut être employée par nous les êtres humains ainsi que par toutes les autres structures biologiques de cette planète[2].

Le sable contenu dans la moitié inférieure représente de la matière-énergie qui est *inutilisable* dans ce sens. En second lieu, le sablier de l'univers ne peut jamais être retourné. Ces deux traits particuliers expriment l'essence de la deuxième loi de la thermodynamique selon laquelle, dans un système isolé, la matière-énergie accessible se dégrade continuellement et irrévocablement en un état inutilisable. L'équilibre thermodynamique est atteint lorsque, en fin de compte, toute la matière-énergie est devenue inutilisable. Si l'on considère à présent que l'entropie est une mesure du niveau relatif d'inutilisabilité de la matière-énergie, nous pouvons aussi dire que l'entropie d'un système isolé tend constamment vers un maximum.

Il nous faut à présent faire deux observations. La première (ignorée sinon contestée par la littérature usuelle) c'est que la transmutation entropique s'opère dans le même sens que le flux de notre conscience, c'est-à-dire parallèlement à notre vie. Sans cette précision, il ne nous est pas possible de parler de l'accroissement de la matière-énergie inutilisable. La seconde, c'est que les systèmes isolés ne nous concernent guère. Si nous laissons de côté le problème de la totalité de l'univers, on ne rencontre des systèmes isolés (avec d'ailleurs une marge de tolérance) que dans des laboratoires. Pour le reste, il n'y a que des sous-systèmes de l'univers et ils ne sont pas isolés.

III. Systèmes ouverts et systèmes clos

Un système est dit *ouvert* s'il peut échanger avec son environnement aussi bien de la matière que de l'énergie. Evidemment, l'entropie d'un tel système peut soit croître soit décroître. Le système ouvert stable présente un intérêt fantastique, parce que tout simplement les organismes vivants paraissent être ainsi constitués. Mais bien que les très intéressants travaux amorcés par L. Onsager* et poursuivis surtout par I. Prigogine* aient pu jeter beaucoup de lumière sur les aspects physiques des phénomènes biologiques, nous sommes encore fort loin de comprendre ce domaine de façon satisfaisante (Katchalsky et Curran 1965, p. 235).

Il convient en outre d'être extrêmement prudent dans l'application de ces travaux aux questions économiques. Du fait même que les fameuses relations de réciprocité d'Onsager pour la stabilité d'un système ouvert représentent un équilibrage complexe (ou plutôt délicat) entre les nombreux vecteurs du système, un état stable ouvert est tout aussi étranger à la réalité qu'un système réversible. Aussi bien le beau théorème de Prigogine selon lequel l'entropie produite par un système ouvert atteint son minimum lorsque le système devient stable est-il improprement invoqué par certains partisans d'une humanité à l'état stable. Ce théorème ne dit pas, contrairement à ce qu'ils affirment, que l'entropie produite par un système ouvert stable est nécessairement inférieure à celle produite par un système non stable.

D'autre part, aucune objection systématique ne paraît pouvoir être utilisée contre l'idée que, en théorie du moins, le processus économique pourrait constituer un état stable tant que les ressources en matière et énergie utilisables restent aussi accessibles (ce qui, dans la réalité, ne saurait guère durer toujours). Mais même si elle était admise, cette idée ne justifierait pas la thèse du salut écologique par l'état stable. En effet, la Terre est un sous-système non pas ouvert, mais *clos*, c'est-à-dire un système qui n'échange que de l'énergie avec son environnement[3]. On peut illustrer un tel système par un anneau circulaire qui n'échangerait que de l'énergie avec le sablier univers (figure 2).

FIGURE 2 • Un sous-système clos et stable

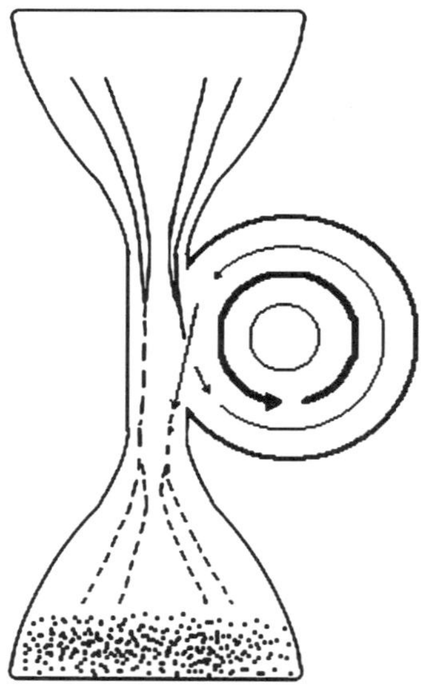

La quantité de matière à l'intérieur du système, représentée ici par une flèche circulaire imprimée en gras, demeure toujours constante[4].

IV. Le problème de l'entropie

Bien que le système clos constitue la base théorique de la thermodynamique classique, la question de savoir si un tel système peut être un état stable n'a pas (autant que je sache) été examinée systématiquement.

Peut-être a-t-on généralement le sentiment que tant qu'arrive suffisamment d'énergie utilisable, il n'y a nulle limite à la quantité de travail qu'on peut accomplir. En tout cas, c'est cette idée-là qui domine à présent nos conceptions du problème entropique de l'humanité.

Pour la justifier, on se référera probablement à la formule fondamentale de la thermodynamique classique pour les systèmes clos, $dU = \Delta Q - \Delta W$, où dU est l'énergie interne du système, Q la quantité d'énergie reçue sous forme de chaleur, et W la quantité de travail accompli par le système. Pour un état stable, $dU = 0$; donc $\Delta Q = \Delta W$. N'importe quelle tâche peut donc être accomplie par une quantité correspondante d'énergie.

Les manuels courants de thermodynamique illustrent la formule $dU = \Delta Q - \Delta W$ à l'aide d'appareils extrêmement familiers comportant un piston. Mais, aussi classique soit-il, ce raisonnement n'en ignore pas moins certains faits décisifs. Une première omission a récemment été relevée par Silver (1971, pp. 29-31) : toute l'énergie ne peut être convertie en travail effectif ; une partie constituée par le travail résultant du frottement est toujours convertie en énergie thermique dissipée.

Une deuxième omission concerne la vitesse de la transformation. Il nous est assurément impossible de lancer une fusée en brûlant son gaz de propulsion sous forme de flammes d'allumettes qu'on allumerait les unes après les autres.

La dernière et plus grave omission c'est que, nulle conversion d'énergie n'étant possible sans support matériel, le frottement dissipe non seulement de l'énergie, mais aussi de la matière. Il se peut que l'usure de la plupart des appareils lors de leurs prestations soit imperceptible, mais ce n'est pas là une raison suffisante pour en faire abstraction. À long terme ou à l'échelle immense de la « machine du monde », la dissipation de matière atteint des proportions sensibles. Autour de nous, toute chose s'oxyde, se casse, se disperse, s'efface, etc. Il n'y a pas de structures matérielles immuables, parce que la matière tout comme l'énergie se dissipe continuellement et irrévocablement.

D'ailleurs, n'oublions pas que, outre la dégradation entropique naturelle, la dissipation de matière et d'énergie est aggravée par la consommation qu'opèrent toutes les créatures et surtout les êtres humains[5]. Partout, l'humus est emporté dans les océans, principalement en conséquence directe de la Loi de l'Entropie. Aussi l'homme accroît-il immensément la dissipation tant de la matière que de l'énergie, par exemple en consommant des aliments ou en brûlant du bois loin des lieux où ils ont été produits.

V. Importance de la matière dans les systèmes clos

Étant donné que dans un système clos la matière utilisable se raréfie constamment pourquoi ne pas employer (pourrait-on suggérer) l'apport du flux d'énergie utilisable afin de produire de la matière en application de l'équivalence d'Einstein $E = mc^2$? À cela il faut répondre que, même dans la fantastique machine de l'Univers, il n'y a pas de création de matière à partir de la *seule* énergie dans des proportions tant soit peu significatives, mais que, en revanche, des quantités colossales de matière sont continuellement converties en énergie[6]. Par exemple, il y a maintenant sur la Terre moins d'uranium qu'il n'y en avait voici quelques millions d'années. Toutefois, le nombre de molécules de cuivre ou des autres éléments stables est aujourd'hui le même qu'après la formation de notre planète[7].

Dans cette perspective, l'énergie utilisable ne pourrait-elle pas nous aider à résoudre la pénurie de matière d'une autre façon ? En effet, à l'aide d'un réfrigérateur, nous pouvons séparer à nouveau les molécules chaudes des molécules froides qui se sont mélangées lors de la fonte des cubes de glace dans un verre d'eau. De la même façon, semble-t-il, nous devrions être capables de mettre en échec la dispersion de la matière et de ré-assembler les molécules éparpillées d'une pièce de monnaie ou d'un pneu de voiture.

Cette idée de recyclage complet est à présent extrêmement populaire ; elle n'en constitue pas moins un dangereux mirage. En règle générale, ce sont les écologistes qui l'ont entretenue en décrivant avec de délicieux schémas comment l'oxygène, le gaz carbonique, l'azote et quelques autres substances chimiques vitales sont recyclées par des processus naturels mus par l'énergie solaire. Si ces explications sont acceptables, la raison en est que les quantités de substances chimiques en question sont tellement immenses que le déficit entropique ne devient visible que sur de longues périodes. Nous savons en effet qu'une partie du gaz carbonique termine sous forme de carbonate de calcium dans les océans et que le phosphore d'innombrables squelettes de poissons morts tend à rester dispersé au fond des océans.

Mais, pourrait-on soutenir, en pensant à l'interprétation statistique de la thermodynamique, il est assurément possible de rassembler les perles d'un collier cassé qui se sont éparpillées par terre. Or, le recyclage n'est-il pas précisément une opération de ce type ? Pour déceler l'erreur que constitue l'extrapolation d'une échelle à une autre, supposons que ces mêmes perles ont été préalablement dissoutes dans un acide quelconque et que la solution en a été épandue sur les océans – expérience qui retrace ce qui arrive effectivement aux différentes substances matérielles, les unes après les autres. À supposer même que nous disposions d'autant d'énergie que nous en voulons, nous n'en aurions pas moins besoin d'un temps fantastiquement long et même pratiquement infini pour rassembler les perles en question (NGR 1976b, ch. I).

Cette conclusion rappelle l'un des enseignements figurant dans la partie introductive de tous les manuels de thermodynamique : tous les processus se déroulant à une vitesse infiniment petite sont réversibles, parce qu'à une telle allure il n'y a pratiquement pas de frottement.

Toutefois, un tel mouvement prend un temps pratiquement infini. C'est en effet, scientifiquement parlant, la raison pour laquelle la réversibilité n'est pas possible dans la réalité. Et c'est de même la véritable raison pour laquelle la matière ne peut pas être complètement recyclée.

VI. Une quatrième loi de la thermodynamique et la machine économique

L'une des conséquences des observations qui précèdent au sujet de la matière, c'est qu'il y a quelque chose de bancal dans le concept d'*énergie nette* comme mesure du rendement (Cottrell 1955 ; Odum 1973). Si l'extraction de 10 tonnes de charbon d'une mine peut avoir lieu en ne consommant que l'équivalent d'une tonne, on nous apprend que nous avons gagné une énergie nette de neuf tonnes. Autrement dit toute extraction se solderait par la production de *matière nette* mais d'*énergie nette négative*. Une centrale électrique en revanche produirait de la *matière nette négative*.

La difficulté évidente provient du fait que toute opération implique nécessairement de l'énergie et de la matière, de sorte que le seul concept applicable est celui de l'*accessibilité globale*. Un simple modèle de flux-fonds (NGR 1971, ch. IX ; 1976, ch. IX) élucidera cette notion et nous fournira au surplus une base analytique expliquant le rôle symétrique de la matière dans tout processus physique (NGR 1976a).

Le diagramme de la figure 3 représente la circulation globale des flux entre l'environnement et le processus économique. Ce dernier est divisé en six sous-processus agrégés : cE = production de l'énergie contrôlée (par exemple de l'électricité ou de l'essence) ; cM = production de la matière contrôlée (par exemple des lingots d'acier) ; K = production du capital d'équipement ; C = production des biens de consommation ; R = l'industrie du recyclage, et Hh = l'économie des ménages. À l'en-

FIGURE 3

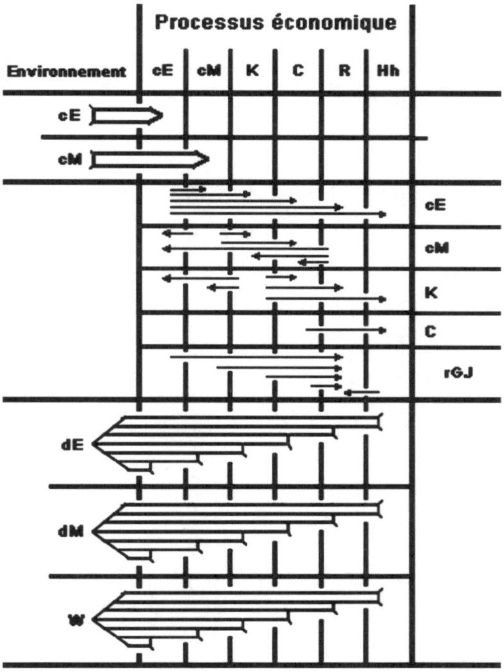

cE = production de l'énergie contrôlée
cM = production de la matière contrôlée
K = production du capital d'équipement
C = production des biens de consommation
R = l'industrie du recyclage
Hh = l'économie des ménages
eE = énergie puisée dans l'environnement
eM = matière puisée dans l'environnement
dE = énergie dissipée
dM = matière dissipée
W = rejets
rGJ = « *garbojunk* » (néologisme formé de deux mots télescopés « *garbage* » et « *junk* » comme le serait le néologisme français « rejordure » forgé des mots « rejet » et « ordure »). Voir l'explication dans le texte.

trée, les flux primaires sont eE et eM représentant l'énergie et la matière puisées dans l'environnement. À la sortie, les flux finals du processus économique sont dE, représentant l'énergie dissipée ; dM, représentant la matière dissipée, et W, représentant les rejets (par exemple de la roche broyée ou les déchets nucléaires).

En outre, toutes les activités économiques produisent du « *garbo-junk* », des « rejordures », rGJ, qui ne sont ni de la matière dissipée ni des déchets, mais de la *matière utilisable*, qui, toutefois ne se présente pas sous une forme qui nous soit utile. En font partie des choses telles que bouteilles cassées, vieux journaux, automobiles et vêtements usés. Or, on ne saurait trop insister sur le fait que nous ne pouvons recycler que les « rejordures » ; *la matière dissipée n'est pas recyclable*. L'industrie R recycle toutes les « rejordures », y compris celles qu'elle produit elle-même, de sorte qu'il n'existe pas, à la sortie, de flux de ce genre.

Le diagramme des flux révèle divers points importants. En premier lieu, aucun système économique ne peut survivre sans un apport continu d'énergie *et* de matière, de sorte qu'il ne saurait constituer un système clos à l'état stable. Même si tous les rejets W pouvaient être recyclés[8], la dissipation de la matière empêcherait le fonds du capital de demeurer constant. Car, en réalité, l'entretien des fonds transitoires que constituent les hommes *et* leurs « membres détachables » (le capital d'équipement) est le seul objectif matériel du système, même si le produit réel de l'activité toute entière doit être recherché dans le flux immatériel mystérieux de la joie de vivre.

Deux conclusions importantes découlent de l'analyse qui précède. En premier lieu – et cela concerne principalement l'économiste – puisque l'énergie et la matière ne peuvent être pratiquement réduites à un commun dénominateur, nous ne pouvons départager par des considérations purement physiques l'efficacité de deux systèmes opérant la même tâche dont l'un utilise plus d'énergie et l'autre plus de matière. Ce choix demeure *économique*. On ne peut donc absolument pas espérer réduire la valeur économique à une coordonnée physique. La valeur économique est conditionnée par la basse entropie tant de la matière que de l'énergie, mais elle n'est pas équivalente à elle (NGR 1966, pp. 93-94, 1971, pp. 282-83). C'est dans la basse entropie et dans l'effort du travail (autre flux immatériel) que résident les racines de la valeur économique.

En raison de sa plus grande généralité, notre deuxième conclusion peut être énoncée comme suit en tant que quatrième loi de la thermodynamique : *Dans un système clos, l'entropie de la matière doit tendre vers un maximum*[9].

Il est arrivé à Jonathan Swift de soutenir que « quiconque parviendrait à faire pousser deux épis de blé ou deux brins d'herbe... là où un seul croissait auparavant, mériterait davantage de l'humanité que la race des hommes politiques tout entière » (Swift, éd. 1914, XII, p. 176). La loi qui précède nous enseigne que ce serait un miracle rien que de faire pousser au même endroit fût-ce un seul brin d'herbe sans arrêt une année après l'autre (NGR 1971, p. 302).

VII. De la thermodynamique à l'écologie et à l'éthique

De nos jours, il est loisible à presque tout le monde de discourir à satiété sur les relations existant entre thermodynamique et écologie. Mais, comme nous l'avons vu dans plus d'un cas, il ne suffit pas d'exhiber les enseignements des manuels pour expliquer ce qui se passe dans la machine du monde ni même pour scruter les diverses prescriptions écologiques qui viennent de toutes parts à commencer par la thèse de John Stuart Mill.

Une économie qui comporterait « une richesse *physique* (capital) constante et un stock constant d'êtres humains (population) », telle que la définit Daly (1973, pp. 14, 153), constituerait l'état stable d'un système qui pourrait être ouvert ou clos. La stabilité d'un système clos est exclue par la quatrième loi. S'il s'agit d'un système ouvert il ne peut être que quasi stable, car les relations d'Onsager ne peuvent être toutes exactement réalisées. Cela présuppose en outre une accessibilité quasi constante des ressources naturelles.

En fait pendant la plus grande partie de son histoire, l'humanité a vécu dans cet état-là au sein des communautés villageoises traditionnelles qui n'ont pas encore complètement disparu. Toutefois, une société industrielle se heurte à une accessibilité décroissante de la matière-énergie dont elle a besoin. Si cette circonstance n'est pas contrebalancée par des innovations technologiques, le capital doit nécessairement être accru et les gens doivent travailler davantage pour autant que la population doive demeurer constante. Dans cette perspective, il y a une limite à la capacité de travailler ainsi qu'aux besoins de nourriture et de confort. Si les innovations compensent l'accessibilité décroissante, le capital ne peut rester constant en un sens tant soit peu défini. La difficulté majeure réside alors dans l'impossibilité des innovations à se poursuivre indéfiniment dans un système clos.

Les progrès technologiques trop vantés et vendus à notre époque ne devraient pas nous aveugler. Du point de vue de l'économie des ressources terrestres – base du mode de vie industriel de l'humanité – la plupart des innovations représentent un gaspillage de basse entropie. À cet égard, que les rasoirs soient jetés tout entiers lorsque leur lame s'est émoussée ou que des montagnes de photocopies soient mises au rebut sans même avoir été honorées d'un regard, c'est peu de choses au regard de la mécanisation de l'agriculture et du recours à la « *révolution verte* » (NGR 1971, p. 302 ; 1976b, ch. I, III). Des automobiles, des voitures de golf, des tondeuses à gazon, etc., « plus grandes et meilleures » signifient forcément une pollution et un épuisement des ressources « plus grands et meilleurs ».

En dernière analyse, c'est cette manie de la croissance que John Stuart Mill et les tenants modernes de l'état stable veulent arrêter. Mais ils ont raisonné un peu comme si la négation de la croissance devait déboucher sur un état stable. Probablement étaient-ils empêchés, en tant qu'économistes, de penser aussi à un état de décroissance. Or, il vaut la peine de relever que la plupart des arguments en faveur de l'état stable militent mieux encore en faveur de cet autre état (NGR 1976b, ch. I).

Comme Daly (1973, pp. 154-5) lui-même le reconnaît, la thèse de l'état stable ne nous apprend rien ni sur l'importance de la population ni sur le niveau de vie. En revanche, une analyse thermodynamique fait encore ressortir que la grandeur souhaitable de la population est celle que pourrait nourrir une agriculture exclusivement organique.

Néanmoins, la thèse de John Stuart Mill nous enseigne une grande leçon : « La lutte pour la réussite... le piétinement, l'écrasement ; le coudoiement et l'encombrement qui caractérisent la vie sociale actuelle », pour reprendre ses propres termes, devraient prendre fin.

Pour réaliser ce rêve, nous pourrions commencer avec un programme bioéconomique minimal qui devrait prendre en considération non seulement le sort de nos contemporains, mais encore celui des générations à venir. Trop longtemps les économistes ont prêché en faveur de la maximisation de nos propres profits. Il est grand temps que l'on sache que la conduite la plus rationnelle consiste à *minimiser les regrets*. Toute pièce d'armement comme toute grosse voiture signifie moins de nourriture pour ceux qui aujourd'hui ont faim et moins de charrues pour certaines générations à venir (quelque éloignées qu'elles soient) d'êtres humains semblables à nous-mêmes (NGR 1971, p. 304 ; 1976b, ch. I, III).

Ce dont le monde a le plus besoin, c'est d'une nouvelle éthique. Si nos valeurs sont justes, tout le reste – prix, production, distribution et même pollution – doit être juste. Au commencement l'homme s'est efforcé (du moins dans une certaine mesure) d'observer le commandement : « Tu ne tueras point » ; plus tard, « Tu aimeras ton prochain comme toi-même ». Voici le commandement de cette ère-ci :

« Tu aimeras ton espèce comme toi-même ».

Malgré tout, ce commandement lui-même ne saurait mettre fin à la lutte que l'humanité mène contre l'environnement et contre elle-même. Le devoir des universitaires est de contribuer à atténuer cette lutte et non de tromper les autres avec des idées qui échappent au pouvoir de la science des hommes. Avec humilité, telle est la responsabilité qu'enseigne la bioéthique de Van Rensselaer Potter.

Notes

1. Le seul facteur relatif à l'environnement qui apparaisse dans la théorie classique de la production est le sol, dans son sens ricardien, c'est-à-dire en tant qu'espace indestructible. John Stuart Mill paraît être le dernier économiste réputé à avoir partagé explicitement l'ancienne conception de William Petty selon laquelle le travail est le père et la nature la mère de toute richesse.

2. En raison de sa construction manifestement anthropomorphique, la thermodynamique constitue une science singulière. Mais la thermodynamique comporte aussi une zone de mystère, car elle ne nous dit toujours pas si ses lois sont valides ou non pour des formes de vie extra-terrestres. Il sied de relever ici que le fameux paradoxe du démon de Maxwell porte précisément sur ce problème et que, par conséquent les argumentations qui prétendent l'avoir résolu sont, par la force des choses, non pertinentes.

3. Le phénomène de la pluie de météorites existe assurément. Mais bien que la quantité puisse en paraître substantielle (150 000 tonnes par an), elle est proportionnellement négligeable et constitue tout juste une poussière. Les particules matérielles qui pourraient à l'occasion échapper à la force d'attraction sont encore moins importantes.

4. La quatrième hypothèse – celle d'un système qui n'échangerait que de la matière avec l'extérieur – est en fait impossible, car toute matière en mouvement charrie de l'énergie cinétique.

5. Nous savons tous à présent que, de toutes les branches des sciences physiques et chimiques, la thermodynamique est la seule où la vie importe. Les plantes vertes ralentissent et les animaux accélèrent la dégradation entropique. Mais les plantes elles-mêmes ne peuvent convertir effectivement tout le rayonnement solaire en travail, ce qui contredirait la loi de l'entropie.

6. Dans les réacteurs nucléaires, c'est une base matérielle substantielle – l'uranium 238 ou l'uranium 235 – qui produit du plutonium 239 et une certaine quantité d'énergie.

7. Voir toutefois la note 3 ci-dessus.

8. Une partie des déchets peut être éliminée. La roche broyée produite en même temps que l'huile de schiste pourrait théoriquement être réinjectée dans son gisement. Toutefois, une partie de l'huile pourrait alors ne plus être accessible. De telles réalités sont totalement ignorées par ceux qui prêchent que nous pouvons taillader l'environnement comme bon nous semble (Johnson 1973).

9. Le cas d'un élément chimique isolé évoque le fameux paradoxe de Gibbs.

Références

- Boulding, K.E., 1966. « The economics of the coming spaceship Earth », *in* Henry Jarret ed., *Environmental Quality in a Growing Economy*, Baltimore, Johns Hopkins University Press, pp. 3-14.
- Cottrell, F., 1955. *Energy and Society : The Relation Between Energy, Social Change, and Economic Development*, New York, McGraw-Hill.
- Daly, H.E., ed. 1973. *Toward a Steady-State Economy*, San Francisco, Freeman.

[NGR]

- Georgescu-Roegen, N. 1966. *Analytical Economics : Issues and Problems.*
- Georgescu-Roegen, N. 1971. *The Entropy Law and the Economic Process.*
- Georgescu-Roegen, 1976a. *A different economic perspective.*
- Georgescu-Roegen, 1976b. *Energy and Economic Myths.*
- Johnson, H.G. 1973. *Man and His Environment*, London, The British-North American Committee.
- Katchalsky, A. et P.F. Curran, 1965. *Nonequilibrium Thermodynamics in Biophysics*, Cambridge, Mass., Harvard University Press.
- Mill, J.S. [19201. in W.J. Ashley, ed. *Principles of Political Economy, London*, Longmans, Green and Co. [trad. fr. : *Principes d'économie politique*, Paris, 1873, tome II, Livre IV, chap. VI, « *De l'état stationnaire* »]
- Mishan, E.J., 1967. *The Costs of Economic Growth*, New York, Prager.
- Odum, H.T., 1973. « Energy, ecology, and economics », *Ambio*, 2, pp. 220-227.
- Potter, V.R., 1971. *Bioethics : Bridge to the Future*, Englewood Cliffs, N.J., Prentice-Hall.
- Ricardo, D. [1951-1955] *in* Piero Straffa, ed. *The Works and Correspondence of David Ricardo*, 10 vols., Cambridge, Cambridge University Press.

- Robbins, L., 1930. « On a certain ambiguity in the conception of stationary equilibrium », *Economic journal*, 40, pp. 194-214.

- Silver, R.S., 1971. *An Introduction to Thermodynamics*, Cambridge, Cambridge University Press.

- Smith, A. [1937] *in* Edwin Cannan, ed. *The Wealth of Nations*, New York, Random House. Édition française : *La Richesse des Nations*, Paris, G.-F, Flammarion, 1991, 2 vols.

- Swift, J. [1914] *in* Walter Scott, ed. *The Works of Jonathan Swift*, Edinburgh, Archibald Constable, 12 vols.

[Voir aussi Michel Lutfalla, *L'état stationnaire*, Paris, Gauthier-Villars, 1964. N.d.E.]

Chapitre 4

La dégradation entropique et la destinée prométhéenne de la technologie humaine

1. On explique aisément pourquoi les hommes sont arrivés par chance à découvrir certains faits des milliers d'années avant que ces faits ne deviennent objets de la science et ne reçoivent ainsi une explication scientifique. Les gens ont utilisé la levure pour faire du pain, ont brassé de la bière et ont fait du vin sans avoir aucune idée de ce qui entretient ces fermentations. La découverte de la cause de la fermentation a dû attendre le microscope et la perspicacité d'un Louis Pasteur.

Les hommes connaissent également depuis des temps immémoriaux le fait que la chaleur passe toujours d'elle-même du corps chaud au corps froid, jamais dans le sens inverse. Ce fut toujours la main de celui qui a touché un poêle très chaud qui a été brûlée, jamais le poêle. Mais ce n'est qu'au milieu du siècle passé que cette simple vérité, l'une des plus incontestables qui soient, a été incorporée dans la science naissante de la thermodynamique où elle a servi depuis comme son principal pilier caractéristique : la Loi de l'Entropie sous la forme que lui a donnée pour la première fois Rudolf Clausius[1].

Ce retard est certainement curieux. En commençant par Eudoxe, bien avant Ptolémée, tous les hommes de science se sont préoccupés surtout des affaires célestes, comme en témoigne l'un des chefs-d'œuvre de Laplace, le *Traité de mécanique céleste*, publié en cinq volumes au commencement du siècle dernier.

Ce fut le génie de Sadi Carnot qui rompit cette vieille tradition en orientant l'intérêt de la science vers des problèmes proches de la terre, des problèmes visant directement la vie de l'espèce humaine. En effet, dans son fameux mémoire, Sadi Carnot s'est proposé d'étudier les conditions dans lesquelles le rendement d'une machine à feu est maximum. La science de la thermodynamique qui s'est développée à partir de ce mémoire n'est au fond que la physique de la valeur économique ; et elle est restée telle en dépit des extensions ultérieures. Incontestablement, Sadi Carnot fut le premier véritable économètre (NGR 1970, 1979b). C'est avec raison donc qu'on peut parler d'une révolution carnotienne, comme l'a fait dans une admirable perspective Jacques Grinevald (1976).

Puisque la thermodynamique a commencé avec l'étude des machines à vapeur elle est restée longtemps « la science qui étudie principalement les transformations de la chaleur en travail mécanique et les transformations inverses du travail mécanique en chaleur » , comme l'expliquait Enrico Fermi dans ses leçons à Columbia University en 1936. Mais petit à petit la dynamique de la chaleur a aussi englobé les autres formes d'énergie macroscopique, devenant ainsi la science que W. Macquorn Rankine* (1855) avait envisagée tout au début sous le nom d'« énergétique », terme beaucoup plus approprié à la situation actuelle (Duhem, 1897).

Les propos précédents pourraient paraître superflus. Cependant ils ont un objectif précis, à savoir, souligner le fait que la thermodynamique traditionnelle ignore complètement les transformations irrévocables subies par la matière dont tout convertisseur d'énergie est composé. En effet, même la vie ne peut exister sans un échafaudage matériel capable de soutenir ses transformations énergétiques. Le fait incontestable est que dans le monde macroscopique la matière aussi subit continuellement des transformations qualitatives irréversibles. C'est là une vérité aussi simple et aussi évidente que le passage inévitable de la chaleur du corps chaud au corps froid. Même nos ancêtres les plus primitifs ont dû s'apercevoir qu'un marteau en pierre ne dure pas indéfiniment. Dans l'appareil qui sert de base à presque toutes les démonstrations des formules thermodynamiques, ni le piston ni le cylindre ni même le gaz qui le remplit ne restent immuables. Si la thermodynamique mentionne l'ubiquité de la friction c'est seulement pour expliquer pourquoi en réalité aucun moteur ne peut transformer toute l'énergie libre en travail mécanique utile. Mais c'est tout ce que l'on dit là-dessus. Le problème de ce que la friction ou les autres « imperfections » de la matière causent à la matière elle-même est une question qui est renvoyée, semble-t-il, à la charge des ingénieurs.

Cependant même les ingénieurs ne sont pas allés très loin dans cette direction. L'explication se trouve probablement dans le fait que la friction ainsi que toute autre cause de détérioration matérielle sont des phénomènes plutôt rébarbatifs – en témoignent des autorités comme Richard P. Feynman (1966) et Ernest Rabinowicz (1965) cités *in* Georgescu-Roegen (1979 a, 1980).

Évidemment chaque science particulière est libre de choisir son propre domaine de recherche. Il n'en reste pas moins vrai que le problème des inévitables transformations de la matière macroscopique est demeuré pratiquement un *no man's land*. Il y a eu quand même deux contributions tendant à introduire la matière dans l'échafaudage de la thermodynamique. À propos de la première on peut dire maintenant qu'elle a cherché à étendre l'idée de la diffusion de la chaleur au cas du mélange libre des gaz. En effet la diffusion libre de la chaleur du corps plus chaud au corps plus froid est la cause de la tendance inévitable vers l'équilibre thermodynamique et, par conséquent, de l'accroissement de l'entropie de tout système isolé contenant un ensemble de corps en contact thermodynamique. On s'est demandé ce qui arrive lorsque deux (ou plusieurs) gaz en contact direct s'entrediffusent librement. La réponse a été que l'entropie, dans la nouvelle conception de l'entropie de mélange, augmente aussi dans ce cas[2].

Le second développement représente une date plus importante dans l'histoire de la thermodynamique. C'est l'école de Bruxelles, inspirée par Ilya Prigogine*, qui est allée au-delà de la thermodynamique classique, laquelle se limitait à l'étude des systèmes clos (c'est-à-dire, des systèmes qui ne peuvent échanger que de l'énergie sous toute forme avec l'extérieur). Le volume d'Ilya Prigogine, *Étude thermodynamique des phénomènes irréversibles*, publié en 1947, a marqué l'ouverture d'un champ nouveau pour la science thermodynamique : l'étude des systèmes *ouverts* (c'est-à-dire, des systèmes qui peuvent échanger de l'énergie et de la matière avec l'extérieur). Toutefois, les recherches stimulées par cette nouvelle perspective ne sont pas allées jusqu'à reconnaître que la matière, tout autant que l'énergie, est soumise à une dégradation entropique continuelle et irrévocable. En effet selon la nouvelle thermodynamique conçue par l'école de Bruxelles la matière entre en considération seulement comme un véhicule pour le transport de l'énergie par un moyen de plus, différent de ceux considérés par l'édifice classique. La formule fondamentale classique

$$dU = dQ + pdV \qquad \textbf{(1)}$$

où l'énergie interne U peut varier seulement parce que le système (clos) peut échanger de la chaleur, Q, ou bien du travail, pdV, avec l'extérieur, est simplement remplacée par

$$dU = d\o + pdV \qquad \textbf{(2)}$$

où ø représente maintenant le transfert d'énergie résultant du transfert de chaleur et de l'échange de matière (Prigogine, 1967). ø diffère de Q, par exemple, dans le cas où dans une chambre isolée, on introduit un morceau de métal chauffé au rouge[3].

2. Comme je viens de le faire remarquer, aucune science particulière ne saurait être blâmée de ne pas étendre son étude au-delà de son domaine traditionnel. Mais le cas de la thermodynamique est tout à fait unique, car (en dépit des antinomies qu'elle a engendrées par rapport à la représentation mécanique) la Loi de l'Entropie est depuis longtemps

reconnue comme la loi suprême de l'évolution de toute la réalité. Sir Arthur Eddington* (1958) le proclamait dans ses Conférences Gifford de 1927 : « La loi selon laquelle l'entropie augmente toujours – la seconde loi de la thermodynamique – occupe, je crois, la position suprême parmi les lois de la nature. Si l'on découvre que l'une de vos théories est en contradiction avec la seconde loi de la thermodynamique, je ne peux vous offrir aucun support ; il ne vous reste que de vous écrouler sous la plus profonde humiliation ». Et plus récemment personne d'autre qu'Albert Einstein* (1951) en a convenu sans réserves : « Une théorie est d'autant plus impressionnante que ses prémisses. sont plus simples, que les catégories des choses qu'elle rapporte les unes aux autres sont plus différentes et que son domaine d'application est plus vaste. C'est la raison pour la profonde impression que la thermodynamique m'a faite. La thermodynamique est la science naturelle d'une portée universelle à propos de laquelle je suis convaincu que, dans le champ de l'applicabilité de ses concepts de base, elle ne sera jamais réfutée ». Mais d'autre part la fameuse proclamation de Rudolf Clausius* – « L'entropie de l'univers tend continuellement vers un maximum » – ne représente qu'une vue tronquée de la réalité, étant donné qu'elle ne concerne que la dégradation de l'énergie.

Cette partialité a entraîné des effets regrettables. Puisque la thermodynamique traditionnelle ne mentionne en aucune manière la dégradation entropique de la matière, elle a créé l'impression que la matière ne se dégrade pas. La littérature de base, en effet, laisse le lecteur croire que tout convertisseur matériel dure indéfiniment sans la moindre usure. Cela explique pourquoi Kenneth Boulding (1966) a pu soutenir qu'« il n'y a heureusement pas de loi de l'accroissement de l'entropie pour la matière » . Boulding* n'étant pas un expert en sciences de la nature, on peut passer outre cette affirmation. Mais ce qu'on ne peut pas ignorer est le fait que cette forme moderne de l'énergétique est propagée par de nombreux physiciens et chimistes[4]. La thèse a été clairement exprimée par Harrison Brown* et ses collaborateurs (1957) dans un ouvrage désormais classique : « Tout ce qu'il nous faut pour obtenir n'importe quels matériaux que nous désirerions, c'est d'ajouter suffisamment d'énergie au système ». Et, il est clair que ces auteurs n'ont pas eu en vue un système ouvert par rapport à un environnement abondant, car dans ce cas l'énoncé serait tout à fait trivial. De fait, ils ont ajouté immédiatement qu'en principe le recyclage peut être complet une idée qui constitue le corollaire le plus caractéristique du dogme énergétique moderne. En fin de compte, c'est Glenn Seaborg* (1972) qui a précisé les conséquences ultimes de ce dogme. Selon lui la science arrivera à éliminer toutes les difficultés techniques de sorte qu'avec une abondance d'énergie nous serons en mesure « de recycler presque tous les déchets... d'extraire, de transporter et de retourner à la nature tous les matériaux, dans une forme acceptable, dans un montant acceptable et dans un endroit propre, si bien que l'environnement physique restera naturel et supportera la croissance et le développement continuel de toutes les formes de vie ».

Le dogme énergétique a donné naissance à d'autres développements fallacieux qui sont particulièrement dangereux pour un monde qui éprouve aujourd'hui des difficultés économiques et démographiques (partant politiques) sans précédent. Et c'est surtout parce que la source de ces difficultés est en grande mesure provoquée par la crise de l'énergie que ces développements sont présentés comme des idées salutaires à cet égard. (J'en parlerai brièvement plus loin.)

3. Dans mes premiers travaux sur la relation entre le processus économique et les lois de la thermodynamique, j'ai affirmé « que nous ne pouvons utiliser une quantité donnée de basse entropie qu'une seule fois » (NGR 1966, 1970, 1971). À cette époque-là, je ne pouvais pas m'imaginer que la science pût soutenir le contraire en ce qui concerne la matière. C'est pourquoi je n'ai fait d'efforts pour dénoncer le dogme énergétique qu'après en avoir pris connaissance beaucoup plus tard[5]. C'est seulement après cela que je me suis mis à rassembler tous les arguments à ma disposition pour vérifier la validité de ce dogme

(NGR 1977, 1979a, 1980). Certes, rien ne nous permet de supposer que même le dogme énergétique puisse nier que les objets matériels de toutes sortes s'usent continuellement et inévitablement. Petit à petit les particules de tout morceau de matière s'en détachent et se dispersent aux quatre vents. Mais ce qui caractérise le dogme énergétique, c'est l'idée qu'avec suffisamment d'énergie, et rien d'autre, on peut rassembler toutes les particules de la pièce originale et la reconstituer. Selon le dogme énergétique, avec suffisamment d'énergie on peut, par exemple, rassembler toutes les particules de caoutchouc dispersées par la friction des pneus sur les routes et ainsi reconstituer les pneus usés. Curieusement aucun adepte du dogme énergétique n'a trouvé nécessaire d'expliquer, au moins dans les grandes lignes, comment une telle opération pourrait être effectuée. Dans une telle situation, il incombe à nous autres de voir quels pourraient être les points d'appui plausibles de cette doctrine énoncée d'autorité seulement.

Une idée qui vient tout naturellement à l'esprit est d'invoquer l'équivalence d'Einstein entre la masse et l'énergie, $E = mc^2$. D'après Hannes Alfvén* (1969), entre autres, il s'ensuit que « la matière peut donc être regardée comme une forme d'énergie » . Cette conclusion, aujourd'hui très populaire, confond malheureusement la masse – une propriété de la matière – et la matière. Le raisonnement adopté par Alfvén se méprend sur l'asymétrie essentielle entre matière et énergie. Si dans le monde macroscopique il n'y avait aucune différence phénoménale entre la matière et l'énergie, il n'y aurait aucune raison de distinguer les systèmes clos et les systèmes ouverts[6].

L'observation que l'énergie pure peut se transformer en masse n'apporte rien au dogme énergétique. Certes, un photon peut donner naissance à des particules ayant une masse. Mais ces particules naissent toujours en paires parfaitement symétriques et antagonistes : chaque paire consiste en une particule de matière (comme celle qui nous entoure) et une particule du même type d'antimatière. Les deux se détruisent réciproquement immédiatement après leur émergence. En outre, pour que des photons donnent naissance sur une grande échelle aux paires de protons et d'antiprotons, il faut une température supérieure à celle qui existe aujourd'hui dans les plus chaudes étoiles (Weinberg, 1978). Dans une telle circonstance tout se réduit au plasma où les objets matériels ne peuvent pas exister ; il n'y a donc pas moyen d'obtenir du travail mécanique non plus.

Imaginons-nous maintenant qu'un collier se casse et que ses perles se répandent par terre dans une chambre. On pourra certainement les ramasser toutes dans un laps de temps relativement court si on est suffisamment patient. Mais si le collier se casse quelque part dans Paris au cours d'une visite de la ville, la même opération avoisine l'impossible. Non seulement cela prendrait un temps quasi infini, mais en plus, d'autres objets sans nombre devraient être utilisés à cet effet et ceux-ci s'useront à leur tour et, par conséquent, devront être reconstitués si l'on veut que le recyclage soit complet. Nous nous trouvons ainsi en face d'une régression sans fin de même nature que celle qui dans la thermodynamique traditionnelle est opposée à la réversibilité totale d'un système d'énergie réel. À ce propos, on doit observer que l'infinité du temps est étroitement associée à la fondation de cette thermodynamique où l'on suppose que tous les mouvements se font avec une vitesse infiniment lente afin que tous les effets de la friction soient éliminés. Un mouvement donné, aussi petit soit-il, prend donc un temps infini.

Le seul but des dernières remarques est d'élucider un aspect important du problème. Comme on le sait parfaitement de nos jours, nous n'avons pas le droit d'extrapoler du macrocosme au microcosme, ni dans le sens inverse. Il peut y avoir d'autres moyens de reconstituer un objet usé que celui considéré dans la fable du collier cassé. En effet on trouve un tel moyen dans la littérature traditionnelle : c'est la boîte de réaction conçue par J.H. Van't Hoff* (le premier Prix Nobel en chimie).

Cette boîte est composée d'un cylindre isolé adiabatiquement et de deux pistons qui s'opposent (figure 4). Chaque piston se compose d'une membrane semi-perméable, l'une étant imperméable au gaz A, l'autre au gaz B. Au commencement le cylindre contient un mélange d'égales quantités de ces deux gaz et les pistons se trouvent dans la position indiquée sur la figure 4a. Si l'on pousse très lentement les pistons jusqu'à ce qu'ils se rencontrent au centre du cylindre, du fait des propriétés des membranes, les deux gaz seront complètement séparés, chacun derrière la membrane que l'autre ne peut traverser (figure 4b).

FIGURE 4 • La boîte de Van't Hoff

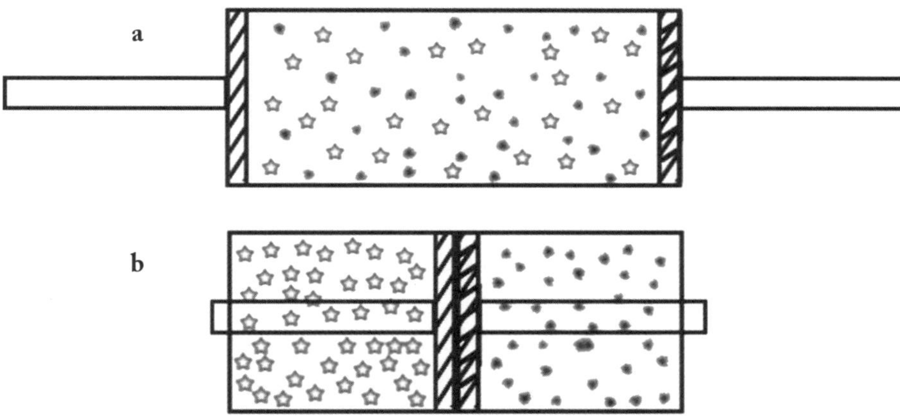

Ce modèle est aussi splendide que celui du cycle idéal de Carnot, mais tout aussi éloigné de la réalité phénoménologique. Il n'est pas surprenant que nul autre que Max Planck* (1913) ne se soit arrêté sur ce problème. En premier lieu, Planck a attiré l'attention sur le fait qu'en réalité il n'y a pas de membranes semi-perméables parfaites, pas plus qu'il n'y a d'autres structures matérielles parfaites – soit parfaitement flexibles, soit parfaitement indéformables, soit parfaitement isolantes, soit parfaitement conductrices, et ainsi de suite.

Deuxièmement, il a noté qu'en plus les membranes semi-perméables s'obstruent graduellement et irrévocablement avec l'usage[7].

Finalement, à la suite de considérations plus techniques, Planck a conclu « qu'on ne peut jamais purifier un gaz, un liquide ou un solide de substances contaminantes », un principe qui, bien que d'une importance capitale, n'a eu aucun écho dans la thermodynamique ultérieure.

Si l'on calcule le travail mécanique nécessaire pour pousser les pistons de leur position initiale jusqu'à leur contact, on trouve que ce travail est égal au produit de la température T par une expression établie par Lord Rayleigh* et J. Willard Gibbs*.

$$\Delta S_M = -R[N_1 L_n(N_1/N) + N_2 L_n(N_2/N)] \qquad \textbf{(3)}$$

où N_1, N_2, $N = N_1 + N_2$, sont les nombres de moles des gaz et R est la constante des gaz idéaux. Sur la base de ce simple moyen (il y en a d'autres), l'expression (3) a été identifiée avec l'accroissement de l'entropie dû, non à un transfert de chaleur entre les compartiments d'un système isolé, mais à une diffusion des gaz à l'intérieur d'un système adiabatique.

En relation avec la boîte de Van't Hoff et la formule de Rayleigh-Gibbs nous ne devons pas perdre de vue les deux points suivants. Premièrement, quoique la boîte de Van't Hoff ne prouve pas que le recyclage complet soit possible en réalité, elle décrit au moins une recette pratique pour séparer un mélange gazeux, de la même manière que le cycle d'Otto, par exemple, est l'idéalisation du moteur à combustion interne. Deuxièmement, le fait qui ne saurait être trop souligné est qu'il n'y a pas de recettes similaires pour les autres mélanges, de liquides ou de solides. En pratique la séparation de ces mélanges s'obtient par des recettes adaptées aux propriétés chimiques et physiques des substances mélangées[8]. La signification théorique du modèle de Van't Hoff est donc loin d'être aussi générale qu'on le suppose d'ordinaire.

Rappelons-nous que l'entropie peut aussi être définie comme le rapport entre le travail mécanique nécessaire pour ramener un système à son état initial et la température du système. C'est cette définition qui justifie la formule de l'entropie de mélange. Mais on oublie généralement que le calcul du travail mécanique dans le cas de (3) est limité aux mélanges de gaz idéaux. La formule (3) ne peut s'appliquer même en théorie pure aux mélanges de liquides ou de solides. Il n'y a aucune justification pour soutenir que le produit $T \Delta S_M$ représente le travail nécessaire pour séparer, disons, le cuivre d'un minerai. La faille fatale de l'édifice érigé sur la formule (3) est que cette formule donne le même résultat pour les mélanges symétriques, pour un minerai qui contient, mettons, quatre-vingt-huit pour-cent de cuivre et pour celui qui en contient seulement douze pour-cent. Il est pourtant élémentaire qu'en réalité le travail de séparation ne peut être le même dans les deux cas (NGR 1979a).

Quel que soit le point de vue avec lequel on examine le dogme énergétique, le résultat est que ce dogme est dépourvu de tout fondement. Il s'ensuit que c'est le principe contraire qui doit être vrai.

4. Cet autre principe constitue une nouvelle loi que j'ai appelée la quatrième loi de la thermodynamique (NGR 1977, 1978a, 1980). À l'instar de la loi traditionnelle de l'entropie, cette dernière loi est liée à la distinction entre matière *utilisable* (c'est-à-dire, dans un état tel que nous pouvons l'utiliser dans les manipulations physico-chimiques) et matière *non-utilisable* (représentée par les particules de matière qui se trouvent dissipées sans possibilité d'être rassemblées en matière utilisable)[9]. À propos de ces dernières particules, on peut reprendre ce que Lord Kelvin (1851) disait de l'énergie dissipée sous forme de chaleur : ces particules sont irrévocablement perdues pour nous, donc gaspillées, bien qu'elles ne soient pas annihilées.

Une formulation intuitive de la quatrième loi est la suivante :

Dans tout système clos, la matière utilisable
se dégrade irrévocablement en matière non-utilisable.

Mais la loi peut très bien s'exprimer d'une autre manière :

Le mouvement perpétuel de troisième espèce est impossible.

Par mouvement perpétuel de troisième espèce j'entends un système clos qui produit indéfiniment du travail mécanique à un taux qui ne tend pas en moyenne vers zéro.

Le point de vue adopté dans la présente analyse de la dégradation irrévocable de la matière conduit à une dualité de lois concernant d'un côté, l'énergie, de l'autre, la matière.

Pour l'énergie, nous avons :

I. Aucun travail mécanique ne peut s'obtenir sans dépense d'énergie.
II. Aucun travail ne peut être obtenu en réalité sans qu'une quantité d'énergie utilisable ne soit gaspillée en énergie non utilisable.
III. Aucun système réel ne peut être complètement purifié d'énergie non utilisable[10].

Pour la matière nous avons :

I. Aucun travail ne peut s'obtenir sans utiliser de la matière.
II. Aucun travail ne peut s'obtenir sans que quelque matière utilisable ne se dégrade en matière non-utilisable.
III. Aucune substance ne peut être complètement purifiée de ses éléments contaminants[11].

À ce stade, une question se présente à l'esprit du chercheur curieux. La conclusion de l'argument développé dans ces pages étant que la matière, tout autant que l'énergie, est soumise à la dégradation entropique, n'y a-t-il pas une formule générale pour l'entropie de la matière analogue à celle qui s'applique à l'énergie. Pour l'instant, l'établissement d'une telle formule semble hors de toute possibilité. L'obstacle est la différence fondamentale entre l'énergie et la matière. L'énergie est une

« substance » homogène qui peut toujours être convertie d'une forme en une autre. Par exemple, l'électricité peut se transformer en chaleur, la chaleur en travail, le travail en chaleur, et ainsi de suite. La matière macroscopique, au contraire, est profondément hétérogène ; chaque élément, chaque substance a son caractère propre. C'est pour cette raison précisément qu'on n'a pas pu imaginer un appareil similaire à la boîte de réaction applicable à tous les mélanges.

5. Les conséquences des résultats précédents pour la chimie ou l'art de l'ingénieur pourraient sembler plutôt marginales. Mais la thermodynamique telle que l'a conçue Sadi Carnot a été intimement liée à un problème économique (NGR 1970, 1979b). Il en va de même pour la quatrième loi. Son importance est capitale pour la question éminemment pratique de la relation du processus économique avec l'environnement physique. Ici plus qu'ailleurs, on voit la justesse de l'ancien conseil de Walter Nernst* (1922) : « Les considérations thermodynamiques doivent être utilisées, non dans les processus cycliques fictifs, mais dans les processus qui sont possibles dans la nature, si ces considérations aspirent au rang de preuves scientifiques au lieu de rester au niveau de spéculations arbitraires ».

Dans un modèle simplifié mais tout à fait adéquat pour mon argument, la relation complète entre l'aspect matériel du processus économique et l'environnement physique est représentée par la matrice du tableau I. Chaque colonne représente la recette d'un processus partiel. Une recette contient deux sortes de coordonnées. L'une représente les *flux* qui sont transformés qualitativement par les agents (les facteurs de production classiques – les ouvriers, les équipements et la terre dans la conception ricardienne). L'autre comprend ces derniers facteurs, c'est-à-dire les *fonds* du processus[12]. Chaque recette représente un processus stationnaire continuellement reproductible pourvu que les facteurs qui l'entretiennent soient fournis en quantités suffisantes.

TABLEAU I • La relation complète entre le processus économique et l'environnement physique.

Éléments	P_0	P_1	P_2	P_3	P_4
FLUX					
E	x_{00}	$-x_{01}$	$-x_{02}$	$-x_{03}$	$-x_{04}$
M	*	x_{11}	$-x_{12}$	$-x_{13}$	*
B	$-x_{20}$	$-x_{21}$	x_{22}	$-x_{23}$	$-x_{24}$
MR	*	*	$-x_{32}$	x_{33}	*
DR	w_0	w_1	w_2	w_3	w_4
ES	-e	*	*	*	*
MS	*	-m	*	*	*
ED	d_0	d_1	d_2	d_3	d_4
MD	s_0	s_1	s_2	s_3	s_4
R	r_0	r_1	r_2	r_3	r_4
FONDS					
Individus	H_0	H_1	H_2	H_3	H_4
Équipement	K_0	K_1	K_2	K_3	K_4
Terre	L_0	L_1	L_2	L_3	L_4

On suppose aussi que toute recette du tableau I est *faisable.*

Comme exemples de recettes faisables on peut citer celles pour faire du pain, pour convertir la chaleur en mouvement, ou pour envoyer un homme sur la lune. La recette pour contrôler l'énergie thermonucléaire ou pour éliminer le cancer par la vaccination, par contre, ne sont pas faisables, aujourd'hui.

Les cinq processus opèrent comme suit :

P_0 transforme de l'énergie *in situ*, ES, en énergie « contrôlée », E ;
P_1 transforme de la matière *in situ*, MS, en matière affinée, M ;

P_2 produit un bien général
(capitaux et bien de consommation), B ;
P_3 transforme les déchets recyclables, DR, en matière recyclée, MR ;
P_4 supporte la population, H.

Chaque processus rejette dans l'environnement de l'énergie non-utilisable dissipée, ED, de la matière dissipée, MD, et du rebut, R. Ce dernier contient encore de l'énergie et de la matière utilisables mais qu'on ne peut utiliser dans l'activité économique ; R peut contenir, par exemple, des déchets nucléaires ou des roches écrasées par les opérations minières de surface.

Nous avons vu qu'une recette peut être faisable ou non-faisable. Si par technologie nous entendons un ensemble complet de recettes, comme celui du tableau I, il nous faut introduire une autre distinction, entre technologies viables et non-viables. Il y a deux conditions (nécessaires et suffisantes) pour qu'une technologie soit viable. Il faut premièrement, que

$$X_{4i} \geq X^{o}{}_{4i} \qquad \textbf{(4)}$$

où $X^{o}{}_{4i}$ représente le minimum d'existence pour la population H[13].

La seconde condition se réduit aux égalités élémentaires :

$$\Sigma' i\, X_{ki} = X_{kk'} (k = 0, 1, 2, 3) \text{ et } \Sigma'_j\, w_j, = w3 \qquad \textbf{(5)}$$

où le prime indique que $i \neq k$ *et* $j \neq 3$.

Le processus économique est évidemment ouvert. Mais puisque la Terre, elle, est un système pratiquement clos, il n'est pas exclu que dans l'avenir certains matériaux puissent devenir un facteur plus critique encore que l'énergie. Le soleil comme source d'énergie durera encore au moins quatre milliards d'années, plus longtemps que la durée la plus optimiste de l'espèce humaine. Certains auteurs, parmi tous ceux, innombrables, qui discourent aujourd'hui longuement sur l'énergie, maintiennent que « l'idée d'un possible épuisement de la matière est ridicule. La planète entière est composée de minéraux » (Brooks et Andrews, 1974). Cette affirmation ignore que la planète n'est pas entièrement composée de matières utilisables. C'est précisément la quatrième loi de la thermodynamique qui en révèle l'absurdité. Certes, le stock terrestre de palladium, par exemple, est pratiquement constant, mais le stock de palladium utilisable décroît sans retour.

La thèse selon laquelle l'état stationnaire constitue notre salut écologique, si brillamment soutenue par Herman Daly (1973), se heurte aussi à la quatrième loi. Sa grande popularité dans les pays occidentaux est surtout due au fait que les gens des pays développés qui à présent se sentent menacés par la crise de l'énergie aimeraient bien garder pour toujours leur niveau de vie actuel[14].

La présente crise a aussi amplifié l'intérêt pour le dogme énergétique sur lequel se base une nouvelle comptabilité, l'analyse énergétique (*energy analysis*). Cette analyse se propose de trouver combien d'unités d'énergie E (dans le cas de l'analyse de l'énergie nette) ou d'unités d'énergie ES (dans le cas de l'analyse de l'énergie brute) doivent être dépensées pour produire une unité d'un produit final, par exemple, une bouteille de bière ou une scie circulaire. Naturellement cette nouvelle discipline ignore – peut-être même nie-t-elle – que pour obtenir un certain produit il faut aussi épuiser une certaine quantité de matière utilisable *in situ*. Cette observation révèle d'ailleurs l'aspect caractéristique du drame économique. D'un côté, en effet, toute technologie doit être soutenue continuellement par des flux d'énergie ES et de matière MS. De l'autre, il n'y a pas de relation $F(e, m) = \text{const.}$ valable pour le macrocosme. Le choix entre deux technologies équivalentes mais telles que $e_1 > e_2$ et $m_1 < m_2$ n'est donc guidé par aucun critère physico-chimique. Dans la plupart des cas ce choix est de nature purement économique et, dans une grande mesure, tient de l'essence d'un véritable drame.

En outre, l'analyse énergétique se heurte à une difficulté pratique insurmontable. À cause de l'entrelacement interne des flux, il n'est pas possible d'obtenir le coût en énergie d'un produit sans calculer à la fois le même coût pour tous les produits (NGR 1979a, 1980). Cela implique la résolution d'un système linéaire où il y a autant d'inconnues que de produits. Et puisque la classification doit dans ce cas être assez fine, collecter les données techniques, et résoudre ensuite ce système géant est une tâche irréalisable à présent, et probablement même dans un avenir lointain.

Mais la plus absurde excroissance de cet engouement pour tout ce qui touche à l'énergie est l'idée d'une nouvelle doctrine de la valeur économique. Cette doctrine, que l'on peut appeler « économie politique énergétique » , soutient que toute valeur économique est proportionnelle à la quantité d'énergie « incorporée » dans le bien en question, cette « valeur énergétique » étant déterminée par l'analyse énergétique dont nous venons de parler. En d'autres mots, de n'importe quelle manière dont vous dépensez votre argent, que ce soit pour du caviar, des pommes de terre ou une place à l'opéra, pour chaque franc vous obtenez le même nombre de calories incorporées. À vrai dire, toute tentative de s'engager sur cette voie aurait dû être tuée dans l'œuf par le verdict de Friedrich Engels (1968) contenu dans une note de 1875 insérée dans la *Dialectique de la nature* : « Que l'on transforme donc n'importe quel travail qualifié en kilogrammètres et qu'on essaie de déterminer le salaire sur cette base ! »[15].

6. Personne, sans doute, ne pourrait dresser la liste de toutes les innovations qui ont marqué le progrès technique de l'humanité depuis le marteau de pierre jusqu'à la fusée interplanétaire en quelques milliers d'années seulement, tant ces innovations sont nombreuses. Pour de bonnes raisons, elles font la fierté de notre espèce. Certes, il y a d'autres espèces biologiques qui emploient des outils – les castors, par exemple. Il y en a d'autres, comme les *Catospiza pallida* (un pic pinson des

Galapagos), qui les façonnent aussi. Mais seule l'espèce humaine est devenue capable d'utiliser des outils pour produire des outils pour produire des outils... Toutefois, en envisageant tous ces splendides accomplissements on peut facilement ne pas distinguer les arbres qui composent la forêt. Pour comprendre la vraie nature de la présente crise de l'énergie et être en mesure d'imaginer son dénouement le plus probable, il faut écarter les innovations éblouissantes, mais subsidiaires, pour découvrir celles qui ont représenté un réel progrès technique. Aussi surprenant que cela puisse paraître, dans toute notre évolution technologique il n'y a eu que deux innovations vraiment cruciales (NGR 1978b, 1981).

Chronologiquement la première a été la maîtrise du feu et son utilisation pour des buts très variés. L'importance de cette découverte dérive de deux propriétés singulières du feu. Tout d'abord, le feu représente une conversion *qualitative* de l'énergie, la conversion d'une certaine forme d'*énergie chimique en énergie calorifique*. En outre, le feu procède comme une réaction en chaîne. Avec une seule petite flamme on peut faire brûler toute une forêt voire toutes les forêts. Le feu a mis les hommes en état de se chauffer et de cuire des aliments, mais surtout de fondre et de forger des métaux, de faire cuire la céramique et la pierre à chaux. Les Grecs de l'Antiquité avaient des raisons puissantes d'attribuer ce don du feu à Prométhée – un demi-dieu, non un simple mortel.

L'ère technologique ouverte par le don de Prométhée 1er – comme nous devrions l'appeler – a été l'*âge du bois*. En effet pendant des siècles le bois est resté l'unique source d'énergie calorifique efficace. Avec le temps, le don de Prométhée 1er contribua à sa propre extinction. En effet le hic de tout don prométhéen, c'est d'accélérer le développement technique, lequel, à son tour, contribue à l'épuisement croissant du « combustible » qui l'entretient. Ainsi, avec le développement industriel toujours croissant les forêts du monde occidental commencèrent à disparaître à grands pas. Durant la deuxième moitié du XVIIe siècle, la montée de la crise obligea les gouvernements, en Grande-Bretagne et aussi sur le Continent, à soumettre l'abattage du bois de forêt à des restrictions sévères.

La crise qui paraissait alors imminente était à tous égards analogue à celle d'aujourd'hui : la technologie courante allait être privée de son support énergétique.

Le charbon était connu comme source de chaleur depuis le treizième siècle en Europe, mais un obstacle très important empêchait sa substitution au bois sur une échelle appréciable. Au-delà d'une certaine profondeur, pas très importante d'ailleurs, toute mine est inondée par les eaux souterraines. Or, à cette époque, les sources de puissance motrice étaient limitées aux muscles des hommes et des bêtes de trait, au vent et aux chutes d'eau[16]. Ces sources n'étaient pas suffisamment puissantes pour assécher des mines ; la quantité d'eau était parfois si grande que des centaines de chevaux étaient nécessaires pour cette opération.

Il est significatif que ni Galilée* ni Huygens* ne purent trouver une solution valable. Galilée conseilla aux mineurs d'utiliser les pompes aspirantes, en expliquant que la nature a horreur du vide ; et il fut très intrigué lorsqu'on lui rapporta que l'eau ne voulait pas monter au-delà de dix mètres. Huygens, à son tour, expérimenta avec un cylindre dans lequel il chercha à faire monter le piston à l'aide de la poudre à canon !

Le salut est venu de Prométhée II, cette fois deux mortels : Thomas Savery*, qui inventa une pompe à vapeur, et Thomas Newcomen*, qui inventa la première machine à vapeur. Leur don a été en effet prométhéen. La machine à vapeur, à l'instar du feu, représente une conversion *qualitative*, à savoir la conversion de l'*énergie calorifique* en énergie *motrice*. Tout comme le feu, la machine à vapeur entraîne aussi un processus en chaîne. Avec une seule machine à vapeur et un peu de charbon on peut extraire assez de charbon et d'autres minerais pour produire d'autres machines à vapeur avec lesquelles on peut produire encore d'autres machines à vapeur et ainsi de suite, tant qu'il y a suffisamment de combustible et de minerais appropriés.

Tout comme le don de Prométhée 1er, la machine à vapeur a entraîné un saut à la fois qualitatif et quantitatif de l'état de la technologie. Elle a mis les humains en mesure d'utiliser pour la première fois une source nouvelle et plus puissante d'énergie motrice, celle des combustibles fossiles. Nous vivons encore dans l'âge de ces combustibles. Mais l'extraordinaire aubaine minéralogique qui a commencé il y a à peu près deux cents ans maintenant, approche prématurément de sa fin, oeuvre inévitable du deuxième don prométhéen.

7. Aujourd'hui la question cruciale est de savoir si un nouveau Prométhée viendra résoudre la présente crise de l'énergie de la même manière que Prométhée II a résolu la crise de l'âge du bois. Le réacteur nucléaire ordinaire n'est pas un don prométhéen ; il ne fait qu'élargir la source de chaleur comme l'a fait la découverte du pétrole autour de 1860. Le surrégénérateur pourrait être un don prométhéen car il effectue une conversion qualitative, celle de *matériaux fertiles en combustibles fissiles*. Cette conversion déclenche aussi un processus en chaîne, au moins sur le papier. Malheureusement le surrégénérateur est entouré de risques graves non encore évalués suffisamment[17]. Quant au contrôle d'une réaction thermonucléaire, on n'aperçoit encore aucune lumière à l'autre extrémité du tunnel. Il n'est d'ailleurs pas exclu que l'utilisation de l'énergie thermonucléaire reste confinée aux bombes de la même façon que la poudre à canon et la dynamite (NGR 1979b).

De fervents espoirs se sont récemment concentrés sur l'utilisation directe de l'énergie solaire. Il y a quelques années, Denis Hayes (1978), un esprit pourtant très méthodique et bien informé, a affirmé catégoriquement que « la technologie solaire est déjà là... on peut l'employer aujourd'hui ». Malheureusement ce qui est déjà là, ce ne sont que des recettes faisables pour utiliser l'énergie solaire. Une technologie solaire viable n'est pas encore là.

Aucune recette pour collecter directement l'énergie solaire ne conduit à un processus en chaîne. Aucune ne peut au moins se soutenir elle-même, car aucune ne peut concentrer suffisamment d'énergie pour reproduire les collecteurs employés dans l'opération. La preuve de cette affirmation est de même nature que celle qui sert à nier la possibilité du mouvement perpétuel de première espèce, par exemple. Malgré la propagande persistante annonçant le salut par l'énergie solaire, entretenue par des agences publiques et privées, et malgré les fonds appréciables qui ont été, et sont encore, dépensés pour la RD dans le domaine de l'énergie solaire, il n'y a pas même une petite installation expérimentale pour prouver que les collecteurs sont au moins auto-productifs. On ne peut pas objecter que cela coûterait trop cher. Entre certaines limites, le coût ne compte pas lorsqu'il s'agit d'une expérience cruciale (que l'on pense au voyage sur la Lune). Je crois donc que l'absence d'une telle expérience est en soi suffisamment symptomatique. Aussi, il me semble très improbable qu'un changement survienne d'ici peu. La difficulté est essentielle : l'énergie solaire arrive au sol avec une intensité extrêmement faible, une énorme quantité de matière (les collecteurs) est donc nécessaire pour la concentrer (NGR 1978b)[18].

Sans doute, la situation peut changer de fond en comble sans aucun préavis. Mais puisque personne ne peut être sûr que Prométhée III arrivera, ni savoir exactement ce que sera son don, une seule stratégie s'impose sans appel, à savoir une conservation générale bien planifiée. C'est de cette façon seulement que nous aurons plus de temps pour attendre la découverte d'un nouveau don prométhéen, ou, au pire, pour glisser lentement et sans catastrophes vers une technologie moins « chaude ». Évidemment cette dernière technologie ne pourrait être qu'un nouvel âge de bois, différent quand même de celui du passé, parce que nos connaissances techniques sont plus étendues aujourd'hui. Il ne pourrait en être autrement étant donné que tout processus évolutionniste est irréversible. Et si ce retour devient nécessaire, la profession des économistes subira un changement curieux : au lieu d'être exclusivement préoccupés de croissance économique, les économistes chercheront des critères *optima* pour planifier la décroissance.

Quoi qu'il en soit une politique salutaire de conservation n'est pas une tâche pour une seule nation, ni même pour plusieurs nations. Elle nécessite la coopération étroite de toutes les nations., Malheureusement ; une telle coopération se heurte à des obstacles insurmontables qui tous appartiennent à la nature humaine.

D'une part, la population de nombreux pays continue à croître à grands pas en dépit du fait qu'elle a déjà dépassé la capacité nutritive *normale* de la terre[19]. Pour nous rendre compte de la gravité de la situation, pensons au fait que si la densité de leur population était égale à celle du Bangladesh, les États-Unis devraient avoir cinq milliards d'habitants (un milliard de plus que l'actuelle population de la planète).

D'autre part dans les pays où l'industrie est fortement développée la consommation par tête d'habitant est cent fois plus élevée que dans beaucoup d'autres pays où règne la pauvreté sévère des masses. Et pour l'appareil industriel des pays développés ainsi que pour le confort extravagant auquel leurs habitants sont habitués un approvisionnement en pétrole (surtout) abondant et continu constitue une question de vie et de mort.

Rien à l'heure actuelle ne nous encourage à croire que la lutte pour la possession du dernier baril de pétrole ne conduira pas à un affrontement nucléaire[20].

À la fin d'une conférence faite il y a dix ans, après avoir offert un programme bioéconomique minimal, je me demandais : « L'humanité voudra-t-elle prêter attention à un quelconque programme impliquant des entraves à son attachement au confort exosomatique (dérivé des organes détachables) ? Peut-être le destin de l'homme est-il d'avoir une vie brève mais fiévreuse, excitante et extravagante, plutôt qu'une existence longue, végétative et monotone » (NGR 1979b, ch. II). Aujourd'hui, un nouveau courant scientifique rend l'horizon plus sombre, voire sinistre. C'est le biologisme qui soutient que nos comportements de base sont entièrement déterminés par notre constitution génétique. Des gènes ataviques, très résistants, font de l'homme un animal fondamentalement agressif et égoïste[21]. Ainsi, même si *Homo sapiens sapiens* peut comprendre ce qu'il doit faire pour son salut écologique, sa nature l'empêche de suivre le conseil de la sagesse. Certes, il y a une crise de l'énergie, mais à ce qu'il paraît la vraie crise est la crise de la sagesse humaine[22].

Notes

1. Je voudrais relever ici un aspect de la Loi de l'Entropie qui, malgré son importance, semble généralement ignoré. La Loi de l'Entropie, sous cette forme se tait sur le cas où les deux corps ont la même température. Pourtant, théoriquement, la chaleur peut passer par conduction d'un corps A à un corps B d'égale température si le corps B est un gaz qui se détend en produisant du travail mécanique. La détente isotherme dans un cycle de Carnot en donne la preuve (NGR 1978a, 1980). En fait, la définition physique de l'entropie, $\Delta S = \Delta Q/T$, s'applique seulement quand le transfert de ΔQ a lieu entre deux corps de même température, T. Autrement le transfert ne serait pas réversible, comme l'exige cette définition. Malgré cela, de nombreux manuels illustrent cette formule par le transfert de chaleur entre deux corps de températures inégales.

2. Lord Rayleigh (1875) arriva le premier à la formule de l'entropie de mélange. J. Willard Gibbs (1875-1876), qui obtint le même résultat indépendamment, ajouta des détails très importants.

3. On comprend donc pourquoi la quatrième possibilité logique pour un système thermodynamique – à savoir, un système qui n'échange que de la matière avec l'extérieur – ne peut exister en réalité (NGR 1979a).

4. Une forme voisine d'énergétisme a été défendue autrefois par des savants de premier rang qui se sont inspirés de l'épistémologie d'Ernst Mach. Mach, on se rappelle, soutenait que la science ne doit pas se servir des concepts dont on ne peut pas prendre connaissance directement, comme cela avait été le cas avec le phlogistique et l'éther. Ils soutenaient que, puisque seule l'énergie, sous formes différentes, stimule nos organes sensoriels, l'énergie constitue l'essence universelle unique, tandis que la matière n'en est qu'un aspect. En particulier, ils rejetaient la réduction de la chaleur au mouvement des particules matérielles, l'idée pour laquelle luttait sur tout Ludwig Boltzmann. Les plus grands avocats de cette conception furent en Allemagne, Georg Helm (1887, 1898) et Wilhelm Ostwald (1891-2, 1895, 1909). En France ce fut le savant aux multiples talents Pierre Duhern (1911), lequel est demeuré fidèle à la doctrine jusqu'au bout. Pour la controverse qui s'en suit voir Erwin N. Hiebert (1971).

5. J'ai présenté cependant une critique très serrée de l'épistémologie employée pour réduire la chaleur à un mélange hybride de lois déterministes (de la mécanique hamiltonienne) et de structures aléatoires (NGR 1971). Bien que beaucoup d'années se soient écoulées depuis, je ne trouve rien qui doive être modifié dans cette critique.

6. Il existe une asymétrie même entre la masse et l'énergie, car s'il n'y avait aucune différence entre ces deux concepts, il n'y aurait aucune raison pour les distinguer dans le vocabulaire scientifique. Avec un choix convenable d'unités, l'équivalence d'Einstein pourrait s'écrire $E = m$. Pourtant, il serait absurde d'en conclure l'identité de l'énergie et de la masse.

7. Une autre imperfection du modèle basé sur la boîte de Van't Hoff est le fait qu'entre les deux membranes lorsqu'elles se touchent au centre, il doit rester encore du gaz mélangé.

8. Même pour les mélanges de gaz on peut employer d'autres méthodes de séparation. Lord Rayleigh, qui écrivait avant la découverte de Van't Hoff, a considéré la séparation d'un mélange d'hydrogène et de vapeur par la liquéfaction de la vapeur (ce qui correspond à une diminution de l'entropie du mélange). Erwin Schrödinger a remarqué que la séparation peut être aussi effectuée à l'aide de la gravitation (W. Pauli, 1973).

9. En français au terme anglais *available* correspond « disponible ». Pourtant, le terme français consacré pour le même concept est « utilisable » (Duhem, 1897). Les traducteurs de mon volume *Demain la décroissance* ont suivi cet usage.

10. Il s'agit là d'un corollaire de la troisième loi de la thermodynamique énoncée par W. Nernst.

11. Ce dernier principe devrait être reconnu comme la loi de Planck (1913), même si la première suggestion dans cette direction est due à Lord Rayleigh (1875).

12. Notons que les coordonnées sont, par une convention appropriée, positives pour les flux sortants, et négatives pour les flux entrants. Pour ce modèle de flux-fonds comme représentation complète d'un processus complexe réel, voir NGR 1971, chapitre IX.

13. L'accroissement de la population peut donc troubler les choses, mais pour notre propos immédiat toute aggravation malthusienne peut être laissée de côté.

14. Cette thèse est aussi appuyée par une très fréquente faute de logique selon laquelle un système qui ne peut continuer à croître doit nécessairement devenir stationnaire.

15. Apparemment l'idée de transformer l'économie politique en une science énergétique n'est pas du tout nouvelle. De nos jours, plusieurs auteurs l'ont exposée, mais aucun article ne contient une concentration de confusions et de bévues aussi surprenantes que celui de R. Costanza (1980). Pour une ample critique voir mon article « Energy dogma, energetic economics and viable technology » [NGR 1982d]

16. La poudre à canon comme source d'énergie était alors, tout comme aujourd'hui, d'un emploi limité.

17. Je voudrais aussi mentionner, en passant seulement, qu'un expert nucléaire a récemment exprimé des doutes sur la possibilité technique de la continuité de la surrégénération elle-même.

18. En fait, cette nécessité s'applique également aux réacteurs nucléaires, mais pour la raison contraire : une énergie trop intense doit être empêchée de se répandre.

19. La capacité normale correspond à une agriculture *organique*, c'est-à-dire, une agriculture basée essentiellement sur l'énergie solaire. Aujourd'hui la terre est « forcée » par une agriculture mécanisée, des engrais chimiques et des espèces de haut rendement (sélectionnées par Norman Borlaug). Mais toutes ces pratiques qui sont d'habitude saluées comme des merveilles de la technologie représentent néanmoins des mouvements contre l'économie des ressources naturelles. Elles ont substitué le tracteur, par exemple, à la bête de trait laquelle constitue encore le meilleur convertisseur de l'énergie solaire en travail mécanique (NGR 1971, 1979b).

20. Voir ma declaration *in* « Threatening Economy », *New York Times Magazine*, 30 décembre 1979.

21. Un terrain pour ce courant a été préparé par plusieurs auteurs, mais le plus fervent et calé interprète est Edward O. Wilson (1975). Pour une critique serrée et en même temps pondérée, voir Mary Midgley (1978).

22. Cet article a fait l'objet d'une communication au Colloque International *Thermodynamique et Sciences de l'Homme*, Université Paris Val-de-Marne, 22-23 juin, 1981. Je tiens à exprimer ici ma gratitude à M. Jacques Grinevald qui a eu l'amabilité de soigner le style du texte non rédigé distribué au colloque et d'indiquer les titres de quelques ouvrages pour lesquels il y a des traductions en français. Puisque j'ai introduit ultérieurement des modifications de substance dans le texte revu par M. Grinevald, je reste seul responsable des inexactitudes de style dans le texte présenté ici.

Références

- Alfvén, Hannes, 1969. *Atom, Man and the Universe*, San Francisco, Freeman.

- Boulding, Kenneth E., 1966. « The economics of the coming spaceship Earth » , *in* H. Jarrett, ed., *Environmental Quality in a Growing Economy*, Baltimore, Johns Hopkins Press, pp. 3-14.

- Brooks, D. B. et P. W. Andrews, 1974. « Mineral resources, economic growth, and the world population » , *Science*, 185 (5 july), pp. 13-19,

- Brown, Harrison, James Boner et John Weir, 1957. *The Next Hundred Years*, New York, Viking Press.

- Costanza, R., 1980. « Embodied energy and economic valuation » , *Science*, 210 (12 décembre), pp. 1 219-1 224.

- Daly, Herman, ed., 1973. *Toward a Steady State Economy*, San Francisco, Freeman.

- Duhem, Pierre, 1897. *Traité élémentaire de mécanique chimique fondée sur la thermodynamique*, vol. I, Paris, Hermann.

- Duhem, Pierre, 1911. *Traité d'énergétique ou de thermodynamique générale*, Paris, Gauthier-Villars, 2 vols.

- Eddington, Sir Arthur, [1928] 1958. *The Nature of the Physical World*, Ann Arbor, University of Michigan Press. Trad. fr. : *La nature du monde physique*, Paris, Payot, 1929.

- Einstein, Albert, 1949. « Autobiographisches / Autobiographical Notes », *in* P. A. Schilpp, ed., *Albert Einstein Philosopher Scientist*, New-York, Tudor ; London, Cambridge University Press. Trad. fr. : *Autoportrait*, Paris, InterÉditions, 1980.

- Engels, Friedrich, 1968. *Dialectique de la nature*, Paris, Éditions sociales.

- Fermi, Enrico, 1956. *Thermodynamics*, New York, Dover.

- Feynman, R. P., Leighton, B. B. and Sands, M., 1966. *The Feynman Lectures on Physics*, vol. I, Reading, Mass., Addison-Welsley.

- Georgescu-Roegen, Nicholas, 1966. *Analytical Economics : Issues and Problems*, Cambridge, Mass., Harvard University Press.

- Georgescu-Roegen, Nicholas, 1970. *La Science économique ses problèmes et ses difficultés*, Paris, Dunod.

- Georgescu-Roegen, Nicholas, 1971. *The Entropy Law and the Economic Process*, Cambridge, Mass., Harvard University Press.

- Georgescu-Roegen, Nicholas, 1977. « The steady state and ecological salvation : a thermodynamic analysis », *BioScience*, 27 (April 1977), pp. 266-270. Trad. fr., chap. III dans ce volume.

- Georgescu-Roegen, Nicholas, 1978a. « De la science économique à la bioéconomie », *Revue d'Économie Politique*, 1988, (*May-June*), pp. 337-382.

- Georgescu-Roegen, Nicholas, 1978b. « Technology assessment : the case of solar energy », *Atlantic Economic Journal*, 6 (*December*), pp. 15-21.

- Georgescu-Roegen, Nicholas, 1978c. « Energy and matter in mankind's technological circuit » , *Journal of Business Administration*, 10 (*Autumn*), pp. 107-127.

- Georgescu-Roegen, Nicholas, 1979a. « Energy analyses and economic valuation », *Southern Economic Journal*, 45 (*April*), pp. 1023-1058.

- Georgescu-Roegen, Nicholas, 1979b. *Demain la décroissance*, (préface et traduction d'Ivo Rens et Jacques Grinevald), Lausanne, Pierre-Marcel Favre.

- Georgescu-Roegen, Nicholas, 1980. « Matter : a resource ignored by thermodynamics », *in* L.E. St.-Pierre et G.R. Brown, eds, *Future Sources of Organic Raw Materials : CHEMRAWN I*, (*Invited lectures at the World Conference on Future Sources of Organic Raw Materials*, Toronto, Juillet 10-13, 1978), Oxford, Pergamon, pp. 79-87.

- Georgescu-Roegen, Nicholas, 1981. « Energy, matter, and economic valuations : where do we stand ? » , *in* H. Daly et A. Umana, eds, *Economics, Ecology, Energy*, Boulder, Co. *Westview Press*, pp. 43-79.

- Gibbs, J. Willard, 1875-78. « On the equilibrium of heterogeneous substances », *Transactions of the Connecticut Academy of Arts and Sciences*, 3 (*October-May*) ; republié *in The Scientific Papers of J. Willard Gibbs*, vol. I, London, Longmans and Green, 1908 (New York, Dover, 1961). Trad. fr. par Henri Le Chatelier : *Équilibre des substances chimiques*, Paris, Gauthiers-Villars, 1889.

- Grinevald, Jacques, 1976. « La révolution carnotienne : Thermodynamique, économie et idéologie » , *Revue européenne des sciences sociales et Cahiers Vilfredo Pareto*, 14, n°36, pp. 39-79.

- Hayes, Denis, 1978. « We can use solar energy now », *Washington Post*, 26 February, DI-D4.

- Helm, Georg, 1887. *Die Lehre von der Energie*, Leipzig, Felix.

- Helm, Georg, 1898. *Die Energetik nach ihrer geschichtlichen Entwicklung*, Leipzig, Veit.

- Hiebert Erwin H., 1971. « The Energetics controversy and the new thermodynamics » , *in* Duane H, D. Roller, ed., *Perspectives in the History of Science and Technology*, Norman, University of Oklahoma Press, pp. 67-86.

- Kelvin, Lord, 1851. « On the Dynamical Theory of Heat, with numerical results deduced from Mr. Joule's Equivalent of a Thermal Unit and M. Regnault's Observations on Steam » , *Trans. Royal Society of Edinburgh*, (March) ; republié *in Mathematical and Physical Papers*, Cambridge, vol. I, 1882. Trad. fr. : « Deux mémoires sur la théorie mécanique de la chaleur » , *Journal de Mathématiques pures et appliquées*, 1852, 2, pp. 209-241.

- Midgley, Mary, 1978. *Beast and Man,* lthaca, Cornell University Press.

- Nernst, Walter, 1922-23. *Traité de chimie générale*, 10e éd., Paris : Hermann.

- Ostwald, Wilhelm, 1891-92. « Studien zur Energetik » , I et II, *Zeitschrift für Physikalische Chemie*, 9, pp. 563-578 ; 10, pp. 363-386.

- Ostwald, Wilhelm, 1895. « Die Ueberwindung des wissenschaftlichen Materialismus » , *Zeitschrift für Physikalische Chemie*, 18, pp. 305-320. Trad. fr. : « La déroute de l'atomisme contemporain », *Revue générale des sciences pures et appliquées*, 15 nov. 1895, 21, pp. 952-958.

- Ostwald, Wilhelm, 1909. *L'Énergie*, trad. de l'all. par E. Philippo, Paris : Felix Alcan.

- Pauli, Wolfgang, 1973. *Thermodynamics and the Kinetic Theory of Gases*, Cambridge, Mass., MIT Press.

- Planck, Max, 1913. *Leçons de thermodynamique*, trad. de l'all., Paris, Hermann.

- Prigogine, Ilya, 1967. *Introduction to Thermodynamics of Irreversible Processes*, 3e éd., New York, Interscience Publishers. Trad. fr. : *Introduction à la thermodynamique des processus irréversibles*, Paris, Dunod, 1969.

- Rabinowicz, Ernest, 1965. *Frictional Wear of Materials*, New York, Wiley.

- Rankine, W. J. Macquorn, 1855. « Outlines of the Science of Energetics », rééd. *in Miscellaneous Scientific Papers*, London : Charles Griffin, 1881, pp. 209-228.

- Rayleigh, Lord, 1875. « On the work that may be gained during the mixing of gases », *Philosophical Magazine*, Ser. 4, 49, n° 325, pp. 311-319.

- Seaborg, Glenn T., 1972. « The Erewhon Machine : The possibilities for reconciling goals by way of new technology », *in* Sam B. Schurr, ed., *Economic Growth and Environment*, Baltimore, Johns Hopkins Press, pp. 125-138.

- Weinberg, Steven. *The First Three Minutes*, Londres, André Deutsch, 1977. Trad. fr. : *Les trois premières minutes de l'Univers*, Paris, Seuil, 1978.

- Wilson, Edward 0., 1975. *Sociobiology : The New Synthesis*, Cambridge, Mass. Harvard University Press. Trad. fr. : *La Sociobiologie*, Monaco, Éditions du Rocher, 1987.

ANNEXES

ANNEXE I
Sources des textes

Chapitre 1. La Loi de l'Entropie et le problème économique

- *The Entropy Law and the Economic Problem*. Distinguished Lectures Series, n°1, delivered December 3, 1970, Department of Economics, The Graduate School of Business and Office for International Programs, The University of Alabama, 1971, 16 p.

(Republié in *Energy and Economic Myths : Institutional and Analytical Economic Essays*, New York, Pergamon Press, 1976, chap. 3, pp. 53-60.)

Chapitre 2. L'énergie et les mythes économiques

- « Energy and Economic Myths », *The Southern Economic Journal*, January, 1975, vol.41, N°3, pp. 347-381.

Ce texte représente la substance d'une conférence donnée le 8 novembre 1972 à la School of Forestry and Environmental Studies de l'Université de Yale, dans le cadre de la série « Limits to Growth : The Equilibrium State and Human Society » (*Les limites à la croissance : l'état d'équilibre et la société humaine*), aussi bien que la substance de nombreuses conférences données ailleurs. Durant le mois de juillet 1973, une version préparée pour le volume de la série ci-dessus fut distribuée comme document de travail aux membres de la Commission sur les ressources naturelles et le Comité sur les ressources minérales et l'environnement (National Research Council, Académie nationale des sciences, Washington). La présente version contient quelques modifications récentes.

(Republié in *Energy and Economic Myths. Institutional and Analytical Economic Essays*, New York, Pergamon Press, 1976, chap. I, pp. 3-36.)

Chapitre 3. L'état stable et le salut écologique : une analyse thermodynamique

- « The Steady State and Ecological Salvation : A Thermodynamic Analysis », *BioScience*, avril 1977, vol. 27, n° 4, pp. 266-270.

Chapitre 4. La Dégradation entropique et la destinée prométhéenne de la technologique humaine

- *Entropie*, numéro hors-série « Thermodynamique et sciences de l'homme », 1982, pp. 76-86 ; et *Economie appliquée*, 1982, 35 (1-2), pp. 1-26.

Les textes des chapitres 1 et 2 ont fait l'objet de nombreuses éditions et traductions. On ne donne ici que l'édition originale et la réédition dans l'ouvrage de 1976 de l'auteur. Les textes des chapitres 3 et 4, qui enrichissent les analyses précédentes d'arguments nouveaux, contiennent certaines idées que l'auteur développe dans un livre annoncé sous le titre *Bioeconomics* (prévu aux éditions Princeton University Press mais inachevé et encore inédit).

Annexe II
Index des principaux auteurs cités

ALFVEN, Hannes (1908-1995)

Physicien et cosmologue suédois. Professeur à l'Institut royal de technologie de Stockholm (1940-1973), et, depuis 1967, à l'Université de Californie. Spécialiste du système solaire, de la magnétosphère et des plasmas. Prix Nobel de physique en 1970 pour ses travaux théoriques sur la magnétohydrodynamique. Médaille Bowie en 1988 de l'*American Geophysical Union.*

BECKERMAN, Wilfred (1925-)

Économiste anglais néo-classique. Professeur d'économie politique à Londres (1969-75) puis à Oxford (1978-92). Consultant pour la Banque mondiale, l'O.C.D.E. et le B.I.T. Membre, de 1970 à 1973, de la *Royal Commission on Environmental Pollution*. Dans le débat sur *Les Limites à la croissance* (le rapport Meadows pour le Club de Rome), il critiqua, au nom de la science économique, les prophètes de l'apocalypse écologique, notamment dans « *Economists, scientists, and environmental catastrophe* » (*Oxford Economic Papers*, 1972, 24, pp. 237-244) et « *The myth of "finite" resources* » (*Business and Society Review*, 1974, 12, pp. 21-25) ; critique qu'il développa dans un livre intitulé *In Defense of Economic Growth* (1974). Il soutient le dogme du marché, capable de résoudre « le problème de la pollution de l'environnement », qui n'est « qu'une simple question de correction d'un léger défaut d'allocation de ressources, au moyen de redevances de pollution ».

BERGSON, Henri (1859-1941)

Philosophe français. Prix Nobel de littérature en 1928. Président de la Commission de Coopération Intellectuelle de la Société des Nations. Célèbre dès sa thèse de 1889, *Essai sur les données immédiates de la conscience.* Titulaire de 1900 à 1921 de la chaire de philosophie au Collège de France, qu'il confia dès 1914 à Edouard Le Roy (1870-1954), lequel lui succédera également à l'Académie française. En 1907, il publie *L'Évolution créatrice*, profonde critique de l'épistémologie mécaniste de la science moderne qui annonce un « évolutionnisme vrai » (radicalement différent de celui de Spencer ignorant la durée irréversible) dont l'influence sera considérable sur la philosophie du devenir d'un certain nombre de grands savants du XXe siècle. Sa vision holistique du monde vivant a marqué la pensée écologique de pionniers comme Smuts, Vernadsky et Lotka. Pionnier de la compréhension philosophique de la « révolution carnotienne », Bergson déclare que la loi de l'entropie (le principe de Carnot) est « la plus métaphysique des lois de la physique, en ce qu'elle nous montre du doigt, (...) la direction où marche le monde ». (*L'Évolution créatrice*, rééd. PUF, « Quadrige », 1981, p. 244.) À la charnière de la science classique (issue de la révolution galiléenne) et de la double révolution scientifique de Carnot et des sciences du vivant (Darwin, Bernard), l'épistémologie bergsonienne exprime un néo-vitalisme qui prend acte de la *durée* créatrice du vivant, imprévisible et irrévocable, apparemment opposée à la croissance de l'entropie du monde de la matière inerte. Contemporain de la controverse entre l'énergétisme (Ostwald) et l'atomisme néo-mécaniste (Boltzmann), Bergson soulignait la valeur heuristique du paradigme énergétique alors que Lénine, comme on sait, prenait position – contre les énergétistes disciples de Mach – pour le mécanisme des atomistes. Ce conflit qu'on croit de nos jours terminé par la victoire posthume de Boltzmann (et de la mécanique statistique) a récemment été ranimé, notamment par Georgescu-Roegen, grand admirateur de Bergson.

BOLTZMANN, Ludwig (1844-1906)

Physicien théoricien autrichien, l'un des plus brillants représentants de « l'esprit viennois » de la fin du XIXe siècle. Son suicide à Duino, près de Trieste, au bord de la mer Adriatique – associé sans doute aux critiques et à l'incompréhension de ses contemporains – a fait couler beaucoup d'encre. La fortune de Boltzmann ne dépasse cependant pas, jusqu'à présent, le cercle des spécialistes de l'épistémologie. Célèbre pour ses contributions fondamentales à la théorie cinétique des gaz (*Leçons sur la théorie des gaz*, trad. fr. 1902-5) et à la création de la mécanique statistique, il est aux origines de la nouvelle microphysique du XXe siècle, dont le paradigme mécaniste et le formalisme statistique sont critiqués par *The Entropy Law and the Economic Process* de Georgescu-Roegen. Comme bien d'autres savants de son époque, Boltzmann s'intéresse aussi à la philosophie des sciences et il est l'un des premiers à souligner l'importance de la notion de modèle dans la « connaissance approchée » (G. Bachelard) de l'activité scientifique. Boltzmann se retrouva en rivalité avec l'énergétisme (dérivé de la thermodynamique phénoménologique) qui dominait alors, notamment avec W. Ostwald et E. Mach. Au centre de l'œuvre de Boltzmann, la fameuse définition statistique de l'entropie, associée aux notions de désordre et de probabilité, est à l'origine du paradoxe soulevé par ses premiers critiques, Josef Loschmidt (1821-1895) et Ernst Zermelo (1871-1953), et repris, dans une autre perspective, par Georgescu-Roegen. Dans sa célèbre conférence de 1886 sur « le second principe de la théorie mécanique de la chaleur », Boltzmann a défini « la lutte générale pour l'existence » dans l'évolution biologique (Darwin) comme « une lutte pour l'entropie » : Lotka traduira pour l'énergie libre et Schrödinger pour l'entropie négative. Georgescu-Roegen s'inspire de ce courant de pensée qu'il fait, à juste titre, remonter à Boltzmann, tout en critiquant la conception probabiliste de l'irréversibilité du temps du grand physicien viennois. Georgescu-Roegen est l'un des grands critiques de l'équivalence formelle (à une constante près) entre le concept mathématique d'information de Claude Shannon (1948) et la formule statistique de l'entropie de Boltzmann : $S = k \log W$. L'ironie de l'histoire est que l'utilisation du mot entropie par Shannon a été suggérée par von Neumann avec la plaisanterie que cela lui donnerait un argument imparable dans les débats car en fait personne ne sait au juste ce qu'est l'entropie !

BORLAUG, Norman E. (1914-)

Chercheur américain spécialisé en agrobiologie. Prix Nobel de la paix en 1970 pour son rôle de pionnier dans la « révolution verte » souvent présentée comme la solution miracle au problème de la faim dans le monde. C'est à partir de 1944, au Mexique, avec le soutien de la Fondation Rockefeller, que Borlaug développa, par hybridation, de nouvelles variétés de céréales à haut rendement. Ses recherches au *Centro Internacional de Mejoramiento de Maiz y Trigo* à Mexico seront imitées ailleurs, notamment à l'Institut international de la recherche rizicole aux Philippines. De récentes analyses éco-énergétiques ont montré les limites thermodynamiques de ce type d'approche des « rendements » agricoles. Des tiers-mondistes et des écologistes ont exprimé de vives critiques sur les conséquences sociales et environnementales de ladite « révolution verte », une révolution techno-scientifique qui ne résout nullement, bien au contraire, selon Georgescu-Roegen, le problème entropique du développement bioéconomique de l'humanité.

BOULDING, Kenneth E. (1910-1993)

Éminent économiste et *social scientist* américain d'origine anglaise. Né à Liverpool, il émigra en 1937 aux États-Unis où il deviendra professeur d'économie. Quaker, il s'engagea avec sa femme dans de nombreuses activités religieuses et pacifistes. Il protesta contre les essais nucléaires et la guerre du Vietnam. Il partage la vision évolutionniste de la Noosphère de Teilhard de Chardin. Son manuel d'analyse économique, assez classique, a connu de nombreuses éditions depuis 1941. Dès 1950, il publia *A Reconstruction of Economics*, ouvrage qui déclarait que la science économique n'était que la science sociale appliquée aux problèmes économiques et dont le premier chapitre s'intitulait « une introduction écologique ». Il fut un pionnier du thème de la réconciliation entre l'économie et l'écologie dans les années 60 et son influence, assez faible au sein de l'*establishment* économique, fut très étendue au-delà. Son article de 1966 intitulé « *The economics of the coming spaceship Earth* » (republié dans son livre *Beyond Economics : Essays on Society, Religion and Ethics*, 1970) fait partie de nombreuses anthologies environnementalistes, mais Georgescu-Roegen y a relevé une grave erreur, car Boulding se trompe lorsqu'il déclare : « il n'y a, heureusement, aucune loi de l'entropie matérielle croissante ». Cette erreur largement partagée prouve, selon Georgescu-Roegen, que le rapprochement entre l'économie et l'écologie doit passer par un examen approfondi de la thermodynamique qui relie ces deux domaines. Les derniers livres de Boulding, *Ecodynamics : A New Theory of Societal Evolution* (1978), *Evolutionary Economics* (1981) et *The World as a Total System* (1985), l'associent à l'essor du courant évolutionniste en économie. L'entropie n'y joue manifestement pas le même rôle que chez Georgescu-Roegen ! En 1954, il s'installa au nouveau *Center for Advanced Study of the Behavioral Sciences* de Palo Alto, en Californie, où il fonda avec Ludwig von Bertalanffy (1901-1972) et d'autres chercheurs la *Society for General Systems Research*. Il contribua ainsi à la série *General Systems Yearbook* commencée en 1956. En même temps, il développa la « *Peace Research* » et contribua à réactiver la tradition américaine de l'institutionnalisme (cf. Veblen). En 1968, il fut élu président de l'*American Economic Association*. Il fut également président de la prestigieuse A.A.A.S. (*American Association for the Advancement of Science*). Daly* revendique le double héritage de ses professeurs Boulding et Georgescu-Roegen.

BRIDGMAN, Percy Williams (1882-1961)

Physicien et épistémologue américain. Il fit d'importantes expériences dans le domaine des propriétés de la matière soumise aux hautes pressions, ce qui lui valut le Prix Nobel de physique en 1946. En 1939, il ferma son laboratoire d'Harvard aux visiteurs des pays totalitaires : un geste qui provoqua une vive controverse dans le monde académique. Il est célèbre en philosophie des sciences pour son « opérationalisme » qui, tirant les leçons méthodologiques de la révolution relativiste d'Einstein, réclame qu'on s'en tienne à un principe épistémologique fondamental, à savoir qu'un concept physique n'a de sens qu'à partir du moment où il est opératoire, mesurable dans le cadre d'une procédure expérimentale évitant toute ambiguïté. Ainsi, « le concept est synonyme avec l'ensemble d'opérations correspondant » (*The Logic of Modern Physics*, 1927). Cette philosophie de la théorie physique est aussi illustrée dans son livre – admiré par Georgescu-Roegen – sur *The Nature of Thermodynamics* (1941, 2e éd. 1961). Dans ses *Reflections of a Physicist* (1950, 2 e éd. 1955), il critique l'interprétation statistique, c'est-à-dire purement mathématique (« *only using a paper and pencil model* »), du second principe de la thermodynamique, introduisant l'expression de « contrebande d'entropie » reprise par Georgescu-Roegen.

BROWN, Harrison (1917-1986)

Chimiste et géochimiste américain. Pendant la deuxième guerre mondiale, il travaille (avec Seaborg*) sur la chimie du plutonium à Chicago et à Oak Ridge dans le cadre du Projet Manhattan (pour la fabrication de la bombe atomique). Professeur de chimie à Chicago (depuis 1946), puis, de 1951 à 1977, au *California Institute of Technology* (Cal Tech), à Pasadena, où il est également professeur de « Science and Government ». Associé au programme atomique des U.S.A., il fut directeur du célèbre Laboratoire national de Livermore, au cœur de la course aux armements nucléaires, qui fournit de nombreux responsables scientifiques au gouvernement des États-Unis. Il fut rédacteur en chef du *Bulletin of the Atomic Scientists*. Il participa au volume *The Atmospheres of the Earth and Planets*, édité par G.P. Kuiper en 1949, soulignant la nature secondaire (géochimique) de l'atmosphère terrestre. Spécialiste des ressources naturelles, il publia plusieurs livres de prospective : *Must Destruction Be Our Destiny ?* (1946) ; *The Challenge of Man's Future* (1954) ; *Human Future Revisited* (1978) ; et, en collaboration, *The Next Hundred Years* (1957) ; *Resources in America's Future : Patterns of Requirements and Availabilities 1960-2000* (1963). Voir son article de 1970 dans le n° spécial du *Scientific American* sur « La Biosphère » cité par Georgescu-Roegen (ch. II).

CARNOT, Sadi (1796-1832)

Le fils aîné du général Lazare Carnot (1753-1823), appartient comme son illustre père à la tradition militaire française des ingénieurs du Génie fondée par Vauban. La tradition de « la science des ingénieurs », dont B. Bélidor (1698-1761) fut le premier instituteur, marque la physique de la puissance de Carnot, père et fils. Formé à l'École polytechnique de Paris et à l'École d'application de l'artillerie et du génie de Metz, Sadi fut officier du Génie, lieutenant dans le Corps d'État-major, mais il demanda souvent à être mis en disponibilité pour s'occuper de ses recherches personnelles. Il voua sa vie solitaire, romantique, à ses recherches dans les sciences et les arts. Sans avenir sous la Restauration, il quitta finalement l'armée pour se consacrer à la physique, à la technologie industrielle et à l'économie politique. Véritable discours préliminaire de la « révolution industrielle », son unique ouvrage, *Réflexions sur la puissance motrice du feu et sur les machines propres à développer cette puissance*, publié à compte d'auteur en 1824, resta longtemps incompris. Sauvé de l'oubli par l'ingénieur saint-simonien Emile Clapeyron en 1834 et surtout par le grand physicien anglais William Thomson (Lord Kelvin)* en 1848, le travail pionnier de Sadi Carnot sera considéré, rétrospectivement, comme l'acte de naissance de la Thermodynamique, dont le développement scientifique ne prend son essor qu'au milieu du XIXe siècle. La fortune du « principe de Carnot » (qui deviendra le deuxième principe de la thermodynamique, la loi de l'entropie, avec Clausius*) constitue une véritable « révolution carnotienne », que la philosophie et l'histoire des sciences commencent à peine à découvrir. Ses notes posthumes publiées par son frère cadet Hippolyte en 1878 prouvent qu'il abandonna la doctrine du calorique (substance qui se conserve) pour adopter l'équivalence de la chaleur et du travail mécanique, c'est-à-dire le premier principe de la thermodynamique (formulé par Mayer, Joule, Helmholtz et d'autres dans les années 1840). La découverte de « la conservation de l'énergie », dont le retentissement fut considérable, occulta longtemps l'importance de la Loi de l'Entropie dégagée par Clausius de « la théorie de Carnot ». Longtemps négligée, la figure historique de Sadi Carnot fait depuis peu l'objet d'une attention grandissante, comme en témoignent le colloque *Sadi Carnot et l'essor de la thermodynamique* de 1974, l'édition critique par Robert Fox (1978) et le numéro consacré à Carnot dans la collection « Les pères fondateurs de la science » des *Cahiers de Science & Vie* (n° 20, avril 1994). Sadi Carnot, et non plus Newton, est le héros de la pensée économique de Georgescu-Roegen.

CARSON, Rachel L. (1907-1964)

Biologiste et « naturaliste » américaine, auteur de plusieurs ouvrages à grand succès sur la mer et l'océanographie : *Under the Sea Wind* (1941), *The Sea around us* (1951) (trad. fr. : *Cette mer qui nous entoure*, Stock, 1958), *The Edges of the Sea* (1955). Après avoir fait une carrière scientifique dans l'administration publique, au Bureau fédéral des pêcheries devenu Service fédéral des pêcheries et des eaux et forêts, elle travailla plusieurs années à un ouvrage dénonçant les conséquences néfastes pour la santé publique et l'environnement de l'utilisation indiscriminée et abusive des pesticides, qu'elle nomma des « biocides ». Cet ouvrage qu'elle intitula finalement *Silent Spring* (1962) connut un succès de scandale considérable et fut traduit dans plusieurs langues (trad. fr. : *Printemps silencieux*, Plon, 1963 ; Le Livre de Poche, 1968). Dès la parution des « bonnes feuilles » de *Silent Spring* dans la revue *The New Yorker* au printemps de 1962, et faute d'avoir réussi à convaincre l'éditeur de renoncer à publier ce livre en le menaçant de procès en dommages-intérêts estimés en millions de dollars, les grandes firmes chimiques américaines orchestrèrent une controverse scientifico-politique. De nombreux professeurs d'universités, surtout en médecine, se prêtèrent à cette campagne de diffamation et dénoncèrent les prétendues inexactitudes de l'auteur et le caractère émotionnel de son discours parfois explicitement attribué à son sexe. Certains critiques insinuèrent même que son opposition aux pesticides pourrait bien conduire le monde à la famine et le livrer au communisme. L'édition originale de *Silent Spring* comporte 48 pages de références scientifiques soigneusement sélectionnées par l'auteur. Lors de cette controverse à bien des égards exemplaire d'une certaine mutation des rapports entre science et politique, due à l'entrée en lice de l'écologie, Rachel Carson bénéficia de l'appui de plusieurs grands biologistes indépendants américains et étrangers, de l'appui de plusieurs hommes politiques, surtout des juristes, rendus prudents à la suite du scandale de la thalidomide. Elle fut «blanchie » par le Comité consultatif pour la science du président Kennedy en mai 1963 sans que pour autant la controverse s'éteignît. Cette controverse contribua à faire entrer Rachel Carson dans le panthéon des pionniers de l'environnement. Elle reçut la *Schweitzer Medal of Animal Welfare Institute* ; fut élue *Conservationist of the Year* par la *National Wildlife Federation* ; fut également honorée par la *National Audubon Society* et l'*American Geographical Society*. Élue à l'*American Academy of Arts and Letters*. En 1980, le président Jimmy Carter lui décerna à titre posthume la *Presidential Medal of Freedom*, la plus haute distinction civile du gouvernement américain. Voir Linda Lear, *Rachel Carson*, New-York, Owl Book, 1998

CLARK, Colin (1905-1989)

Économiste et statisticien australien né à Londres. Il a contribué au livre de G. Meier et D. Seers, *Les Pionniers du développement* (trad. fr., Paris, *Economica*, 1984). Formé à Oxford, il enseigna d'abord à Cambridge. Il se fit connaître par ses nombreuses études quantitatives sur le produit national (le fameux P.N.B.). Ses études statistiques comparatives mettent pour la première fois en évidence l'ampleur du fossé qui sépare les niveaux de vie matérielle des pays riches et des pays pauvres. De 1938 à 1952, il occupe en Australie divers postes dans l'administration publique et le monde universitaire. De 1953 à 1969, il est directeur de l'*Institute for Research in Agricultural Economics* à Oxford. Ensuite il retourne en Australie. Catholique et membre influent de la commission sur la population réunie par le pape (1964-66), il professa une vision « chrétienne » très optimiste de la croissance démographique et de la capacité de charge de la Terre, contribuant au refoulement de l'inquiétude suscitée par les premiers cris d'alarme des écologistes, comme William Vogt (1902-1968) avec son livre *Road to Survival* (1948 ; trad. fr. : *La Faim du monde*, 1950) ou F. Osborn*. Pour lui, la « propagande malthusienne » n'était que de la propagande ! *Growthmanship* (1961) et *The Myth of Overpopulation* (1975) sont des titres éloquents ! Il publia aussi (avec M.R. Haswell) *Economics of Subsistence Agriculture* (1964) et *Population Growth and Land Use* (1967). Également connu pour sa quantification de la doctrine de l'évolution relative des trois secteurs (répartition des emplois de la population active) : le primaire (agriculture), le secondaire (industrie) et le tertiaire (les services), qu'il présente comme une théorie des stades du « progrès économique ». Héritier lointain de l'arithmétique politique de W. Petty*, Clark se fonde sur la mesure de la productivité des différents secteurs économiques et voit l'apogée du progrès dans « l'économie de services », préfiguration du concept de société post-industrielle (développé ultérieurement par Daniel Bell et d'autres). Clark a exposé sa conception du développement économique dans *Les conditions du progrès économique* (1940 ; 2e éd. 1951 ; 3e éd., 1957 ; trad. fr., 1960), un livre monumental qui exerça une grande influence sur la théorie du développement, de la croissance et de ladite « société post-industrielle ». Georgescu-Roegen n'a jamais accepté cette vision linéaire simpliste de l'histoire économique : l'économie des communautés paysannes n'est pas une phase primitive du progrès ! L'évolution économique de l'Occident n'est qu'une occurrence historique, pas une norme de l'histoire universelle ! Clark illustre bien l'amalgame entre les notions de progrès, de croissance économique et de développement dans la nouvelle « économie du développement » des années 50-60. Cette conception économique du développement typiquement occidentalo-centrique ignore les « discontinuités culturelles » (Claude Lévi-Strauss).

CLAUSIUS, Rudolf (1822-1888)

Physicien prussien, professeur à l'école d'artillerie de Berlin, puis au Polytechnicum et à l'Université de Zurich, et finalement à l'Université de Bonn. En 1850, il réconcilia le principe de Carnot avec celui de la conservation de l'énergie et fonda la nouvelle « Théorie mécanique de la chaleur » sur ces deux principes fondamentaux. Gibbs* verra dans ce travail de Clausius l'acte de naissance de la Thermodynamique en tant que science théorique. Clausius rassembla ses travaux de thermodynamique dans un traité en deux volumes intitulé *Théorie mécanique de la chaleur* (éd. all. 1864-67 ; trad. fr. 1868-69). Il contribua également à la théorie cinétique des gaz et à l'essor de l'électrodynamique. Vers la fin de sa vie, il s'intéressa, comme Jevons*, à l'avenir des ressources énergétiques indispensables à l'économie industrielle. En 1865 – après le mémoire de Thomson* (1852) sur la dissipation de l'énergie mécanique et les travaux de Rankine* sur l'énergétique, Clausius énonça les Deux Principes fondamentaux de la thermodynamique (désormais appelée classique) sous la forme vite célèbre : « L'énergie de l'univers est constante. L'entropie de l'univers tend vers un maximum ». Critiquant les conceptions cycliques de l'univers, il contribua à répandre la vision pessimiste très « fin-de-siècle » de « la mort thermique de l'univers ».

COMMONER, Barry (1917-)

Biologiste américain. Le plus à gauche des écologistes de « la révolution de l'environnement ». Professeur de physiologie végétale, il créa (1966) et dirigea le Centre d'études biologiques des systèmes naturels à la *Washington University* de Saint-Louis. Il enseignera ensuite à New York. Scientifique militant dès l'après-guerre pour le contrôle civil de l'énergie atomique, il critiquera ensuite la politique de la *U.S. Atomic Energy Commission* et contribuera à promouvoir le débat public sur la science, la technologie et la société, notamment au sein du *Saint Louis Committe for Nuclear Information* (C.N.I.), du *Scientists' Institute for Public Information* et de l'*American Association for the Advancement of Science* (A.A.A.S.). Avec René Dubos et Margaret Mead notamment, il plaida pour la défense de l'environnement, l'éducation écologique, la démocratisation de la science et la responsabilité sociale des scientifiques. En 1966, son livre polémique *Science and Survival* (trad. fr. : *Quelle terre laisserons-nous à nos enfants ?*, Seuil, 1969) marque la naissance de la « science critique » (J. Ravetz). Il critiqua le réductionnisme et le triomphalisme scientiste de la biologie moléculaire du gène, prophétisa (bien avant la théorie de l'hiver nucléaire) le péril écologique global d'une guerre nucléaire. Il dénonça le complexe militaro-industriel et son influence sur l'intégrité de la science, la démocratie et la sauvegarde de la biosphère (écosphère). En 1971, son grand livre *The Closing Circle : Nature, Man and Technology* (trad. fr. : *L'encerclement : problèmes de survie en milieu terrestre*, Seuil, 1972), analyse les causes de la crise écologique en mettant l'accent sur la technologie américaine de l'après-guerre et non sur la démographie (« la bombe P » de son rival Paul Ehrlich). Il est traduit dans de nombreux pays et son influence a été manifeste sur le mouvement environnementaliste dans le monde entier. Il a également publié *The Poverty of Power : Energy and the Economic Crisis* en 1976 (trad. fr. : *La pauvreté du pouvoir : l'énergie et la crise économique*, PUF, 1980), qui cite Georgescu-Roegen ; *The Politics of Energy* (1979) ; *Making Peace with the Planet* (1990). Promoteur d'une écologie politique démocratique radicale, il fut candidat du *Citizens Party* à la présidence américaine en 1980.

DALY, Herman E. (1938-)

Économiste américain, ancien élève de Georgescu-Roegen à l'Université Vanderbilt. Professeur à la *Luisiana State University*. Son premier article d'économiste hérétique, revendiquant l'héritage de Lotka, Georgescu-Roegen et Boulding, date de 1968. En 1972, il fit connaître les idées de Georgescu-Roegen à Edward Goldsmith, l'éditeur de *The Ecologist*, qui les publia. De 1988 à 1993, Daly travaille au nouveau département « Environnement » de la Banque mondiale à Washington. Il est aussi et surtout cofondateur de l'*International Society for Ecological Economics* (1988) et coéditeur de son journal académique *Ecological Economics*. Membre du Bureau des Directeurs du *Beijer Institute for Ecological Economics* de la *Royal Academy of Sciences* de Suède. Auteur d'une remarquable anthologie environnementaliste intitulée *Toward A Steady-State Economy* (1973), rééditée sous le titre *Economics, Ecology, Ethics* (1980) et récemment révisée : *Valuing the Earth* (MIT Press, 1993). Il a également publié *Steady State Economics* (1977 ; 2e éd., Island Press, 1991). Avec le théologien protestant John B. Cobb, jr., il a publié *For the Common Good : Redirecting the Economy Toward Community, the Environment, and a Sustainable Future* (Beacon Press, 1989, 2e éd. 1994). Il a également participé à *Ecologically Sustainable Economic Development : Building on Brundtland* (World Bank, Environment Working Paper 46, 1991, et Paris, Unesco, 1991).

DUHEM, Pierre (1861-1916)

Physicien français d'une grande originalité dont le génie resta incompris de ses contemporains. Sa place dans l'histoire de la thermodynamique est mieux appréciée depuis les travaux de Prigogine*, comme l'a récemment mis en évidence Paul Brouzeng. Son oeuvre de philosophe et d'historien des sciences, tout aussi importante, fut plus vite reconnue, mais s'apprécie mieux depuis la « révolution » de Thomas Kuhn. Il fut professeur à Lille, à Rennes et à Bordeaux, mais jamais à Paris. Parmi ses livres : *Thermodynamique et chimie* (1902) ; *Le mixte et la combinaison chimique : essai sur l'évolution d'une idée* (1902) ; *Traité d'Energétique ou de Thermodynamique générale* (1911) ; *L'évolution de la mécanique* (1903) ; *La Théorie physique, son objet, sa structure* (1905, 2e éd. 1914) ; *La science allemande* (1915). Ses *Études sur Léonard de Vinci* (1906, 1909, 1913) inaugurèrent dans l'historiographie la réévaluation de la science de la Chrétienté médiévale, ce qui n'allait pas sans intentions apologétiques pour ce catholique très croyant. Son monumental *Système du monde. Histoire des doctrines cosmologiques de Platon à Copernic* a été publié entre 1913 et 1959. Depuis quelques années, en France et à l'étranger, la fortune critique de Duhem connaît un essor remarquable. Depuis sa reprise par Quine en 1951, « la thèse [de l'irréfutabilité] de Duhem », selon laquelle il n'y a pas « d'expérience cruciale », assez gênante pour la doctrine de la falsification de Popper (lequel a admis qu'en réalité, « aucune réfutation décisive d'une théorie ne peut jamais être fournie »), est bien connue des spécialistes de la méthodologie en science économique, qui cependant connaissent mieux leur Popper que leur Duhem. Georgescu-Roegen a lu durant ses études parisiennes les principales œuvres de Duhem.

EDDINGTON, (Sir) Arthur Stanley (1882-1944)

Astrophysicien, physicien théoricien et philosophe spiritualiste anglais, issu d'une famille traditionnellement fidèle à la Société des Amis (les Quakers). Directeur de l'Observatoire de Greenwich et professeur à l'université de Cambridge. Il devint très vite un spécialiste de la théorie de la Relativité et de ses implications épistémologiques, philosophiques et cosmologiques : « Nous avons découvert que c'est effectivement une aide dans la recherche du savoir que de comprendre la nature du savoir que nous recherchons » (*Philosophy of Physical Science*, Cambridge University Press, 1939, p. 5). Il fait partie du petit groupe de savants (De Sitter et Weyl en Europe, Friedmann en Russie, Robertson aux U.S.A.), qui fondèrent la Cosmologie relativiste, marquée à la fin des années 20 par la théorie de « l'atome primitif » (le *Big Bang*) de l'abbé Georges Lemaître (1894-1966) et la découverte de l'expansion de l'Univers grâce aux observations de l'Américain Edwin

P. Hubble (1889-1953). Les principaux livres d'Eddington ont été traduits en français : *Espace, Temps, Gravitation* (Hermann, 1921) ; *La Nature du Monde Physique* (Payot, 1929) ; *Étoiles et Atomes* (Hermann, 1930) ; *L'Univers en expansion* (Hermann, 1934) ; *Nouveaux sentiers de la science* (Hermann, 1936). Pour Eddington, le Devenir, le Temps de l'irréversibilité du deuxième principe de la thermodynamique, s'impose à notre conscience psychologique comme l'absurdité du renversement de la flèche du temps s'impose à notre raison et à notre observation du monde extérieur. Ainsi, l'association entre le Temps, la conscience et l'esprit ne fait aucun doute (cf. J. Merleau-Ponty, *Philosophie et théorie physique chez Eddington*, Paris, Les Belles Lettres, 1965). Une source d'inspiration scientifique majeure pour Georgescu-Roegen.

EINSTEIN, Albert (1879-1955)

Physicien d'origine allemande. Génie créateur et rebelle dont la popularité fait oublier les longues années d'obscurité en Suisse. Prix Nobel de physique en 1921, mais non pas pour sa théorie de la relativité. Ses premiers travaux concernent la thermodynamique statistique et la physique des *quanta*. Dans ses *Notes autobiographiques* (1949), il écrivit : « Newton, accepte mes excuses ! La voie que tu as ouverte était la seule qu'un homme, doué d'une intelligence brillante et d'un esprit créateur, pouvait trouver à l'époque. (...) Une théorie est d'autant plus compréhensive que ses prémisses sont simples, que le nombre d'éléments différents qu'elle met en relation est grand, et que son domaine d'application est étendu. Ceci explique l'impression profonde que me fit la théorie de la thermodynamique classique. Je suis convaincu que c'est la seule théorie physique qui, pour ce qui concerne ses concepts fondamentaux, ne sera jamais renversée (ceci à l'intention de ceux qui sont sceptiques par principe) ». (*Autoportrait*, trad. par F. Lab, Paris, Inter Éditions, 1980, pp. 34-35.) Peu avant sa mort, il écrivit à son vieil ami genevois Michele Besso (1873-1955), grand admirateur des *Réflexions* de Sadi Carnot et qui aimait lui rappeler l'irréversibilité du temps associée au deuxième principe de la thermodynamique : « Tout le problème de la flèche du temps n'a rien à voir avec le problème de la relativité ». Aux origines du renouveau de « la cosmologie du XXe siècle » (J. Merleau-Ponty), Einstein semble être resté au seuil de la nouvelle vision du devenir cosmique qui fait de la Loi de l'Entropie, suivant l'intuition de Bergson, l'axe de la très longue durée astrophysique d'une évolution créatrice qui a rendu possible notre biosphère si extraordinaire. La rencontre entre Georgescu-Roegen et Einstein à Princeton n'a malheureusement pas laissé de traces.

ENGELS, Friedrich (1820-1895)

Intellectuel allemand influencé par la « Gauche hégélienne » qui émigre en 1842 en Angleterre pour travailler dans l'usine textile de son père à Manchester, jusqu'en 1869. Il s'intéressa très tôt à la critique de l'économie politique. *La situation de la classe laborieuse en Angleterre* (1845) est un classique de l'histoire économique et sociale de la révolution industrielle. Sa rencontre avec Marx, dans le Paris de 1844, fut décisive et noua leur longue et étroite collaboration intellectuelle. Avec Marx, il écrivit notamment *L'idéologie allemande* et le fameux *Manifeste communiste* (1848). Son travail sur *La Dialectique de la Nature*, resté inachevé, fut publié pour la première fois en Russie en 1925. Il y traite beaucoup de la théorie mécanique de la chaleur, refusant l'interprétation pessimiste de la doctrine thermodynamique de la « mort thermique » de l'univers, opposition qui deviendra un véritable dogme épistémologique dans l'idéologie progressiste de l'URSS. L'influence des œuvres de Marx et Engels sur la pensée communiste au XXe siècle fut considérable.

GALILÉE – Galileo Galilei (1564-1642)

La figure éponyme de la révolution scientifique occidentale : la « révolution galiléenne » (G. Gusdorf). Né à Pise, d'un père musicien, il commença des études de médecine avant de découvrir sa passion pour la mécanique, les mathématiques et l'astronomie. Professeur de mathématiques à Pise, à Padoue, à Venise et à Florence. En 1610 il publie un livre intitulé *Sidereus Nuncius*, « Le Message céleste » (cf. *Le Messager des étoiles*, Seuil, coll. « Sources du savoir », 1992), « qui contient et explique des observations récentes effectuées à l'aide d'une nouvelle Lunette, sur la face de la Lune, dans la Voie Lactée et les Nébuleuses, sur d'innombrables Étoiles fixes, ainsi que sur quatre Planètes, ignorées jusqu'à nos jours ». Il y confirme l'héliocentrisme du système de Copernic. Rarement un livre scientifique a marqué une ère nouvelle comme celui-ci : la naissance de la science instrumentale moderne. En 1632, il publie *Dialogue sur les deux grands systèmes du monde* (Seuil, coll. « Source du savoir », 1992). La réaction des théologiens du pouvoir de l'Église fera de la vie de Galilée un drame, hélas, exemplaire de ladite modernité. Ses idées hérétiques furent condamnées par le Saint-Office de Rome lors de deux procès retentissants, en 1616 et en 1633. En 1623, sous les auspices de l'Académie des Lynx, il publia *Il Saggiatore* (« *L'Essayeur* ») dans lequel il défend la philosophie mécaniste qui sera le fondement de la science moderne. Son livre *Discours concernant deux sciences nouvelles* (PUF, 1995), publié par le célèbre imprimeur Elzevier en Hollande (pays protestant) en 1638, qui traite des lois de la Dynamique et de la résistance des matériaux, annonce la « science mécaniste » qui précède et aide la révolution industrielle.

GIBBS, Josiah Willard (1839-1903)

Ingénieur et physicien mathématicien américain. Il enseigna à l'Université de Yale de 1871 à 1900. Il contribua à l'étude de l'*Équilibre des substances chimiques* (trad. fr., 1899) et au développement méthodologique de la chimie physique. Son traducteur et disciple français, Henri Le Châtelier (1850-1936), compara son influence sur la chimie à celle de Lavoisier. Ses travaux ne seront pas immédiatement reconnus, mais son livre *Elementary Principles in Statistical Mechanics with Special Reference to the Rational Foundation of Thermodynamics* (1902 ; trad. fr., 1926), qui faisait de la thermodynamique une branche de la mécanique statistique, aura une profonde influence sur l'enseignement de la physique au XXe siècle. Il fit du concept d'entropie, encore discuté en son temps, une notion essentielle de la détermination des équilibres physico-chimiques. Toutefois, ces multiples définitions probabilistes de l'entropie ne sont pas identiques à celles de Boltzmann, ce qui ne contribua pas à clarifier cette notion, « prodigieusement abstraite » (H. Poincaré).

HALDANE, John Burdon Sanderson (1892-1964)

Biologiste et généticien anglais, encyclopédiste et anticonformiste. Formé à Oxford et Cambridge. Il fit d'importantes contributions, notamment de caractère mathématique, à la génétique et à la théorie de l'évolution, rassemblées dans *The Causes of Evolution* (1932). Il publia beaucoup et fut un excellent vulgarisateur des problèmes de l'évolution biologique. Au University College de Londres, il prit la relève de Karl Pearson. Son influence sur Georgescu-Roegen reste à étudier. Il fit partie, aux côtés de J. Needham et J.-D. Bernal, du fameux « Collège visible » (G. Werskey) des scientifiques socialistes anglais vivement impressionnés par le développement de l'U.R.S.S. et du matérialisme dialectique. En 1929, il publia un article désormais historique sur « l'origine de la vie », associé rétrospectivement au premier livre (1924) du biochimiste russe A.I. Oparin (1894-1980), à la base de la recherche contemporaine. En 1957, il émigra définitivement en Inde. Désormais habillé à l'indienne, il installa son laboratoire de biométrie et de génétique à Calcutta. Dissident de l'Occident, protestant contre les essais nucléaires et adoptant la non-violence de la philosophie hindoue, il peut être considéré, à l'instar de son ami Aldous Huxley (1894-1963), comme un précurseur de la « contre-culture » et du mouvement écologiste.

HELM, Georg (1851-1923)

Physicien allemand injustement négligé par les historiens des sciences. Professeur à l'École polytechnique de Dresden. Il était, avec Ostwald*, l'un des théoriciens de la grande école énergétique germanique de la fin du XIXe siècle. Auteur de *Die Lehre von der Energie historisch-kritisch entwickelt* (Leipzig, 1887) ; *Grundzüge der mathematische Chemie : Energetik der chemischen Erscheinungen* (Leipzig, 1894) ; *Die Energetik nach ihrer geschichtlichen Entwickelung* (Leipzig, 1898).

HUYGENS, Christiaan (1629-1695)

Issu d'une riche famille hollandaise, il étudia le droit puis les sciences mathématiques. Il devient membre de la *Royal Society* de Londres, nouvellement fondée. On l'appelle à la nouvelle Académie royale des sciences de Paris, où il s'installe de 1666 à 1681. En 1656, il inventa l'horloge à pendule. En 1673, alors que la France et son pays sont en guerre, il dédie au roi de France son ouvrage *Horologium Oscillatorium*. Après Newton, il fut le savant le plus influent de la fin du XVIIe siècle. Il s'occupa beaucoup des lois de la mécanique et de la construction des machines et de divers instruments scientifiques. Il développa la théorie ondulatoire de la lumière. Il s'intéressa aux fontaines, comme Pierre Perrault qui lui dédia, en 1674, son traité *De l'origine des fontaines*. Avec son jeune assistant Denis Papin (1647-1712), il reprend les essais, déjà anciens, sur « une nouvelle force mouvante par le moyen de la poudre à canon », une étape encore embryonnaire dans l'histoire de la machine à vapeur. Papin lui dédie en 1674 ses *Nouvelles expériences du vide*. Il partage de nombreux intérêts intellectuels avec Leibniz, comme celui de l'élaboration du calcul infinitésimal ou de l'exhaure de l'eau dans les mines au moyen de machines à feu expérimentales. *Cosmotheoros*, sa « Science de la constitution générale de l'Univers » admirée par Kant, est un livre posthume de 1698.

JEVONS, William Stanley (1835-1882)

L'un des pères de la prétendue révolution marginaliste en économie, illustrée également par les noms du français Léon Walras et de l'Autrichien Carl Menger dans les années 1870. La pensée marginaliste fonde la valeur sur l'utilité et non plus sur le travail comme chez les classiques de l'économie politique et dans la doctrine marxiste. Fils d'un commerçant de Liverpool. Il devint professeur à l'université de Manchester puis de Londres. La première réputation de ce célèbre économiste de l'Angleterre victorienne est celle d'un logicien, pionnier dans l'application des méthodes statistiques en économie, philosophe des sciences qui faisait l'éloge de la méthode hypothético-déductive. Dans son ouvrage majeur, *La théorie de l'économie politique* (1871 ; trad. fr. : 1909), il fonde « la science économique » dans un cadre mathématique qui lui permet de présenter les lois du monde économique comme rigoureusement analogues à celles du monde physique qui, soulignait-il, « ont leur base plus ou moins directement dans les principes généraux de la mécanique rationnelle ». Ainsi, disait-il, si l'économique veut être une science, elle doit être une science mathématique, analogue à la mécanique rationnelle. Il publia aussi *The Coal Question : an Inquiry concerning the Progress of Nation and the Probable Exhaustion of our Coal-Mines* (1865), qui préfigure le débat lancé par le Club de Rome sur les ressources ; mais sa vision des rapports entre la prospérité économique et les ressources naturelles, qu'il n'approfondit pas, reposait sur une conception encore très lacunaire du « métabolisme industriel » et des données statistiques insuffisantes. Georgescu-Roegen voit en Jevons le brillant représentant de l'arithmomorphisme et de l'épistémologie mécaniste de l'économie standard occidentale.

KELVIN, (Lord) William THOMSON (1824-1907)

L'un des plus éminents physiciens de l'Angleterre victorienne. Né en Irlande, d'un père mathématicien, il fit ses études à Glasgow puis à Cambridge et Paris. Sa vocation scientifique prit naissance à la lecture de la *Théorie analytique de la chaleur* de Fourier et de la *Mécanique céleste* de Laplace. À Paris, il découvrit avec enthousiasme l'article d'Emile Clapeyron (1834) sur la théorie de Carnot mais il chercha en vain l'œuvre de Sadi Carnot, qu'un ingénieur écossais, Lewis Gordon, lui procura en 1848, date à laquelle il publia un exposé de la théorie de Carnot sur la puissance motrice de la chaleur. En 1849, à propos de l'approche de Carnot, il déclara que « rien dans toute la Philosophie Naturelle n'est plus remarquable que l'établissement de lois générales par un tel mode de raisonnement ». À partir de la théorie de Carnot, il introduisit, en 1848, l'échelle thermométrique absolue. À cette époque, il fit la connaissance de James Joule, qui démontrait l'équivalence du travail et de la chaleur (à l'origine du principe de la conservation de l'énergie) et qui contestait Carnot. Thomson en était très troublé. il mit quelques années à réaliser la réconciliation de Joule et de Carnot, réconciliation effectuée en Allemagne par Clausius*. Mais il ne comprit pas Darwin !

LAPLACE, Pierre Simon (1749-1827)

Mathématicien, astronome et physicien français. Figure dominante de la vie scientifique parisienne à la fin du siècle des Lumières, à l'époque où Paris était la capitale scientifique de l'Europe. Dans son *Exposition du système du monde* (1796) et dans son monumental *Traité de mécanique céleste* (1799-1825), il établit définitivement le paradigme newtonien de la vision mécanique du monde : un univers régit par des lois mathématiques, mécaniste, déterministe, stable et cyclique. Dans son *Essai philosophique sur les probabilités*, qui sert d'introduction à la 2e édition (1814) de sa *Théorie analytique des probabilités*, Laplace porte à la perfection l'idée rationaliste du déterminisme universel, inséparable du postulat de l'objectivité de la connaissance qui est en fait celle de l'intelligence divine. Avec Lavoisier, il publia un célèbre *Mémoire sur la chaleur* (1780), qui illustre bien la préhistoire de la thermodynamique ; il commençait ainsi : « Dans l'ignorance où nous sommes sur la nature de la chaleur, il ne nous reste qu'à bien observer ses effets... » Comme Condorcet et sa « mathématique sociale », il contribua à l'application du calcul des probabilités dans les sciences sociales. « Héros de la science normale » (J. Merleau-Ponty), Laplace symbolise le dogme newtonien dont Georgescu-Roegen a analysé l'immense influence sur la formation épistémologique de la science économique occidentale.

LEONTIEF, Wassili (1906-1999)

Prix Nobel d'économie en 1973. Économiste américain d'origine russe, né à Saint-Pétersbourg. Il quitta la jeune Union soviétique en 1925 pour Berlin, où il présenta sa thèse de doctorat intitulée *Die Wirtschaft als Kreislauf – l'économie comme flux circulaire* (1928). En 1929-1930, il fait la connaissance du monde asiatique, des pays dits sous-développés, en devenant conseiller du gouvernement chinois pour les chemins de fer. Au début des années 30, il émigre définitivement aux États-Unis, où il est accueilli au *National Bureau of Economic Research* par Simon Kuznets (1901-1985), Prix Nobel d'économie en 1971, et très vite intégré au département d'économie de l'Université d'Harvard. Il y sera professeur jusqu'en 1976. Léontief est connu des statisticiens et de tous les étudiants en économie pour ses tableaux « *input-output* » des interrelations entre les différents secteurs de l'activité économique. Se préoccupant de la pollution de l'environnement dès le début des années 70, il chercha à intégrer cet aspect de la production dans son analyse *input-output*. Ce modèle n'est toutefois pas un changement de paradigme car il représente une application empirique de la théorie de l'équilibre général fondée par Walras. Parmi ses livres : *La Structure de l'économie américaine*,

1919-1939 (1941 ; trad. fr., 1958) ; *Input-Output Economics* (1966). *L'expertise de Wassily Leontief* (1977 ; trad. fr., 1977), étude menée pour le compte de l'O.N.U. sur l'avenir de l'économie mondiale, envisageait des taux de croissance surprenants ! Dans une lettre publiée dans la revue américaine *Science* du 9 juillet 1982, Léontief lança une cinglante critique de « l'économie académique ». Un ami de longue date de Georgescu.

LIEBIG, Justus von (1803-1873)

Chimiste allemand. Il fit une partie de ses études à Paris, avec Gay-Lussac. Nommé en 1824 professeur de chimie à l'Université de Giessen, où il installa un laboratoire exemplaire de renommée internationale. À partir de 1851, il enseigna à Munich. Il est souvent considéré comme le fondateur de la chimie organique et de l'agronomie moderne. Ses études systématiques des relations entre la chimie organique, la physiologie et l'agriculture sont contemporaines de celles du grand agronomiste français Jean-Baptiste Boussingault (1802-1887). Son célèbre ouvrage *Lettres sur la Chimie et sur ses applications, à l'industrie, à la physiologie et à l'agriculture* (1re éd. all. 1840 ; nombreuses éditions et traductions, y compris en français dès 1844) exerça une profonde influence sur tout le développement de la civilisation industrielle occidentale dans ses rapports avec la nature. Son oeuvre, qui souligne les cycles des éléments chimiques nécessaires au métabolisme des organismes vivants, appartient pour une bonne part à l'histoire de l'écologie, plus précisément à la préhistoire de la biogéochimie et de l'écologie.

LOTKA, Alfred J. (1880-1949)

Statisticien et démographe américain né à Lemberg (Empire Austro-Hongrois avant d'être annexé sous le nom de Lvov à l'Ukraine). Après une éducation internationale en France, en Angleterre et en Allemagne (à Leipzig, il fut enthousiasmé par l'enseignement d'Ostwald, le pape de l'énergétique), il s'installa au début du XXe siècle à New York, poursuivant des études universitaires et gagnant sa vie en faisant différents métiers. Il publia une série d'articles, notamment sur la thermodynamique de l'évolution, avant d'écrire son grand livre *Elements of Physical Biology* (1925), réédité en 1956 sous le titre *Elements of Mathematical Biology*, considéré alors comme un classique de l'écologie théorique. Dès 1925, il fit partie de l'*Ecological Society of America*. Contemporain des travaux biogéochimiques de l'académicien russe Vladimir Vernadsky (1863-1945), qu'il apprécia immédiatement, Lotka développa une approche globale du « système du monde » (la Biosphère de Vernadsky) qui ouvrit la voie à l'écologie des écosystèmes, développée après la

Deuxième Guerre mondiale par les élèves du professeur G.E. Hutchinson (1903-1991) à Yale University, et notamment les frères Eugene et Howard Odum*. Lotka précède aussi la Théorie générale des systèmes de Ludwig von Bertalanffy (1901-1972). Il est reconnu de nos jours comme un pionnier dans l'application de la thermodynamique à la biologie, à la sélection naturelle et au processus irréversible de l'évolution. L'une des sources majeures de Georgescu-Roegen, il est un pionnier dans l'approche biophysique de l'économie, introduisant en 1945 le terme *exosomatique* pour désigner l'évolution technique (accélérée) de l'espèce humaine qui fait, selon lui, intimement partie de la Biosphère.

MACH, Ernst (1838-1916)

Grande figure de la science allemande de la période – celle de l'essor industriel – qui va de 1860 à la Grande Guerre, mais qui, après sa mort et les révolutions scientifiques du début du XXe siècle, tomba en disgrâce (alors que triomphaient les disciples de Boltzmann et la Relativité d'Einstein), sombrant avec les décombres de l'Empire austro-hongrois. Physicien, au vieux sens du terme, historien-critique du développement de la physique, entendue comme science fondamentale de la nature, et avant tout intéressé par toutes les relations physico-psychiques, Ernst Mach a été salué même par ses plus grands critiques : Boltzmann, Planck, Einstein, Freud, Piaget, Lénine, sans oublier Robert Musil qui consacra sa thèse de philosophie à une « évaluation des doctrines de Mach ». L'ambition épistémologique de Mach, qui s'affirma dès ses premiers travaux de psychophysique, partait de l'idée que « la physique, la physiologie et la psychologie sont dans une dépendance mutuelle si étroite que chacune de ces sciences ne peut que gagner au commerce des deux autres. » Mach fut professeur à l'université de Graz, de Prague (1867-95) puis de Vienne (1895-1901), où fut créée pour lui une chaire d'histoire et philosophie des sciences. C'est Boltzmann, son principal ennemi parmi les atomistes-mécanistes, qui lui succéda. L'Association Ernst Mach donna naissance au fameux Cercle de Vienne. Comme l'a reconnu Einstein, le génie de Mach fut de s'attaquer aux prétentions métaphysiques du mécanisme – « une mythologie mécanique en opposition avec la mythologie animiste des anciennes religions » – et de discréditer, dans le sillage de la Thermodynamique de l'âge industriel devons-nous préciser, les notions de temps et d'espace absolus de la Mécanique newtonienne. L'entreprise historico-critique de Georgescu-Roegen, qui doit beaucoup à Mach et qui se situe aussi à un carrefour interdisciplinaire (thermodynamique, biologie et économie), contribue explicitement à la réhabilitation de l'aspect économique de la science mis en évidence par Mach (voir « La science comme économie de pensée » in *La Mécanique*, chap. IV). Pour Georgescu-Roegen, qui a découvert Mach auprès de Pearson* à Londres au début des années 1930, l'idée machienne selon laquelle la science « est l'expérience, arrangée suivant un ordre économique », a été « reprise avec beaucoup plus de profondeur par Karl Pearson » (NGR, 1966, p.8 ; 1971, p.27). Parmi les ouvrages de Mach (pas tous traduits en français), il faut mentionner ici *L'histoire et la racine du principe de la conservation du travail* (1872) ; *Les principes de la théorie de la chaleur* (1896) ; *L'Analyse des sensations* (1886) ; *Conférences scientifiques populaires* (1903) ; *La Connaissance et l'erreur* (1905) et surtout *La Mécanique. Exposé historique et critique de son développement* (1re éd. Allemande, 1883 ; trad. fr. : 1904, 1925 ; réimpression : Éditions Jacques Gabay, 1987). Georgescu-Roegen nous enseigne aussi, comme Mach, que « die Natur is nur einmal da ».

MADDOX, John, Sir (1925-)

Physicien et journaliste scientifique anglais. Célèbre pour sa polémique contre le catastrophisme du Club de Rome et du mouvement écologiste. En 1972, rédacteur en chef de la prestigieuse revue scientifique anglaise *Nature*, il critiqua violemment le rapport Meadows, *The Limits to Growth*, et professa un optimisme très scientiste (proche de celui de son compatriote W. Beckerman) dans un livre significativement intitulé *The Doomsday Syndrome* (1972), où il attaquait les arguments des écologistes et tentait de minimiser les menaces de l'expansion de la technoscience occidentale.

MALTHUS, Robert (1766-1834)

Clergyman anglais qui n'aimait ni l'optimisme historique de la philosophie des Lumières ni la prolifération des pauvres. Professeur d'économie à l'université fondée par la Compagnie des Indes occidentales. Après sa rencontre avec Ricardo, il écrira ses *Principes d'économie politique* (1820). Il relia l'économie, la démographie et la nature (l'environnement) dans une célèbre théorie qui postule une contradiction entre une loi d'accroissement géométrique de la population et une loi d'accroissement arithmétique de la nourriture. Ainsi, la cause qui fait obstacle au progrès de l'humanité vers le bonheur est « la tendance constante de tous les êtres vivants à accroître leur espèce au-delà des ressources de nourriture dont ils peuvent disposer ». Sa vision naturaliste de « la lutte pour la vie », qui fit une forte impression sur Darwin et Wallace, fut énoncée pour la première fois en 1798 (1re trad. fr. : I.N.E.D., 1980 !) dans un retentissant *Essai sur le Principe de population et son influence sur le progrès futur de la société*. La deuxième édition de 1803, la plus connue, intitulée *Essai sur le Principe de population, ou exposé de ses effets sur le bonheur humain, dans le passé et le présent, avec des recherches sur nos pers-*

pectives de supprimer ou de diminuer à l'avenir les maux qu'il occasionne, constitue en fait un nouvel ouvrage, qui connaîtra plusieurs éditions et traductions (voir la récente édition de J.-P. Maréchal, G.-F. Flammarion, 1992). La controverse suscitée par ce livre à scandale n'a jamais cessé, elle a été renouvelée par le débat sur la crise écologique et les « limites à la croissance ». Des auteurs écologistes, comme P. Ehrlich ou R. Dumont n'hésitent pas à contredire l'opinion courante et à affirmer, avec Georgescu-Roegen : « Malthus avait fondamentalement raison » .

MARSHALL, Alfred (1824-1942)

Économiste anglais, représentant par excellence l'orthodoxie de la pensée économique de la société industrielle occidentale. Titulaire, à partir de 1884, de la chaire d'économie politique de l'université de Cambridge, où il exerça une fantastique influence. John Maynard Keynes (1883-1946), qui fut son élève, écrira : « nous sommes tous les élèves d'A. Marshall ». Avec ses *Principles of Economics* (1890 ; 8e éd. 1948 ; trad. fr. : *Principes d'économie politique*, Paris, Giard et Brière, 2 vols., 1961), Marshall assura une immense autorité à l'école néo-classique de l'Économique. Significativement le terme economics prendra dans le monde anglo-saxon de plus en plus la place de celui d'économie politique. Dans une étude bien connue intitulée « *Physical and biological analogies in political economy* » (1898), et dans ses *Principes d'économie politique*, Marshall soulignait déjà que la science économique avait trouvé sa « Mecque » dans la physique et plus particulièrement dans la mécanique (les notions d'équilibre, de statique et de dynamique sont clairement issues de la mécanique classique), alors que l'économie, disait-il, est « une science de la vie, voisine de la biologie plutôt que de la mécanique ».

MARX, Karl (1818-1883)

Une bonne partie de sa vie d'intellectuel socialiste allemand sera consacrée à la critique de l'économie politique et à l'analyse historique et théorique du mode de production capitaliste. À Paris, dans les milieux socialistes, il collabore avec Friedrich Engels (1820-1895). Tous deux écrivent *L'Idéologie allemande* (inédit avant 1932) et le *Manifeste communiste* (1848). Son oeuvre majeure *Le Capital* (Livre I, 1867), qui décrit le caractère dynamique et circulaire du processus économique, devint une bible aussi influente et controversée que *L'Origine des espèces* de Darwin. Observateur de l'industrialisation et de l'expansion du machinisme, sa critique, qui conserve toutefois l'idéologie du progrès des Lumières et l'ethnocentrisme européen de son temps, aura une immense influence sur le mouvement socialiste, dont l'essor marque tout le XIXe siècle et plus encore, avec le marxisme officiel de l'Union soviétique, le XXe siècle. Sa philosophie des rapports entre l'homme et la nature, marquée par les sciences naturelles de son temps, reste enracinée dans le saint-simonisme, autrement dit l'humanisme prométhéen de la culture judéo-chrétienne occidentale. Sa conception historique de « la transformation du monde » est bien contemporaine du développement de la thermodynamique mais, pour une raison chronologique assez évidente, elle ne prend pas en compte les aspects bioéconomiques de l'entropie. Sans naturellement imaginer les conséquences de leur position, Marx et Engels (*Lettres sur les sciences de la nature*, Paris, Éditions sociales, 1973) s'opposeront à l'énergétisme et à la doctrine de la « mort thermique » de l'univers, position qui deviendra l'un des dogmes de la doctrine soviétique officielle.

MILL, John Stuart (1818-1873)

Fils du philosophe écossais James Mill, John suivra son père à Londres et sera également employé par la Compagnie des Indes et l'une des figures marquantes de l'économie politique dite classique. Il adopta l'utilitarisme de son père et s'enthousiasma pour le positivisme d'Auguste Comte. À l'âge de 24 ans, il commença son traité *System of Logic*, qu'il publia en 1843. Dans ses *Principes d'économie politique*, (1848 ; trad. fr., 1873), le livre IV contient un célèbre chapitre VI sur « l'état stationnaire », où l'auteur fait voir que l'accroissement de la richesse n'est pas illimité, qu'à la fin de ce qu'on appelle l'état progressif, se trouve l'état stationnaire et que ce dernier « serait bien préférable à notre situation actuelle ». Ce chapitre a été remis à l'honneur pas certains critiques de la croissance : « Il n'est pas nécessaire de faire observer, précise Mill, que l'état stationnaire de la population et de la richesse n'implique pas l'immobilité du progrès humain. Il resterait autant d'espace que jamais pour toute sorte de culture morale et de progrès moraux et sociaux ; autant de place pour améliorer l'art de vivre et plus de probabilité de le voir amélioré lorsque les âmes cesseraient d'être remplies du soin d'acquérir des richesses. Les arts industriels eux-mêmes pourraient être cultivés aussi sérieusement et avec autant de succès, avec cette seule différence, qu'au lieu de n'avoir d'autre but que l'acquisition de la richesse, les perfectionnements atteindraient leur but, qui est la diminution du travail ». Mill ne perçoit manifestement pas toutes les conséquences du développement scientifique et technologique de la société industrielle ! Ainsi, tout en admettant comme inflexibles les lois de la production des richesses définies par Ricardo et toute l'école classique à laquelle il appartient, il insistait sur l'aspect moral de leur répartition. Son libéralisme n'est pas le « laissez-faire ».

MISHAN, Ezra J. (1917-)

Économiste anglais spécialiste de l'économie du bien-être (*welfare economics*) et donc du problème des externalités, dont il a donné une remarquable synthèse en 1971 : « *The postwar literature on externalities : an interpretative essay* » (*Journal of Economic Literature*, 9, pp. 1-28). Professeur à la *London School of Economics* puis à l'Université du Maryland. Auteur en 1967 d'un ouvrage iconoclaste qui fit scandale, *The Costs of Economic Growth*, et dont le premier chapitre s'intitulait « *Growthmania* », autrement dit la manie ou l'obsession de la croissance. Selon Mishan, en Angleterre, le dogme officiel de la croissance remonte à l'établissement du *National Economic Development Council* en 1962. En 1977, il a publié *The Economic Growth Debate : An Assessment*, livre qui ne fait malheureusement aucune mention des contributions de Georgescu-Roegen à ce grand débat. Son plus récent livre s'intitule *Economic Myths and the Mythology of Economics* (1986).

NERNST, Walter (1864-1941)

Physico-chimiste allemand qui enseigna à Göttingen puis à Berlin. Prix Nobel de chimie en 1920. Utilisant une méthode électrique de détermination des chaleurs spécifiques, il fit des mesures à très basse température qui l'amenèrent à comprendre qu'au voisinage du zéro absolu les chaleurs spécifiques et les coefficients de dilatation tendent vers zéro. En 1906, il formula ce qu'on appelle le « troisième principe de la thermodynamique », modifié en 1927 par F.E. Simon, qui constitue une remarquable contribution à la signification physique du concept d'entropie.

NEWCOMEN, Thomas (1663-1729)

Forgeron, marchand de fer et mécanicien-inventeur de la province minière du Devon (Angleterre) qui fabriqua la première machine à piston atmosphérique dont l'usage dans les mines anglaises pour l'exhaure de l'eau se développa durant tout le XVIIIe siècle. De religion baptiste, il fait partie des non-conformistes qui préparèrent ce qu'on appellera bien plus tard la révolution industrielle. On connaît mal sa dette intellectuelle envers ses prédécesseurs et le milieu scientifique. En 1705, il se lia à Thomas Savery. Il combine un piston et le cylindre de Guerike avec la chaudière séparée de Savery pour mettre au point la première machine à vapeur utilisable. Le but est toujours de pomper l'eau, et d'abord dans les mines. La première mention de la fabrication de la machine de Newcomen date de 1712 ; la deuxième de 1714. La première machine Newcomen construite en France, à Passy, date de 1726, la deuxième se situe à Fresnes en 1732. Toute l'Europe des Lumières s'intéressa à cette machine à feu dont Bélidor, dans sa célèbre *Architecture hydraulique*, dit : « Voilà la plus merveilleuse de toutes les Machines ; le Mécanisme ressemble à celui des animaux, La chaleur est le principe de son mouvement ». Mais durant sa vie, Newcomen resta peu connu et il ne reçut aucun honneur. Sa machine, dont le fonctionnement peu rationnel, d'un rendement dérisoire, sera améliorée par John Smeaton (1724-1792), lequel inspirera les célèbres recherches de James Watt (1736-1819), connut un certain succès durant tout le XVIIIe (plus de 1 500 machines), non seulement en Angleterre, mais encore sur le continent et en Amérique. Même durant les brevets de Watt (1769-1800), on construisit en Angleterre davantage de machine de Newcomen.

ODUM, Howard T. (1924-2002)

Écologiste américain qui est devenu le principal théoricien du paradigme énergétique en écologie des systèmes. Son livre *Environment, Power and Society* (1971) fait de lui le père de l'ingénierie écologique ou écotechnologie. Avec sa femme Elisabeth, il a publié *Energy Basis for Man and Nature* (1976, 2e éd. 1981). Ancien élève du professeur George Evelyn Hutchinson (1903-1991) à l'Université de Yale, il contribua au grand traité de son frère aîné Eugene Odum (1913-2002), *Fundamentals of Ecology* (1953, 1959, 1971), rédigeant le chapitre sur les concepts et les principes liés à l'énergie. Au lendemain de la Deuxième Guerre mondiale, sur les conseils d'Hutchinson, il consacra sa thèse (1950) à la biogéochimie du strontium. Poursuivant l'héritage de Lotka et de Vernadsky assimilé par Hutchinson, Odum développa une méthodologie écosystémique fondée sur les principes de la thermodynamique et le concept de cycle biogéochimique qui permet d'analyser la circulation des flux d'énergie et de matière dans les systèmes naturels, non seulement de la Biosphère mais encore de la technosphère créée par la société humaine. En 1983, il a publié un gros traité intitulé *Systems Ecology : An Introduction*. À partir d'analogies et de modèles tirés de l'ingénierie des circuits électriques, il a développé un vocabulaire de symboles proposé comme langage universel pour tous les experts de l'analyse éco-énergétique, désormais à la mode dans la « gestion de l'environnement ». En français, on peut consulter : Gonzague Pillet et Howard T. Odum, *E^3 : Énergie, Écologie, Économie*, Genève, Georg, 1987.

ONSAGER, Lars (1903-1976)

Ingénieur chimiste et physicien théoricien américain d'origine norvégienne. Il émigra aux États-Unis en 1928, poursuivant pratiquement toute sa carrière à l'Université de Yale où il occupa « la chaire J. Willard Gibbs pour la chimie théorique ». Durant la deuxième guerre mondiale, il travailla sur les bases théoriques de la diffusion gazeuse comme moyen de séparer l'uranium-235 de l'uranium-238, une étape essentielle dans la fabrication de la bombe atomique menée par le Projet Manhattan. Prix Nobel de chimie en 1968 pour ses contributions (qui datent de 1929-1931) au développement de la thermodynamique des processus irréversibles. Cette nouvelle orientation de la thermodynamique loin de l'équilibre (contrairement donc à la thermodynamique classique) a été poursuivie et développée par « l'école de Bruxelles » animée depuis la fin de la deuxième guerre mondiale par Prigogine*.

OSBORN, Fairfield (1887-1969)

Naturaliste et « conservationniste » américain. Président de la *New York Zoological Society* et, au lendemain de la deuxième guerre mondiale, de la Conservation Foundation. L'un des principaux fondateurs du mouvement international pour la conservation de la nature, définitivement institutionnalisé avec la création, lors de la Conférence de Fontainebleau, sous les auspices de l'Unesco, en 1948, de l'Union Internationale pour la Protection de la Nature, qui deviendra en 1956 l'UICN (Union internationale pour la conservation de la nature et de ses ressources). À contre-courant de l'idéologie du progrès et du développement économique, il lança l'un des premiers cris d'alarme du catastrophisme écologique contemporain avec son livre *Our Plundered Planet* (1948, rééd. 1968), publié en français en 1949 : *La Planète au pillage*. En 1956, il développa sa vision écologique du développement démographique et économique de l'humanité dans *The Limits of the Earth*.

OSTWALD, Wilhelm (1853-1932)

Éminent chimiste et physico-chimiste allemand. Professeur à l'Université de Leipzig. Fondateur et théoricien de l'École énergétiste germanique. Prix Nobel de chimie en 1909 « pour ses travaux sur la catalyse et ses travaux préparatoires sur les conditions d'équilibre chimique et de vitesse de réaction ». Il fit également œuvre d'historien des sciences. En 1895, il prononça un discours retentissant et très controversé, *Die Überwindung des wissenschaftlichen Materialismus* (*Le dépassement du matérialisme scientifique*), qui fit de lui le pape d'une nouvelle école anti-mécaniste et anti-atomiste, l'énergétisme. Ce texte célèbre, publié en français sous le titre « La déroute de l'atomisme contemporain » dans la *Revue générale des sciences pures et appliquées* (15 novembre 1895), condamnait la vision du monde de la Mécanique rationnelle incapable de reconnaître et d'expliquer l'irréversibilité des phénomènes de la vie dans la Nature réelle. Ostwald a édité en Allemagne Sadi Carnot dans sa collection des classiques de la science en 1892. Il était très lié à Mach, dont il se réclamait. Parmi ses livres traduits en français : *L'Énergie* (Paris, Alcan, 1910) ; *Les Fondements énergétiques de la science de la civilisation* (Paris, Baillère, 1910) ; *Esquisse d'une Philosophie des Sciences* (Paris, Alcan, 1911) ; *L'Évolution d'une science : la chimie* (Paris, Flammarion, 1909 ; trad. de la dernière éd. all. par M. Dufour, 1927). *Die Energetische Imperativ* (Leipzig, 1912) a été découvert au début des années 1970.

PEARSON, Karl (1857-1936)

Statisticien anglais. Sa première formation est celle du droit, il se tourne ensuite vers les mathématiques. Il est nommé en 1884 professeur de mathématiques appliquées à l'*University College* de Londres. Membre de la *Royal Society.* Fondateur de la statistique mathématique moderne et pionnier de son application dans les sciences biologiques et sociales. Très influencé par Francis Galton (1822-1911), le célèbre cousin de Darwin et inventeur de l'eugénique, il enseignera cette nouvelle science très controversée. Il publia beaucoup dans son propre journal, *Biometrika*, revue fondée en 1901 à laquelle contribua Georgescu-Roegen. Il marqua la philosophie des sciences de son temps en publiant *La Grammaire de la science. La physique* (1892, trad. fr. : 1912), ouvrage qui aura une profonde influence sur la formation intellectuelle de Georgescu-Roegen.

PETTY, William (1623-1687)

Médecin anglais formé aux universités de Leiden, de Paris et d'Oxford. Après avoir exercé la médecine, il fut professeur d'anatomie à Oxford. Il fut aussi propriétaire terrien en Irlande. À Londres, il fut membre du Parlement, professeur de musique et membre fondateur de la *Royal Society* (1662). Tenant de l'épistémologie empiriste de Bacon et de la mode des mathématiques qui prédominaient à la nouvelle Société Royale de Londres, il a été considéré comme l'un des premiers économistes au sens moderne du terme, du fait de son *Treatise of Taxes and Contributions* (1662), de ses *Essays in Political Arithmetick and Political Survey or Anatomy of Ireland* (1672) et de plusieurs *Essays in Political Arithmetick* parus entre 1680 et 1690. En tant que fondateur de l'Arithmétique politique, on le considère dans l'actuelle histoire des idées comme le pionnier de cette « science économique » typiquement arithmomorphique (exprimant tout « en termes de nombres, poids et mesures ») qui deviendra l'économie mathématique. C'est au début des années 1670 qu'il introduisit le concept d'arithmétique politique, désignant un genre de pensée politico-économique (suivi par Cantillon, Steuart, Boisguilbert, Vauban...) préoccupé par les rapports de la richesse nationale et de la puissance de l'État. De ce savant de l'Europe pré-industrielle, Georgescu-Roegen aime rappeler la célèbre formule : « le travail est le père et le principe actif de la richesse, comme la terre en est la mère ». (*Œuvres économiques* de SirWilliam Petty, trad. par H. Dussauzuet M. Pasquier, Paris, Ciard et Brière, 1905.)

PIGOU, Arthur Cecil (1877-1959)

Économiste britannique disciple d'Alfred Marshall, auquel il succéda (1908-43) à la chaire d'économie politique de l'Université de Cambridge. Il défendit l'orthodoxie néo-classique de son maître contre les attaques de Keynes et de ses disciples. Il est surtout l'auteur de *The Economics of Welfare* (1920, 4e éd. 1932 ; trad. fr. partielle dans G.H. Bousquet *Pigou, textes choisis*, Dalloz, 1958), qui est à la source de l'intégration des problèmes de pollution et d'environnement dans le paradigme néo-classique de la science économique contemporaine. Il préconisait un interventionnisme étatique « léger » justifié au nom de « l'économie de bien-être », notamment afin de remédier au chômage mais aussi à la pollution. L'analyse néo-classique qui domine la nouvelle économie de l'environnement lui doit la notion de « déséconomie externe » (externalité négative) qui souligne la « défaillance du marché » à traduire la discordance entre le coût privé et le coût social d'une activité économique, et se trouve ainsi à l'origine des mesures d'intervention étatique sous forme de taxation de ces externalités sociales et environnementales. Loin de mettre en cause le dogme du rôle régulateur du marché, cette approche cherche au contraire à l'utiliser au moyen de légères corrections de ses défaillances initiales. Il publia aussi *The Economics of Stationary States* (1935) et dirigea la publication des *Memorials of Alfred Marshall* (1925, rééd. 1956), où on peut retrouver le célèbre article de 1898 sur « *les analogies physiques et biologiques en économie politique* ».

PLANCK, Max (1858-1947)

Grand admirateur de l'œuvre de Clausius, il consacra sa thèse (1879) au deuxième principe de la théorie mécanique de la chaleur (la thermodynamique), soulignant son lien avec les phénomènes irréversibles de la nature. L'entropie sera le fil d'Ariane de ses recherches. En étudiant les processus irréversibles du rayonnement et en cherchant à répondre aux critiques de Boltzmann, Planck fut amené, en 1900, à inventer la physique quantique et à se voir obligé, la mort dans l'âme, de faire le deuil du déterminisme de la physique classique. Il ajouta la constante *k* ($S = k \log W$) à la formule probabiliste de l'entropie de Boltzmann. Il sera Prix Nobel de physique en 1918. « Dans les années 89 et 90 du siècle dernier, note-t-il dans son *Autobiographie scientifique*, une expérience personnelle m'a appris ce qu'il en coûte à un chercheur, en possession d'une idée à laquelle il a mûrement réfléchi, de vouloir la propager. Il a constaté combien les meilleurs arguments qu'il produisait dans ce but pesaient peu, parce que sa voix n'avait pas l'autorité suffisante pour s'imposer au monde savant. À cette époque, il était vain d'essayer de contrecarrer les Wilhelm Ostwald, les Georg Helm, les Ernst Mach ». En français, on peut lire *Leçons de Thermodynamique*, trad. de la 3e éd. all., Paris, Hermann, 1913 ; *L'Image du monde dans la physique moderne*, Paris, Gonthier, 1963 ; *Initiations à la Physique* (Leipzig, 1934 ; Paris, Flammarion, coll. « Champs », 1993).

PRIGOGINE, Ilya (1917-2003)

Chimiste et théoricien belge d'origine russe. Né à Moscou, il émigra en Belgique à l'âge de douze ans. Professeur depuis 1947 à l'université libre de Bruxelles, après une thèse sur l'*Étude thermodynamique des phénomènes irréversibles* (1945, publiée en 1947). Directeur de l'Institut Solvay depuis 1959. En 1962, il publie en anglais son *Introduction à la thermodynamique des processus irréversibles*, dont la traduction française (Dunod, 1968) a été rééditée aux éditions Jacques Gabay en 1996. Depuis 1967, il est directeur du « *Ilya Prigogine Center for Studies in Statistical Mechanics and Thermodynamics* », Université du Texas, à Austin (U.S.A.) ; où il rencontra Georgescu-Roegen en 1979. Membre d'une trentaine d'académies. Il a reçu de très nombreuses distinctions, comme la Médaille d'or Arrhénius de l'Académie royale des sciences de Suède et la Médaille Rumford de la *Royal Society* en 1976. Prix Nobel de chimie en 1977 pour sa « contribution à la thermodynamique des phénomènes irréversibles, notamment à la théorie des structures dissipatives ». En 1971, en collaboration avec Paul Glansdorff, il a publié *Structure, stabilité et fluctuations* qui marque une étape importante dans la contribution de la théorie thermodynamique du non-équilibre à la problématique de l'évolution. En 1977, en collaboration avec Grégoire Nicolis, il a publié *Self-Organization in Non-Equilibrium Systems : From Dissipative Structures to Order through Fluctuations*. Ses idées révolutionnaires reçoivent des applications dans des domaines aussi variés que l'origine de la vie, l'évolution des écosystèmes, la théorie de l'auto-organisation, la dynamique urbaine, la psychothérapie familiale, l'anthropologie culturelle et la science économique. À propos de son optimisme scientiste, certains critiques parlent de « prigoginisme social » ! Mais Prigonine a aussi écrit sur *La Fin des certitudes* (1996). Par ses intérêts philosophiques, Prigogine exerce une influence souvent proche – et rivale – de celle de Georgescu-Roegen : une confrontation sérieuse n'a cependant jamais eu lieu. En collaboration avec Isabelle Stengers, Prigogine a publié *La Nouvelle Alliance : métamorphose de la science* en 1979 (2e éd., « Folio Essais », 1986) et *Entre le temps et l'éternité* en 1988. Parmi les autres livres largement accessibles de Prigogine, *Physique, Temps et Devenir* (1980) explore un thème (dans l'héritage bergsonien) qui mériterait d'être rapproché de *The Entropy Law and the Economic Process.*

QUESNAY, François (1694-1774)

Médecin et « économiste », auteur du fameux *Tableau économique*, publié en 1758. Cette synthèse de la pensée physiocratique, qui considérait l'activité économique de la société comme un tout, soumis à un ordre naturel, accrédita durablement la croyance dans le caractère prétendument naturel des lois économiques, gage d'un équilibre préétabli (par la Providence), et dans le caractère circulaire du processus économique. Le concept de « circuit », reconnu comme base de l'analyse économique, notamment par Marx, Schumpeter et Léontieff, s'inscrit chez Quesnay dans une vision du monde qui traduit l'immense impact philosophique, assez tardif, de la découverte de la circulation du sang d'Harvey et sa résonance avec la traditionnelle cosmologie du cercle qui puisait ses racines chez Aristote tout en s'intégrant alors parfaitement au paradigme technologique de « l'architecture hydraulique » (Bélidor) de la civilisation européenne pré-industrielle (d'origine médiévale). Boisguilbert avait déjà parlé du « moulin de la richesse ». Autrement dit, la Physiocratie de Quesnay est contemporaine de l'Europe néolithique des moulins et à ce titre on peut dire qu'elle est pré-carnotienne. Quesnay est le plus illustre représentant de l'école des Physiocrates – on les appelait alors les économistes – représentée aussi par Mirabeau, Beaudeau, Mercier de la Rivière, Dupont de Nemours et Turgot. Adam Smith fit le voyage à Paris pour les rencontrer. Cette école de pensée s'est rendue célèbre par la formule « Laissez faire, laissez-passer » ; mais elle a aussi eu le mérite de souligner l'importance vitale de l'agriculture et le lien indissoluble qui relie la société humaine à l'économie de la nature. R. Grandamy (1973) a récemment fait une lecture écologique de la *Physiocratie, théorie générale du développement économique.* Par son approche physiologique du développement économique, Georgescu-Roegen ravive, à sa manière, la tradition physiocratique.

RANKINE, William J. Macquorn (1820-1872)

Ingénieur et physicien écossais qui succéda en 1855 à Lewis Gordon à la chaire d'ingénierie de l'Université de Glasgow (établie en 1840 pour honorer la mémoire de James Watt). Dès 1850, il publia d'importantes contributions à la constitution de la nouvelle théorie thermodynamique. Thomson lui fit connaître le travail de 1850 de Clausius. Il distingue l'énergie potentielle- et l'énergie actuelle. Arguant contre l'idée de ta dissipation universelle de l'énergie de Thomson, Rankine publia un article sur la reconcentration de l'énergie dans l'univers et la conservation de l'entropie ! En 1859, il publia un très influent Manuel de la machine à vapeur et des autres moteurs (trad. fr. sur la 8ᵉ éd. anglaise, 1878), atteignant sa 17ᵉ éd. en 1908. Il développa une théorie générale de la physique dénommée « énergétique » (« *Outlines of the science of energetics* » [1855], *Miscellaneous Scientific Papers*, Londres, 1888, pp. 209-228), fondée sur l'énergie et ses transformations, plutôt que sur le mouvement et la force, mais dans laquelle les processus réversibles abstraits masquent les phénomènes irréversibles du monde réel.

RAYLEIGH, (*Lord*) John William STRUTT (1842-1919)

3ᵉ baron Rayleigh. Successeur de James Clerk Maxwell (1831-1879) à Cambridge jusqu'en 1887, puis de John Tyndall (1820-1893) à la *Royal Institution* de Londres. Comme la plupart des savants britanniques de son temps, il s'occupa de physique expérimentale en même temps que de physique théorique. Il fit des recherches sur les ondes, en optique et en acoustique. Il appliqua la mécanique statistique au rayonnement thermique, mais n'accepta pas le modèle quantique de Planck. Sa contribution à la découverte de l'argon, annoncée par William Ramsay (1852-1916) en 1895, lui valut le Prix Nobel de physique en 1904. Président de la *Royal Society* en 1905.

RICARDO, David (1772-1823)

Économiste classique par excellence. Dès l'âge de 14 ans, il travaille sous la direction de son père à la Bourse de Londres : il fit fortune puis se retira des affaires pour s'offrir le luxe de se consacrer à la théorie, en l'occurrence à la mise en forme logique de la nouvelle science de l'économie politique. Ses *Principes de l'économie politique et de l'impôt*, publiés en 1817, connurent plusieurs éditions corrigées et demeurent un classique pour les étudiants en science économique (coll. « Champs », Flammarion, 1977). Il y développe sa fameuse théorie de la rente foncière et prend parti pour le concept de la valeur-travail et les vertus du libre-échange dans le commerce international. L'économie politique de Ricardo fut vigoureusement prise à partie par Sismondi : à la fin de sa vie, Ricardo rendit visite à Genève à son principal critique. Malgré leur rivalité intellectuelle, Malthus et Ricardo s'estiment hautement et furent d'excellents amis. C'est en grande partie à cause de Ricardo que l'économie politique recevra de Thomas Carlyle le surnom de *dismal science* (science lugubre).

SAMUELSON, Paul A. (1915-)

Le plus connu des grands économistes américains ; le premier Américain, en 1970, à recevoir le *Nobel Memorial Prize in Economic Science*, après R. Frisch (Norvège) et J. Tinbergen (Pays-Bas) en 1969. Au milieu des années 30, il se trouvait à Harvard, aux côtés de Georgescu-Roegen, dans les cours de Schumpeter, de W. Léontief, de E.B. Wilson. C'est en 1937, alors qu'il était un étudiant licencié de 22 ans, qu'il écrivit sa magistrale thèse sur *Les fondements de l'analyse économique* (1948, trad. fr. : 1965) qui témoigne d'un certain esprit scientifique ! À partir de cette base scientifique classique centrée sur la théorie de l'équilibre économique et qui cherche à concilier le paradigme néo-classique (hérité de Léon Walras) et Keynes, il rédigea son célèbre manuel *Economics*, publié pour la première fois en 1949, et qui a connu de très nombreuses éditions révisées et traductions (y compris en français), devenant la bible de l'enseignement en science économique et faisant de son auteur un homme riche. C'est en 1940 qu'il fut nommé professeur d'économie au prestigieux *Massachusett Institute of Technology* (M.I.T.). *Les Collected Scientific Papers of Paul A. Samuelson* (M.I.T. Press, 4 vols., 1966, 1972, 1977, 1986) sont impressionnants. Il a été conseiller des présidents J.-F. Kennedy et L.-B. Johnson. Ses relations avec Georgescu mériteraient un livre !

SAVERY, Thomas (1650-1715)

Ingénieur militaire (?), on sait en fait peu de chose de cette figure d'inventeur anglais originaire d'une riche famille de marchants de la province du Devon, région minière qui vit naître également Newcomen*. Après 1700, Savery est connu comme le « *Captain Savery* » et c'est ainsi que le nomme en 1744 le professeur J.-T. Desaguliers dans son *Course of Experimental Philosophy*. Il a obtenu le 25 juillet 1698 un brevet du Parlement pour une machine faisant monter l'eau au moyen de la force motrice du feu. Il fit de la réclame pour son projet de pompe à feu dans un livre de 1702 intitulé *The Miner's Friend*. Il fut élu Membre de la *Royal Society* de Londres en 1705. Savery fit plusieurs améliorations sur sa machine à feu primitive (elle n'a pas encore de piston !). Ce fut, après les recherches de Denis Papin et d'autres, une étape importante dont tira parti

Newcomen. Dans l'historiographie de la machine à vapeur, on dit parfois qu'il marque la transition entre le laboratoire ou la recherche spéculative du savant et l'atelier de l'artisan et de l'ingénieur, mais les rapports entre science et technique (une distinction trop moderne pour cette époque) dans ce domaine sont très controversés.

SEABORG, Glenn T. (1912-1999)

Chimiste américain aux origines du développement nucléaire militaro-industriel issu du Projet Manhattan. Il découvrit notamment – en collaboration avec E. Mac Millan (n. 1907), avec qui il reçut le Prix Nobel de chimie en 1951 – du plutonium en 1940, en bombardant de l'uranium avec des neutrons, puis d'autres éléments radioactifs transuraniens (plus lourds que l'uranium) qu'il considéra, en 1944, comme la série des actinides (nombre atomique de 89 à 103) dans le fameux Tableau périodique des éléments. Formé à l'université de Californie, à Berkeley, il y devint professeur pour le reste de sa carrière. Il travailla, avec son cyclotron, à la fabrication de la bombe atomique et devint, de 1961 à 1971, Président de la très puissante *U.S. Atomic Energy Commission* (A.E.C.). En 1970, son élection comme président de l'*American Association for the Advancement of Science* (A.A.A.S.) fut très controversée par les défenseurs de l'environnement.

SCHRÖDINGER, Erwin (1887-1961)

Physicien autrichien, né à Vienne, l'un des fondateurs de la mécanique quantique. L'influence de Boltzmann* fut décisive dans sa formation intellectuelle. Célèbre pour sa théorie de la mécanique ondulatoire (« l'équation de Schrödinger » date de 1926) qui lui vaut le Prix Nobel de physique en 1933. Il a aussi contribué à la mécanique statistique, à la relativité et aux théories unitaires. Il s'intéressa aussi beaucoup aux sciences biologiques. Pendant la guerre, exilé en Irlande, à Dublin, il publia un petit ouvrage très original intitulé *What is Life ?* (Cambridge, 1944, 2e éd., 1945 ; trad. fr. : *Qu'est-ce que la vie ?*, 1950 ; rééd. 1986) qui exerça une influence considérable sur la pensée scientifique contemporaine, notamment sur la naissance de la biologie moléculaire, mais aussi sur N. Wiener, L. Brillouin, I. Prigogine, J. Lovelock et Georgescu-Roegen. C'est dans ce livre qu'il formule l'idée, inspirée de Boltzmann, que « la vie se nourrit d'entropie négative ». Passionné toute sa vie par la philosophie, et notamment par Schopenhauer et les philosophies de l'Inde, il a aussi fait une oeuvre très originale, quoique longtemps méconnue, dans ce domaine, préfigurant sur bien des points la métaphysique moniste et mystique de « l'écologie profonde » (Arne Naess).

SCHUMPETER, Joseph A. (1883-1950)

Né à Triesch, en Moravie. Économiste, sociologue et historien d'origine autrichienne, représentant de « l'école autrichienne », dont il partageait l'immense culture. Après avoir enseigné en Allemagne de 1925 à 1932, il émigra aux États-Unis, où il devint professeur au département d'économie de l'Université Harvard. Prolongeant l'interprétation marxienne de la dynamique sociale du capitalisme industriel d'une part et l'économie pure de Walras d'autre part, il développa une analyse originale du changement technique, et plus largement des transformations structurelles du développement économique, en soulignant notamment le rôle de l'innovation et de l'entrepreneur dans ce « processus de destruction créatrice ». En 1935, Schumpeter, qui voulait écrire un livre avec Georgescu-Roegen, ne réussit pas à retenir notre économiste roumain qui lui répondit, avec une franchise frisant l'insolence, que son pays avait bien davantage besoin d'un économiste que Harvard ! Lorsque Georgescu-Roegen rencontre Schumpeter, celui-ci est en train de travailler sur l'innovation et les cycles d'affaires (*Business Cycles : A Theoretical, Historical and Statistical Analysis of the Capitalist Process*, 2 vols., 1939). Il vient de publier *The Theory of Economic Development* (1934), traduction anglaise de son livre allemand de 1912. La traduction française : *Théorie de l'évolution économique*, introduite par François Perroux (1903-1987), date de 1935 (rééd. 1983). Schumpeter fut l'un des fondateurs de la *Econometric Society*, qu'il présida jusqu'en 1941. Son *Histoire de l'analyse économique* (livre posthume publié en 1954 ; trad. française en 1983) est une référence majeure, tant pour les économistes que pour les historiens de la pensée occidentale. Auteur prolifique, il a marqué l'ensemble des sciences économiques et sociales, quoique son influence n'ait pas été immédiate. La fortune de Schumpeter est actuellement spectaculaire, comme en témoignent la création de l'*International Joseph A. Schumpeter Society* ou les travaux de plus en plus nombreux consacrés aux aspects évolutifs du changement technologique et socio-économique.

SMITH, Adam (1723-1790)

Philosophe écossais, père putatif de l'économie politique. Après avoir étudié à Glasgow, où il subit l'influence de Francis Hutcheson, puis à Oxford où il se lia d'amitié avec Hume, il rencontra à Genève Voltaire et à Paris François Quesnay, chef de l'école des physiocrates, auquel il emprunta l'idée de marché comme régulateur de la vie économique mais dont il rejeta le parti pris agraire. Nommé en 1751 professeur de logique et par la suite de philosophie morale à l'Université de Glasgow, il publia en 1751 une *Théorie des sentiments moraux*, où se trouve la célèbre allusion à la « Main invisible » censée réguler les intérêts égoïstes à l'intérêt général. En 1776, il publia ses fameuses *Recherches sur la nature et la cause de la richesse des nations*, un classique de la civilisation occidentale dont on célébra avec faste le bicentenaire en 1976. Parmi les nombreuses idées économiques attribuées à Adam Smith qui n'enseigna jamais l'économie politique, l'une des plus tenaces dans l'histoire de cette discipline est sa conjecture d'un accroissement du capital, donc de la croissance, dont il conjectura les limites. Nommé commissaire des droits de douanes et du sel pour l'Écosse en 1777, il s'établit à Edimbourg où il mourut en 1790. Il semble qu'il ait voué une portion considérable de ses appointements à la pratique secrète de la charité. En 1795 furent publiés à titre posthume, par ses amis J. Black et J. Hutton, ses *Essais sur des sujets philosophiques*, dans lesquels on trouve notamment une histoire de l'astronomie qui illustre son admiration pour Newton. Georgescu-Roegen admire beaucoup les économistes classiques, comme Adam Smith, qui observaient le monde de leur temps et ne pouvaient donc pas connaître la révolution thermo-industrielle et la Loi de l'Entropie !

SOLOW, Robert M. (1924-)

Économiste américain formé à Harvard. Enseignant au *Massachusetts Institute of Technology* (M.I.T.) dès 1950 ; il y fut nommé professeur en 1958. À l'image de son maître Paul Samuelson, il décrit son approche de la science économique comme une synthèse du modèle néo-classique et du courant keynesien. Sa notoriété remonte à deux publications de 1956 et 1957 consacrées à la théorie de la croissance économique et au « progrès technique ». Ses modèles mathématiques de la croissance économique, qui constituent une véritable apologie du capitalisme libéral, des vertus régulatrices du marché et du dynamisme de la technologie moderne, lui valurent le Prix Nobel d'économie en 1987. Rappelons ici que cette prestigieuse distinction n'est pas un véritable Prix Nobel mais simplement le *Nobel Memorial Prize* pour la science économique créé en 1968 par la Banque nationale de Suède. En 1970, il publie son livre sur la *Théorie de la croissance économique* (trad. fr., 1972) ; une année après, il publie un article très controversé : « *The economist's approach to pollution control* » (*Science*, 1971, 173, pp. 498-503). Sa critique du modèle Forrester-Meadows, « *Is the end of the world at hand ?* », se retrouve dans A. Weintraub et al., eds, *The Economic Growth Controversy* (Londres, Macmillan, 1973, pp. 39-61). Selon Georgescu-Roegen et ses disciples, l'une des illustrations les plus flagrantes de l'ignorance des aspects bioéconomiques de la Loi de l'Entropie chez les économistes a été donnée par la « conférence Richard T. Ely » de R. Solow : « *The economics of resources or the resources of economics* » (*American Economic Review*, 1974,64, pp. 1-14).

VAN'T HOFF, Jacobus Henricus (1852-1911)

Physico-chimiste néerlandais qui compléta ses études supérieures en Allemagne (avec Kekulé) et en France (avec Wurtz) ; professeur à Utrecht, à Amsterdam, puis à Leipzig et enfin à Berlin. Il fit d'importants travaux sur la cinétique des réactions chimiques dans les systèmes homogènes et hétérogènes, la dissociation électrolytique et dans bien d'autres domaines qui intéressent l'industrie chimique. Il est considéré, après Pasteur* et avec Joseph-Achille Le Bel (1847-1930) et Alfred Werner (1866-1919), comme l'un des pères de la stéréochimie, avec sa théorie du « carbone asymétrique » exposée dès 1874 puis développée en français dans son ouvrage *La chimie dans l'espace.* (cf. Louis Pasteur, J.-H. Van't Hoff, A. Werner, *Sur la dissymétrie moléculaire*, Paris, Christian Bourgois, 1986). En 1884, il publie *Études de dynamique chimique* qui traite essentiellement de la théorie de l'équilibre en thermodynamique chimique. Avec Gibbs, Arrhénius, Ostwald, il fit de la *chimie physique* une nouvelle et puissante discipline. Il reçut le premier Prix Nobel de chimie en 1901 « pour la découverte des lois de la chimie dynamique et de la pression osmotique dans les solutions ».

VEBLEN, Thorstein (1857-1929)

Économiste et sociologue anticonformiste américain, issu d'une famille de paysans norvégiens immigrés. L'un des plus remarquables critiques de la civilisation industrielle américaine. Il enseigna, sans éclat, dans différentes universités sans jamais faire une véritable carrière universitaire. Doué d'une immense culture, il se fit connaître avec sa fameuse *Théorie de la classe des loisirs* (1899, trad. fr. 1970), qui analysait notamment le rôle de la « consommation ostentatoire » dans l'expression du besoin de différenciation sociale. Parmi ses principales publications, il faut encore mentionner *Imperial Germany and the Industrial Revolution* (1915) et *The Place of Science in Modern Civilization* (1921). Son livre sur *Les Ingénieurs et le capitalisme* (1921, trad. fr. : 1971) a souvent été considéré comme la charte de la Technocratie. Il critiqua l'économie politique au nom de l'évolutionnisme – « *Why is economics not an evolutionary science ?* » (*Quarterly Journal of Economics*, juillet 1898) – mais aussi au nom d'une conception de la « nature humaine », irréductible au calcul utilitaire de la tradition des économistes qui en fait un précurseur de l'anthropologie culturelle américaine. Dans l'histoire des doctrines économiques, il est à juste titre considéré comme l'un des pères de l'institutionnalisme. Ses oeuvres ont été rééditées en tant que classiques en 1964 et son influence a été renouvelée par la création, en 1965, de l'*Association for Evolutionary Economics* qui édite le *Journal of Economic Issues.*

Von NEUMANN, John (1903-1957)

Mathématicien américain d'origine hongroise. Il fit des études supérieures en Allemagne et au Polytechnicum de Zurich. Aux débuts des années 30, il émigra aux États-Unis, où il fit une brillante carrière à l'*Institute for Advanced Study* de Princeton. Enfant prodige, génie polyvalent, ingénieur autant que théoricien pur, il fut associé à pratiquement toutes les grandes percées de la science et de la technologie américaines pendant et après la Deuxième Guerre mondiale. Il est l'auteur d'un théorème célèbre sur l'irréversibilité de la mesure en mécanique quantique. Son livre sur *Les Fondements mathématiques de la mécanique quantique*, Berlin 1932 ; trad. fr., 1946) est un classique qui fait partie de l'immense culture scientifique de Georgescu-Roegen. Il a participé à Los Alamos au Projet Manhattan pour la construction de la bombe atomique, ainsi qu'à de nombreux autres programmes militaires. Après la guerre, il travailla pour la bombe thermonucléaire, collaborant avec l'*Atomic Energy Commission* (A.E.C.), dont il devint membre en 1955. Il fut l'un des zélateurs les plus brillants du nouvel âge nucléaire. Pionnier de l'informatique, de l'ère des ordinateurs, on le considère comme l'un des pères des sciences cognitives et de l'intelligence artificielle. Créateur de la théorie des jeux (à la suite d'Emile Borel), von Neumann publia avec son collègue Oskar Morgenstern (1902-1977), économiste d'origine autrichienne, un livre fondamental sur la théorie des jeux et le comportement économique, *Theory of Games and Economic Behavior* (1944) « qui a fait date » (Georgescu-Roegen) : l'arsenal mathématique de la science économique se mêla avec celui de la stratégie, discipline qui proliféra avec la guerre froide. L'influence de von Neumann sur l'économie mathématique provient également de son fameux modèle de l'équilibre économique général (1945). Ses travaux sur les développements logiques de « la machine de Turing », l'ordinateur issu de l'imagination du mathématicien britannique Alan M. Turing (1912-1954) et surtout sur la théorie des automates auto-reproducteurs font de lui l'un des pionniers de la théorie de l'auto-organisation et de l'épistémologie de la complexité. Claude Shannon (1916-2001), le père de la théorie mathématique de l'information, avoua que son utilisation du mot entropie lui fut suggérée par von Neumann qui lui donna comme ultime argument que « personne ne sait ce qu'est réellement l'entropie, si bien que dans une discussion tu auras toujours le dernier mot » !

BIBLIOGRAPHIE

(SÉLECTIONNÉE PAR J. GRINEVALD)

I. Textes de N. GEORGESCU-ROEGEN (liste incomplète)

1930a « Sur un problème de calcul des probabilités avec application à la recherche des périodes inconnues d'un phénomène cyclique », *Comptes Rendus de l'Académie des sciences*, [Paris], 191, 7 juillet, pp. 15-17.

1930b « Le problème de la recherche des composantes cycliques d'un phénomène », *Journal de la Société de Statistique de Paris*, octobre, pp. 5-52. (thèse de doctorat)

1932 « Further contributions to the sampling problem », *Biometrika*, 24, pp. 65-107.

1933 *Metoda Statistica*, Bucarest, Biblioteca Institutului Central de Statistica, 506 p.

1935a « Note on a proposition of Pareto », *Quarterly Journal of Economics*, 49, pp. 706-714.

1935b « Fixed coefficients of production and the marginal productivity theory », *Review of Economic Studies*, 3, pp. 40-49.

1936a « Marginal utility of money and elasticities of demand », *Quarterly Journal of Economics*, 50, pp. 533-539.

1936b « The pure theory of consumer's behaviour », *Quarterly Journal of Economics*, 50, pp. 545-593. (rééd. *in Analytical Economics*, pas *in La Science économique.)*

1950a « The theory of choice and the constancy of economic laws », *Quarterly Journal of Economics*, 64, pp. 125-138. (rééd. *in Analytical Economics*, pas *in La Science économique*.)

1950b « Leontief's system in the light of recent results », *Review of Economics and Statistics*, 32, pp. 214-222.

1951a (coéditeur avec T.C. Koopmans et al.), *Activity Analysis of Production and Allocation*, New York, Wiley, XIV - 404 p.

1951b « The aggregate linear production function and its application to von Neumann's economic model », *in Activity Analysis of Production and Allocation*, New York, Wiley, pp. 98-115.

1951c « Relaxation phenomena in linear dynamic models », *in Activity Analysis of Production and Allocation*, New York, Wiley, pp. 116-131. (rééd. *in Analytical Economics* ; trad. fr. *in La Science économique*.)

1951d « Some properties of a generalized Leontief model », in *Activity Analysis of Production and Allocation*, New York, Wiley, pp. 165-173. (*in Analytical Economics* pas in *La Science économique*.)

1952a « A diagrammatic analysis of complementarity », *Southern Economic Journal*, 19, pp. 1-20. (rééd. *in Energy and Economic Myths*.)

1952b « Toward partial, redirection of econometrics », *Review of Economics and Statistics*, 34(3), pp. 206-211. (rééd. *in Energy and Economic Myths*.)

1954a « Choice and revealed preference », *Southern Economic Journal*, 21, pp. 119-130. (rééd. *in Analytical Economics* pas *in La Science économique*.)

1954b « Choice, expectations and measurability », *Quarterly Journal of Economics*, 68, pp. 503-534. (rééd. *in Analytical Economics* ; trad. fr. *in La Science économique*.)

1955 « Limitationality, limitativeness, and economic equilibrium », *Proceedings of the Second Symposium in Linear Programming*, Washington, D.C., National Bureau of Standard, vol.I, pp. 295-330. (rééd. *in Analytical Economics* ; trad. fr. *in La Science économique*.)

1958 « The nature of expectation and uncertainty », in Jean Mary Bowman, ed., *Expectations, Uncertainty and Business Behavior*, New York, Social Science Research Council, chap. I, pp. 11-29. (rééd. *in Analytical Economics* ; trad. fr. *in La Science économique*.)

1960a « Economic theory and agrarian economics », *Oxford Economic Papers*, 12, pp. 1-40. (rééd. *in Analytical Economics* et *in Energy and Economic Myths* ; trad. fr. : « Théorie économique et économie politique agraire », *Économie rurale*, 1967, 71, pp. 51-76 ; et *in La Science économique*.) (rééd. in C. Eicher et L. Witt, eds, *Agriculture in Economic Development*, New York, McGraw-Hill, 1964, pp. 144-169 ; in Tara Shukla, ed., *Economics of Underdeveloped Agriculture*, Bombay, Vora and Co., 1969, pp. 318-373 ; in Gerald M. Meier, ed., *Leading Issues in Economic Development : Studies in International Poverty*, New York, Oxford University Press, 1970, pp. 68-72.)

1960b « Mathematical proofs of the breakdown of capitalism », *Econometrica*, 28, pp. 225-243. [numéro spécial en l'honneur de Ragnar Frisch] (rééd. *in Analytical Economics* ; pas *in La Science économique*.)

1963 « Some thoughts on growth models : a reply », *Econometrica*, 31, p. 230-236, 239.

1964 « Measure, quality, and optimum scale », in C.R. Rao, ed., *Essays in Econometrics an planning : Presented to Professor P.C. Mahalanobis on his 70th Birthday*, Oxford, Pergamon Press, pp. 231-256.

1966a *Analytical Economics : Issues and Problems*, Cambridge, Mass., Harvard University Press, XVI + 434p., trad. fr. : *La Science économique : ses problèmes et ses difficultés*, trad. par Mme F. Rostand, préface de H. Guitton, Paris, Dunod, 1970, XVI + 300 p. (Trad. ital. 1973.)

1966b « Further thoughts on Corrado Gini's *Delusioni dell'econometria* », *Metron*, (25)104, pp. 265-279. (International Symposium on Statistics as Methodology in the Social Sciences, A Symposium in Honor of Corrado Gini, Rome, mars 1966). (rééd. in *Energy and Economic Myths*.)

1967a « Chamberlin's new economics and the unit of production », in R.E. Kuenne, ed., *Monopolistic Competition : Studies in Impact : Essays in Honor of Edward H. Chamberlin*, New York, Wiley, pp. 31-62.

1967b « An epistemological analysis of statistics as the science of rational guessing », *Acta Logica*, 10, pp. 61-91.

1968a « O estrangulamento : inflaçao estrutural e o crescimento economíco », *Revista Brasileira de Economíca*, 22, pp. 5-14.

1968b « Utility », *International Encyclopedia of the Social Sciences*, New York, Free Press, vol. XVI, pp. 236-267.

1968c « Revisiting Marshall's contancy of marginal utility of money », *Southern Economic journal*, 35, pp. 176-181.

1969a « Process in farming versus process in manufacturing : a problem of balanced development », in Ugo Papi et Charles Nunn, eds, *Economic Problems of Agriculture in Industrial Societies*, (Proceedings of a Conference of the International Economic Association, Rome, September, 1965), London, Macmillan ; New York, St. Martin's Press, pp. 497-528. (rééd. *in Energy and Economic Myths*.)

1969b « The Institutional aspects of peasant communities : an analytical view », in Clifton R. Wharton, jr., ed., *Subsistence Agriculture and Economic Development*, (A seminar on Subsistence and peasant agriculture, Honolulu, mars 1965), Chicago, Aldine, 1969, pp. 61-99. (rééd. *in Energy and Economic Myths*.)

1969c « A critique of statistical principles in relation to social phenomena », *Revue internationale de sociologie*, [Actes du XXIIe congrès de l'Institut international de sociologie], 5(3), pp. 347-370.

1970a « Structural inflation-lock and balanced growth », *Économies et sociétés*, Cahiers de l'Institut de science économique appliquée, 4(3), pp. 557-605. (rééd. *in Energy and Economic Myths*.)

1970b « The Economics of Production (The 1969 Richard T. Ely Lecture) », *American Economic Review*, mai, 60(2), pp. 1-9. (rééd. *in Energy and Economic Myths*.)

1971a *The Entropy Law and the Economic Problem,* Department of Economics, The Graduate School of Business and Office for International Programs,

The University of Alabama. (Distinguished Lecture Series, n° 1, delivered december 3, 1970.) (Rééd. : *in Energy and Economic Myths*).
Rééd. *in The Ecologist*, juillet 1972 ; trad. all. in *Brennpunkte [Zürich, Gottlieb Duttweiler Institut]*, 1972, 5(2), p. 17-28 ; in H. Daly, ed., *Toward a Steady-State Economy*, San Francisco, Freeman, 1973, pp. 37-49 ; in Stephen Lyons, ed., *Sun ! À Handbook for the Solar Decade*, San Francisco, Friends of the Earth, 1978, pp. 170-184 ; trad. espagnole in *Ciencia y desarrollo* (Mexico), 1978, 18, pp. 64-70 ; in Joan Dye Gussow, ed., *The Feeding Web : Issues in Nutritional Ecology*, Palo Alto, Bull Publishing Co., 1978, pp.280-284.)
Trad. fr. : « La loi de l'entropie et le problème économique », chap. I dans ce volume.

1971b *The Entropy Law and the Economic Process*, Cambridge, Mass., Harvard University Press, XV + 457 p.
[Trad. roumaine : Bucharest, Editura Politica, 1979. Trad. espagnole, préface de J. Grinevald, Madrid, Fundacion Argentaria, Visor, 1996]

1972a « Process analysis and the neoclassical theory of production », *American Journal of Agricultural Economics*, 54(2), pp. 279-294. (Invited paper for the 1971 Annual Meeting of the American Association of Agricultural Economics.) (rééd. *in Energy and Economic Myths*.)

1972b « Analysis versus dialectis in economics », in Micea Buescu, ed., *Ensaios Economícos, Homagem a Octavio Gouvea de Bulhoes*, Rio de Janeiro, A.P.E.D., pp. 251-278.

1973a « Utility and value in economic thought », *Dictionary of the History of Ideas*, New York, Charles Scribner's, vol. IV, pp. 450-458.

1973b *Anàlisi economíca e processo economíco*, introduzione di G. Becattini, Florence, Sansoni. (Trad. de 1966a.)

1974a « Toward a human economics », *American Economic Review*, 64(2), pp. 449-450. [rédigé avec K. Boulding et H. Daly et signé par plus de 200 économistes.]
(rééd. in Hugh Nash, ed., *Progress as If Survival Mattered*, San Francisco, Friends of the Earth, 1977, pp. 182-183.)

1974b « L'economia politica come estensione della biologia », *Note economiche* (Monte dei Paschi di Siena), 2, pp. 5-20 [conférence donnée à l'Université de Florence le 14 mai 1974]

1974c « Mechanistic dogma and economics », *Methodology and Science*, 6(3), pp. 174-184.

1974d « Dynamic models and economic growth », *Économie appliquée*, 27(4), pp. 529-563. (rééd. *in Energy and Economic Myths* ; *in World Development*, 1975, 3(11-12), pp. 765-783 ; in Gerffiard Schwödiauer, ed., *Equilibrium and Disequilibrium in Economic Theory* [Proceedings of a Conférence organized by the Institute for Advanced Studies, Vienna, Austria, 3-6 juillet 1974], Dordrecht, Reidel, 1977, pp. 413-449.)

1974e « Fisiologia do desenvolvimento economíco », in *Plainéis internacionais sobre desenvolvimento socioeconomíco*, (Colloque international pour le 21e anniversaire de la B.N.D.E.), Rio de Janeiro, A.P.E.C. Editora, pp. 335-347.

1975a « Energy and economic myths », *Southern Economic journal*, 41, pp. 347-381. (*in Energy and Economic Myths*, chap. I ; (rééd. *in The Ecologist*, juin et août-septembre 1975, 5(5), pp. 164-174, et 5(7), pp. 242-252 ; trad. espagnole : *El Trimestre Economíco*, 1975, 42, pp. 779-836.)
Trad. fr. « L'Énergie et les mythes économiques », ch. II dans le présent volume.

1975b « Bio-economic aspects of entropy », in Libor Kubat and Jiri Zeman, eds, *Entropy and Information in Science and Philosophy*, Prague, Academia, Amsterdam, Elsevier, pp. 125-142.

1975c « Technology and economic policy », in Howard L, Hartman, ed., *Proceedings of Centennial Symposium on Technology and Public Policy*, Vanderbilt University, 6-7 november 1975, Nashville, Vanderbilt University, pp. 43-50.

1975d « Vilfredo Pareto and his theory of ophelimity », in *Convegno Internazzonale Vilfredo Pareto*, (Rome, 25-27 octobre 1973), Rome, Academia Nazionale dei Lincei, pp. 223-265. (rééd. *in Energy and Economic Myths*.)

1975e *Economics or Bioeconomics*, American Economic Association Meetings, Dallas, 29 décembre 1975.

1976a *A Different Economic Perspective*, Symposium : Solar Energy, An interdisciplinary Societal Opportunity, A.A.A.S. Annual Meeting, Boston, 21 février 1976.

1976b « Economic growth and its representation by models », *Atlantic Economic journal*, 4, pp. 1-8.

1976c « Economics and educational development », *Journal of Education Finance*, 2, pp. 1-15.

1976d *Energy and Economic Myths : Institutional and Analytical Economic Essays*, New York, Pergamon Press, XXVI + 380 p.

1976e « Economics and mankind's ecological problem », in *U.S. Economic Growth from 1976 to 1986 : Prospects, Problems, and Patterns*, vol. VII, « The Limits to Growth », Joint Economic Committee, Congress of the United States, Washington, D.C., U.S. Government Printing Office, pp. 62-91.

1976f « Commentaire », in *Sadi Carnot et l'essor de la thermodynamie*, [Paris, École polytechnique, 11-13 juin 1974], Paris, Éditions du C.N.R.S., partie IV, « Thermodynamique et économie », pp. 349-355.

1976g *Is the perpetual motion of the third kind possible ?*, Colloque de l'I.R.S. – E.N.S.T. sur la Crise, Université de Paris IX – Dauphine, 19 novembre 1976.

1977a « Matter matters, too », in Kenneth D. Wilson, ed., *Prospects for Growth : Changing Expectations for the Future*, New York, Praeger, pp. 293-313.

1977b *Discours de clôture*, Colloque international d'économétrie appliquée, Strasbourg, 17-18 février 1977, Bulletin n°1, mai 1977, pp. 23-27.

1977c « What thermodynamics and biology can teach economists », *Atlantic Economic Journal*, 5, pp. 13-21. [*Atlantic Economic Association*, Washington, D.C., 15 octobre 1976.]

1977d « The steady state and ecological salvation : a thermodynamic analysis », *BioScience*, 27, pp. 266-270.
Trad. fr. : « L'état stationnaire et le salut écologique : une analyse thermodynamique », ch. III dans ce volume.

1977e « Bioeconomics : a new look at the nature of economic activity », in Louis Junker, ed., *The Politcal Economy of Food and Energy*, Ann Arbor, University of Michigan, Michigan Business Papers, n° 62, pp. 105-134.

1977f « Inequality, limits and growth from a bioeconomic view point », *Review of Social Economy*, 35, pp. 361-375. (rééd. in Martin Pfaff, ed., *Grenze der Umverteilung* [D.G.F. Symposium, Augsburg, 30 juin-4 juillet 1976], Berlin, Duncker & Humblot, 1978, pp. 39-49.)

1977g « Toward a human economics », in Hugh Nash, ed., *Progress As If Survival Mattered*, San Francisco, Friends of the Earth, 1977, pp. 182-183.

1977h *A New Wood Age for Manking ?*, Opening address at the Third Annual General Meeting and Conference of the Solar Energy Society of Canada, Edmonton, Alberta, 22-24 août 1977.

1978a « De l'économie politique à la bioéconomie », *Revue d'économie politique*, 88(2), pp. 337-382.

1978b « Technology assessment : the case of the direct use of solar energy », *Atlantic Economic Journal*, 6(4), pp. 15-21.

1978c « The measure of information : a critique », J. Rose et C. Bilciu, eds, *Modern Trends in Cybernetics and Systems*, [Proceedings of the 3e International Congress of Cybernetics and Systems, Bucharest 25-29 août 1975], Berlin, Springer-Verlag, vol. III, pp. 187-217.

1978d « Mechanistic dogma in economics », *British Review of Economic Issues*, 2, pp. 1-10.

1978e *Energy, Technology and Society, First Seminar on Energy Planning*, Caraballera, Venezuela, 4 avril 1978.

1979a « Myths about energy and matter », *Growth and Change*, 10(1), pp. 16-23.

1979b « Energy analysis and economic valuation », *Southern Economic Journal*, 45(4), pp. 1 023-1 058. [trad. ital. corrigée in *Energia e miti econèmici*, 1982, ch. II, pp. 83-140.]

1979c « Methods in economic science », *Journal of Economic Issues*, juin, 13, pp. 317-328.

1979d « Comments on the papers by Daly and Stiglitz », in V. Kerry Smith, ed., *Scarcity and Growth Reconsidered*, Resources for the Future, Baltimore, Johns Hopkins University Press, pp. 95-105.

1979e « The role of matter in the substitution in energies », in Antoine Ayoub, ed., *Énergie : Coopération internationale ou crise*, Québec, Presses de l'Université Laval, pp.119-131. [3e colloque du Groupe de recherche en économie de l'énergie (G.R.E.E.N.), Université Laval, Québec, 3-5 novembre 1977.]

1979f « Energy and matter in mankind's technological circuit », in Peter N. Nemetz, ed., *Energy Policy : The Global Challenge*, Publication of Institute for Resaerch on Public Policy, Toronto, Butterworth, pp. 107-127.

1979g « Wordlization of resources and common properties of the world : an evolutionary view », *Journal of the Japan Economic Research Center*, 1er septembre, pp. 19-24. [conférence donnée à Tokyo le 2 août 1979]

1979h « Energy, matter, and technological assessment », *Renaissance Universal Journal*, 1, pp. 151-169.

1980a « Matter : a resource ignored by thermodynamics », in L.E. St-Pierre et G.-R. Brown, eds, *Future Sources of Organic Raw Materials* C.H.E.M.R.A.W.N. 1, Oxford, Pergamon Press, pp. 79-87. [World Conference on Future Sources of Organic Raw Materials, Toronto, 10-13 juillet 1978]

1980b « General reflections on the theme of innovations », in T.D. Guyenne et G. Levy, eds, *Economic Effects of Space and Other Advanced Technologies*, Noordivijk, Netherlands, E.S.T.E.C., pp. 47-51. [Colloque international, Strasbourg, 28-30 avril 1980]

1980c « Afterword », in Jeremy Rifkin, *Entropy : A New World View*, New York, Viking Press, pp.261-269. [2e édition augmentée : *Entropy into the Greenhouse World*, New York, Bantam Books, 1989, pp. 299-307.]

1980d (avec Jean-Paul Fitoussi) « Structure and involuntary unemployment », in E. Malinvaud et J.-P. Fitoussi, eds, *Unemployment in Western Countries*, London, Macmillan, pp. 206-266.

1980e *The crisis of resources : its nature and its unfolding*, conférence publique à la Réunion « Toward Ecological Economy » d'ECOROPA, Kassel, 18-20 septembre 1980.

1980f « Mankind at a bioeconomic crossroads », in Norberto A. Quezada et Cristian Reyna T., eds, *Caribbean Consultation on Energy and Agriculture*, Santiago, Dominican Republic, Superior Institute of Agriculture, pp. 488-499.

1980g *Entropy and the Economic Process*, A Seminar Science Council of Canada, Ottawa, The Publications Office of Science Council of Canada, 107 p.

1980h « The present crisis in the historical perspective of technology », *Renaissance Universal Journal*, vol. I, n°2. (Séminaire sur l'histoire de l'énergie en Amérique, octobre 1978.)

1981a « Neo-populism and Marxism : a comment on Utsa Patnaik », *Journal of Peasant Studies*, 8(2), pp. 242-243. [à propos de U. Patnaik, « Neo-populism and Marxism : the Chayanovian view of the agrarian question and its fundamental fallacy », *Journal of Peasant Studies*, 1979, 6(4), pp. 375-420 ; U. Patnaik, « Reply to Nicholas Georgescu-Roegen », pp. 244-246.]

1981b « The Entropy Law and the economic process : a global view point », *in Proceedings of the Conference on The Entropy Paradigm : a New Pattern for Understanding Economics*, Glassboro, Glasboro State College, 8 avril 1980, pp. 1-19.

1981c « The crisis of natural resources », *Challenge*, 24(I), pp. 50-56.

1981d « The methods in economic science : a rejoinder », *Journal of Economic Issues*, 15, pp. 188-193. [réponse à Rashid 1981]

198le « Energy, matter, and economic valuation : where do we stand ? », in Herman E. Daly and Alavaro F. Umaña, eds, *Energy, Economics, and the Environment : Conflicting Views of an Essential Interrelationship*, (A.A.A.S. Selected Symposium 6, San Francisco, 3-8 jan. 1980), Boulder, Co., Westview Press, pp. 43-79 ; et « Reply », pp. 193-200.

1981f *Economics of Natural Resources : Myths and Facts*, Tokyo, Toyo Keizai. (trad. japonaise)

1982a « Utility », in Douglas Greenwald, ed., *Encyclopedia of Economics*, New York, McGraw-Hill, pp. 934-941. Trad. fr. : « Utilité », in D. Greenwald, ed., *Encyclopédie Économique*, Paris, Economíca, 1984, pp. 1073-1080.

1982b « The crisis of resources : its nature and its unfolding », in Gregory A. Daneke, ed., *Energy Economics, and the Environment : Toward a Comprehensive Perspective*, Lexington, Mass., Lexington Books, pp. 9-24.

1982c « Energy analysis and technology assessment », in William C. Schieve et Peter M. Allen, eds, *Self-Organization and Dissipative Structures : Applications in the Physical and Social Sciences*, (Proceedings of a workshop in honor of Ilya Prigogine, Austin, Texas, 1978), Austin, University of Texas Press, pp. 313-322.

1982d « Energetic dogma, energetic economics, and viable technologies », in John R. Moroney, ed., *Advances in Economics of Energy and Resources*, vol. IV, Greenwich, Conn., J.A.I. Press, pp. 1-39.

1982e « La dégradation entropique et la destinée prométhéenne de la technologie humaine », *Économie appliquée*, 35(1-2), pp. 126 ; *in Entropie*, n° hors-série (« Thermodynamique et sciences de l'homme », 1982, pp. 76-86. [Colloque international « Thermodynarnique et sciences de l'homme », Université de Paris XII, 22-23 juin 1981.1 Trad. ital. *in Economía e Ambiante*, 1985, 5, pp. 5-29. Chap. IV dans le présent volume.

1982f *The energetic theory of economic value : a topical economic fallacy*, Nashville, TN., Vanderbilt University, Working Paper n° 82-W16.

1982g *Energia e miti economíci*, introduzione di Stefano Zamagni, Turin, Boringhierri, 293 p.

1983a « An epistemological analysis of statistics : the science of collective description and of rational guessing », in M.-C. Demetrescu et M. Losifescu, eds, *Studies in Propability and Related Topics : Papers in Honour of Octav Onicescu on his 90th Birthday*, Rome, Nagard, pp. 221-259.

1983b « The Promethean condition of viable technologies », *Materials and Society*, 7(3-4), pp. 425-435. [et in Arthur L. Donovan, ed., *Energy in American History*, New York, Pergamon Press, 1983.]

1983c « Hermann Heinrich Gossen : his life and work in historical perspectiv », in H.-H. Gossen, *The Laws of Human Relations and the Rules of Human Actions Derived Therefrom* [1854], trans. and edited by Rudolph C. Blitz, Cambridge, Mass., M.I.T. Press, pp. XI-CXLV.

1983d *La Loi de l'Entropie et l'évolution économique*, Congrès des Economistes de langue française, Strasbourg, 7 juin 1983.

1983e *Bioeconomics and Ethics*, 3e World Congress of Social Economics, Fresno, Californie, 17 août 1983.

1984a « Feasible recipes versus viable technologies », *Atlantic Economic Journal*, 12, pp. 21-31. (Conférence donnée à la 16e Atlantic Economic Conference, Philadelphie, 6-9 octobre 1983.)

1984b « Are there minds that think above their time ? The case of Hermann Heinrich Gossen », *Revista Internazionale de Scienze Ecónómiche e Commerciali*, (31)12, pp. 1141- 1161.

1985a « Time and value in economics and Gossen's system », *Revista Internazionale de Scienze Economiche e Commerciali*, 32(12), pp. 1121-1140.

1985b *Evolution : a tangled notion*, 14e International Conference on the Unity of Science, 28 nov.- 1er déc. 1985.

1986a « Man and production », in Mauro Baranzini et Roberto Scazzieri, eds; *Foundations of Economics*, Oxford, Blackwell, pp. 247-280.

1986b « The Entropy Law and the economic process in retrospect », *Eastern Economic Journal, 12(1), pp. 3-33.*

1987a « Entropy », in Eatwell, J.et al, eds, *The New Palgrave : A Dictionary of Economics*, London, Macmillan, vol. II, pp. 153-156.

1987b « Manoïlescu, Mihail (1891-1950 ?) », in Eatwell, J. et al., eds, *The New Palgrave : A Dictionary of Economics*, London, Macmillan, vol. III, pp. 299-301.

1987c « Ophelimity », in Eatwell, J. et al., eds, *The New Palgrave : A Dictionary of Economics*, London, Macmillan, vol. III, pp. 716-717.

1987d « Oppenheimer, Franz (1864-1943) », in Eatwell, J. et al., eds; *The New Palgrave : A Dictionary of Economics*, London, Macmillan, vol. III, pp. 717-718.

1988a « The interplay between institutional and material factors the problem and its status », in J.-A. Kregel, Egon Matzner et Alessandro Roncaglia, eds, *Barriers to Full-Employment*, London, Macmillan, pp. 297-326. [Conference on Barriers to Full Employment, International Institute of Management Berlin, 1er-3 octobre 1985.]

1988b « Closing remarks : about economic growth – a variation on a theme by David Hilbert », *Economic Development and Cultural Change*, 36, suppl. 3, pp. 291-307.

1988c « An emigrant from a developing country : autobiographical notes - I », *Banca Nazionale del Lavoro Quarterly Review*, 164, pp. 3-31. (rééd. in Jan A. Kregel, *Recollections of Eminent Economists*, London, Macmillan, New York, New York University Press, vol. II, 1989, pp. 99-127.)

1990a « Thermodynamics, economics, and information », in M. Alonso, ed ; *Organization and Change in Complex Systems*, New York, Paragon House, pp. 225-234.

1990b « Production process and dynamic economics », in Mauro Baranzini et Roberto Scazzieri, eds, *The Economic Theory of Structure and Change*, Cambridge, Cambridge University Press, pp. 198-226.

1990c « A historical perspective of possible bridges between the economic and the natural domains », in Alfred Bosh et al., eds, *General Equilibrium or Market Process : Neoclassical and Austrian Theories of Economics*, Tübingen, J.-C.-B. Mohr, pp. 21-49.

1992a « Nicholas Georgescu-Roegen », in Philip Arestis et Malcolm Sawyer, eds; *A Biographical Dictionary of Dissenting Economists*, Aldershot, Edward Elgar, pp 179-187.

1992b « Nicholas Georgescu-Roegen about himself », in Michael Szenberg, ed., *Eminent Economists : Their Life Philosophies*, Cambridge University Press, pp. 128-159.

1993a « Looking back », in J.-C. Dragan et al., eds, *Entropy and Bioeconomics*. Proceedings of the First International Conférence of the E.A.B.S., Rome 28-30 novembre 1991, Milan, Nagard, pp. 11-21.

1993b «Thermodynamics and we, the humans» , in J.-C. Dragan et al, eds; *Entropy and Bioeconomics*. Proceedings of the First International Conference of the E.A.B.S., Rome 28-30 novembre 1991, Milan, Nagard, pp. 184-201.

1993c « An emigrant from developing country : autobiographical notes - II », *Banca Nazionale del Lavoro Quaterly Review*, 184, pp. 3-20.

1995 « Time in economics », in Harald Hagemann et O.F. Hamouda, eds ; *The Legacy of Hicks : His Contribution to economic analysis*, London, Routledge, pp. 241-259.

1998 *Energia e miti economici.*, Torino, Bollati Boringhieri. Intro. di Giorgio Nebbia, 235 p.

2003 *Bioeconomica. Verso un'altra economia ecologicamente e socialmente sostenibile*, A cura di Mauro Bonaiuti, Torino, Bollati Boringhieri, 256 p.

II. Textes sur GEORGESCU-ROEGEN (ordre chronologique)

- TORNER, Daniel, 1965. « Peasant economy as a category in economic history », *Second International Conference of Economic History*, [Aix-en-Provence, 1962] , Paris, Mouton, vol. II, pp. 287-300. Trad. fr. : « L'économie paysanne : concept pour l'histoire économique », *Annales*. E.S.C., 964, 3, pp. 417-432 [N.G.R. reconnu comme un pionnier dans l'appréciation de l'œuvre du théoricien russe de l'économie paysanne Alexandre V. Chayanov (1888-1939).]
- DALY, Herman E., 1968. « On economics as a life science », *Journal of Political Economy*, 76(3), pp. 392-406.
- ADELMAN, Frank L., 1972. « The Entropy Law and the Economic Process, by N. Georgescu-Roegen », *Journal of Economic Literature*, Juin, 10(2), pp. 458-460. (Réponse de N.G.R. dans le n° de décembre 1972)
- BOULDING, Kenneth, 1972. « Search for time's arrow », *Science*, 175, pp. 1099-1100. [c. r. de *The Entropy Law and the Economic Process*]
- CAMENSON, Herbert S., 1972. « The Entropy Law and the Economic Process, by Nicholas Georgescu-Roegen », *The Library Journal*, 15 mai 1971, p. 152.
- JOSEPH, S.C., 1972. « Entropy and the economic process. Economic process as entropic », *Industrial Economic Journal*, 12, pp. 2-24.
- GUITTON, Henri, 1972. « Economie et entropie », *Revue d'économie politique*, 6, pp. 1 184-1 187.
- NICOLLS, William H., 1972. « Nicholas Georescu-Roegen, Distinguished Fellow of the American Economic Association », *American Economic Review*, Juin, 62(3), frontispiece.
- SILK, Leonard, 1972. « Growth vs. environment », *The New York Times*, 20 décembre 1972.
- BECATTINI, Giacomo, 1973. « Presentazione », in N. Georgescu-Roegen, *analisi Economíca e Processo Economíco*, Florence, Sansoni, pp.7-15.
- DALY, Herman E., ed., 1973. *Toward a Steady-State Economy*, San Francisco, Freeman, 332 p.

- JOHNSON, Glenn, 1973. « The Entropy Law and the Economic Process, by N. Georgescu-Roegen », *Journal of Economic Issues*, 7, pp. 471-473 (Rééd. in Samuels 1980).

- SCHLEGEL, R., 1973. « The Entropy Law and the Economic Process, by N. Georgescu-Roegen », *Journal of Economic Issues*, 7 (rééd. in Samuels 1980).

- GREEN, M.J., 1974. « The Entropy Law and the Economic Process, de N. Georgescu-Roegen », *Revue Economique*, 25(5), pp. 842-845.

- GRINEVALD, J., 1974. « L'économiste Georgescu-Roegen : intégrer l'économie dans la problématique énergétique et écologique », *Uni information*. Service de presse et d'information de l'Université de Genève, juin-juillet, 36, pp. 28-29.

- MEYER, Willi, 1974. « Erkenntnis und Dialektik : Zur Ökonomie und Wissenschaftsphilosophie von Georgescu-Roegen », *Zeitschrift für die gesammte Staatswissenschaft*, avril, 80, pp. 335-349.

- SOLO, Robert A., 1974. « Arithmomorphism and entropy », *Economic Development and Cultural Change*, 22, pp. 510-517. [critique de *The Entropy Law and the Economic Process*.]

- ARROUS, Jean, 1975. *L'entropie est-elle un principe universel d'explication ?*, Strasbourg, Université Louis-Pasteur, Faculté des sciences économiques, Bureau d'économie technique et appliquée, 48 p.

- « Georgescu : a prophet of energy economics », *Business Week*, 24 mars 1975, pp. 108-109.

- « The Entropy Law and the Economic Process, by N. Georgescu-Roegen », *The CoEvolution Quarterly*, hiver 1975.

- JENKIN, Phyllis, 1975. *Structure and Contradiction in Scientific Development : The Case of Nicholas Georgescu-Roegen and the Entropy Law*, University of Manchester, Faculty of Sciences, 143 p., inédit.

- RENS, Ivo et GRINEVALD, Jacques, 1975. « Réflexions sur le catastrophisme actuel », in *Pour une Histoire qualitative. Études offertes à Sven Stelling-Michaud*, Genève, Presses universitaires romandes, pp. 283-321.

- WADE, Nicholas, 1975. « Nicholas Georgescu-Roegen : entropy the measure of economic man », *Science*, 190, pp. 447-450. (rééd. in Hugh Nash, ed., *Progress as If Survival Mattered*, San Francisco, Friends of the Earth, 1977, pp. 198-201 ;

in Joan Dye Gussow, ed., *The Feeding Web : Issues in Nutritional Ecology*, Berkeley Series in Nutrition, Palo Alto, Bull Publishing Co., 1978, pp. 30-34.)

- GRINEVALD, Jacques, 1976. « La révolution carnotienne : thermodynamique, économie et idéologie », *Revue européenne des sciences sociales*, 36, pp. 39-79.

- HENDERSON, Hazel, 1976. « The end of economics », *The Ecologist*, 6(4), pp. 137-146.

- TANG, Anthony M., Fred M. WESTFIELD et James S. WORLEY, eds, 1976. *Evolution, Welfare and Time in Economics : Essays in Honor of Nicholas Georgescu-Roegen*, Lexington, Mass., D.C. Heath, XI + 182 p.

- CLOUD, Preston, 1977. « Entropy, materials, and prosperity », *Geologische Rundschau*, 66(3), pp. 678-696. [« Dedicated with appreciation to Nicholas Georgescu-Roegen, distinguished economist, realist among cornucopians »]

- COLVIN [Jenkin], Phyllis, 1977. « Ontological and epistemological commitments and social relations in the sciences. the case of the arithmomorphic system of scientific production », in Everett Mendelsohn, Peter Weingart et Richard Whitley, eds, *The Social Production of Scientific Knowledge*, Dordrecht, Reidel, pp. 103-128.

- GRINEVALD, J., 1977. « Révolution industrielle, technologie de la puissance et révolutions scientifiques : essai de bibliographie critique », in *La fin des outils : technologie et domination*, Cahiers de l'I.U.E.D., 5, Genève, Paris, PUF, pp. 147-202.

- HANSON, J.-A., 1977. « Toward an ecologically-based economic philosophy », *Environmental Conservation*, 4(1), pp. 3-10.

- KREHM, William, 1977. « The entropy concept as a tool of economic analysis », *Économie appliquée*, 30, pp. 65-83.

- GRINEVALD, J., 1978. « Le Progrès et l'Entropie « , in *Le Progrès En Questions*, (Actes du IXe Colloque de l'Association internationale des sociologues de langue française, Menton, 12-17 mai 1975), Paris, Anthropos, tome 1, pp. 89-129.

- KOIDE, Kounosuke, 1978. « Nicholas Georgescu-Roegen : his life and work », *Oriental Economist* [Tokyo], 20 janvier, pp. 147-149.

- CANTERBURY, E. Ray, 1979. « Energy and Economic Myths by N. Georgescu-Roegen », *Southern Economic Journal*, octobre, 46(2), pp. 655-657.

- DAS GUPTA, K.-K., 1979. « Nicholas Georgescu-Roegen and the methodology of economic science », *Artha Vijnana* [Poona, Inde], mars, 21, pp. 40-55.

- GALLACHER, C.-C., 1979. « Economists and Energy : Nicholas Georgescu-Roegen's unanswered propositions », *The Chartered Mechanical Engineer*, [London], février, pp. 61-63.

- LEPKOWSKI, Wil, 1979. « The social thermodynamics of Ilya Prigogine », *Chemical and Engineering News*, 16 avril, pp. 30-33. [Prigogine et Georgescu-Roegen]

- LUTZ, Mark A. et Kenneth LUX, 1979. *The Challenge of Humanistic Economics*, Introduction by Kenneth Boulding, Menlo Park, Benjamin / Cumming, 337 p.

- RENS, Ivo et GRINEVALD, Jacques, 1979. « Jalons pour une histoire de l'écologie politique », *Cadmos*, [Genève], 5, pp. 18-26.

- WAGENSBERG, Jorge, 1979. « Nicholas Georgescu-Roegen : ante la oscura incertidumbre de la historia », *Algo, revista de information cientifica, técnica y cultural*, [Barcelona] septembre, 345, pp. 81-94.

- ZAMAGNI, Stefano, 1979. *Georgescu-Roegen : i fondamenti della teoria del consumatore*, Milan, Etas Libri, Gli economisti, VI + 258 p.

- GRINEVALD, J., 1980. « Le sens bioéconomique du développement humain : l'affaire Nicholas Georgescu-Roegen », *Revue européenne des sciences sociales*, 51, pp. 59-75.

- GRINEVALD, J., 1980. « La perspective bioéconomique de Nicholas Georgescu-Roegen », *Cahiers du G.E.R.M.E.S.*, Paris, juin, n°4 « Questions à la bioéconomie », pp. 27-44.

- LANTZ, Pierre. 1980. « La valeur chez Georgescu-Roegen », *Cahiers du G.E.R.M.E.S.*, Paris, juin, n°4 « Questions à la bioéconomie », pp. 51-61.

- RIFKIN, Jeremy, 1980. *Entropy : A New World View*. Afterword by Dr. Nicholas Georgescu-Roegen, New York, Viking Press, 305p. [2e édition augmentée : *Entropy into the Greenhouse World*, New York, Bantam Books, 1989, 354 p.]

- SAMUELS, Warren J., ed., 1980. *The Methodology of Economic Thought*. Critical papers from the *Journal of Economic Review*, New Brunswick, London, Transactions Books, 603p. (4 articles critiques sur *The Entropy Law and the Economic Process*, pp. 187-216.)

- SCHWARZ, Alf, 1980. « La sociologie en Afrique ou les véritables enjeux du paradigme du développement international », in A. Schwarz, ed., *Les faux prophètes de l'Afrique ou l'Afr(eu)canisme*, Québec, Les Presses de l'Université Laval, pp. 89-160.

- Science Council of Canada, 1980. *Entropy and the Economic Process*. A Seminar-Science Council of Canada, Foreword by James M. Gilmor, Ottawa, The Publications Office of Science Council of Canada, 107 p.

- THEYS, Jacques, et al., eds, 1980. *Questions à la Bioéconomie*, Cahiers du G.E.R.M.E.S., n°4., juin, 146 p.

- WAGENSBERG, Jorge, 1980. « Conversaciones con Nicholas Georgescu-Roegen », *Nosotros y La Ciencia*, Barcelona, Antoni Bosch, pp. 157-177.

- ARROUS, Jean, 1981. « L'entropie est-elle un principe universel d'explication ? » *Fundamenta Scientiae*, 2(3-4), pp. 345-366.

- DELAUNAY, Janine, 1981. « Nicholas Georgescu-Roegen et l'importance de la décroissance », *Le Monde*, Paris, 31 mai, pp. 9-10.

- GOLDSMITH, Edward, 1981. « Thermodynamics or ecodynamics ? », *The Ecologist*, 11(3), pp. 178-195.

- GRINEVALD, J., 1981. *Le développement et la révolution carnotienne*, Rio de Janeiro, Universidade Federal do Rio de Janerio, COPPE/ UFJ, PDD 03-81, 78 p. (cours donné en 1980).

- GRINEVALD, J., 1981. « Energy and Economic Myths, by Nicholas Georgescu-Roegen », *Technology and Culture*, 22, pp. 655-658.

- HUETTNER, David A., 1981. « *Energy, entropy, and economic analysis : some new directions* », *The Energy Journal*, 2, pp. 123-130.

- LAPIDUS, André, 1981. « Une thermodynamique du social ? », *Cahiers internationaux de sociologie*, 70, pp. 127-155.

- PERROUX, François, 1981. « L'économie d'intention scientifique et l'inspiration thermodynamique », *Chronique S.E.D.E.I.S.*, 15 janvier, pp. 42-53.

- RASHID, Salim, 1981. « Methods in economic science : comment », *Journal of Economic Issues*, 15, pp. 183-188.

- BRESSO, Mercedes, 1982. *Pensiero economíco e ambiante*, Turin, Loescher, 217 p.

- GRINEVALD, J., 1982. « La thermodynamique, la révolution industrielle et la révolution carnotienne », *Entropie*, n° hors-série « Thermodynamique et sciences de l'homme « , pp. 21-28.

- GRINEVALD, J., 1982. « Nicholas Georgescu-Roegen : un économiste contre les naufrageurs du temps », *CoEvolution*, 7, pp. 13-18.

- GUITTON, Henri, 1982. « Haute et basse entropie en économie », *Entropie*, n° hors-série « Thermodynamique et sciences de l'homme », pp. 87-90.

- WEINBERG, Alvin M., 1982. « Avoiding the entropy trap », *Bulletin of the Atomic Scientists*, octobre, pp. 32-35.

- ZAMAGNI, Stefano, 1982. « Introduzione », in N. Georgescu-Roegen, *Energia e miti economici*, Turin, Boringhieri, [293p.], pp. 9-21.

- BLAUG, Mark et STUGES, Paul, eds, 1983. « Georgescu-Roegen, Nicholas », in *Who's Who in Economics : A Biographical Dictionary of Major Economists 1700-1981*, New York, Wheatsheaf Books, pp. 131-132.

- FABER, Malte, NIEMES, Horst, Gunter STEPHAN, 1983. *Entropie, Umweltschutz und Rohstoffverbrauch. Eine naturwissenschaftlich ökonomische Untersuchung*, Berlin, Springer-Verlag, 181 p.

- GRINEVALD, Jacques, 1983. « Nicholas Georescu-Roegen, Energia e miti economici », *Pandore*, 22, pp. 29-31.

- LAVOIE, Marc, 1983. « Loi de Minsky et loi d'entropie », *Économie appliquée*, 36, pp. 287-331.

- PACEY, Arnold, 1983. *The Culture of Technology*, Oxford, Blackwell, 210 p.

- ANDREW, Frank C., 1984. « There is no entropy trap », *Environment*, 26(2), pp. 4-5, 42.

- AYRES Robert U. et NAIR, Indira, 1984. « Thermodynamics and economics », *Physics Today*, 37(11), pp. 62-71.

- BELL, Peter, 1984. *The Immaterial Flux : An Examination and Critique of the Ideas of Nicholas Georgescu-Roegen*, Sydney, Australia, University of New South Wales, M.A. thesis., inédit.

- GRINEVALD, J., 1984. « N. Georgescu-Roegen : Energia e miti economici », *Note economiche*. Monte dei Paschi di Siena, 2, pp. 173-177.

- HONKASALO, A., 1984. « Entropic processes and economic systems », *Cybernetics and Systems Research* 2, (Proceedings of the 7th European Meeting, Vienna, Austria, 24-27 avril 1984), Amsterdam, North-Holland, pp. 429-434.

- TAMANOI, Y., TSUCHIDA, A., MUROTA, T., « Toward an entropic theory of economy and ecology », *Économie appliquée*, 1984, 37, pp. 279-294.

- BLAUG, Mark, 1985. « Georgescu-Roegen, Nicholas (1906-1994) » in *Great Economists since Keynes*, New York, Harvester, Wheatsheaf, pp. 71-72.

- BRESSO, Mercedes, 1985. « Nicholas Georgescu-Roegen : l'economista del sole e della vita », *Mondo Economíco*, 31 octobre, pp. 60-61.

- CHASE, R.-X, 1985. « A theory of socioeconomic change : entropic processes, technology, and evolutionary development », *Journal of Economic Issues*, 19, pp. 797-823.

- DALY, Herman E., 1985. *On Nicholas Georgescu-Roegen's Contributions to Economics*, Southern Economic Association, Dallas, Texas, 25 novembre. (inédit)

- DALY, Herman E.,.1985. « The circular flow of exchange value and the linear throughput of matter-energy : a case of misplaced concreteness », *Review of Social Economy*, 43, pp. 279-297.

- DE GLERIA, Sylvana, 1985. « La penombra dialettica, Legge di entropia e processo economíco nel pensiero di Georgescu-Roegen », *QualEnergia*, 11-12, pp. 58-62.

- DE GLERIA, Sylvana, 1985. « Prodotto netto ed energia netta (ovvero : dogma fisiocràtico e dogma energético) », *Economia Politica*, 2, pp. 187-213.

- FABER, Malte et PROOPS, John L.R., 1985. « Interdisciplinary research between economists and physical scientists : retrospect and prospect », *Kyklos*, 38, pp. 599-616.

- MIERNYK, Philip, 1985. « Bioeconomics : a realistic appraisal of future prospects » , in H.-F. Didsbury, ed., *The Global Economy : Today, Tomorrow, and the Transition*, Bethesda, Maryland, World Future Society, pp. 334-352.

- SWANEY, James A., 1985. « Economics, ecology, and entropy », *Journal of Economic Issues*, 19(4), pp. 853-865.

- Van GOOL, W. et J.J.C. BRUGGINK, eds, 1985. *Energy and Time in the Economic and Physical Sciences*, Amsterdam, North-Holland, 389 p.

- BLAUG, Mark, ed., 1986. « Georgescu-Roegen, Nicholas », in *Who's Who in Economics. A Biographical Dictionary of Major Economists 1700-1986*, Cambridge, Mass., M.I.T. Press, 2e éd., pp. 308-309.

- DRAGAN, Joseph C. et Mihai C. DEMETRESCU, 1986. *Entropy and Bioeconomics : The New Paradigm of Nicholas Georgescu-Roegen*, Milan, Nagard, 240 p. (2e éd. 1991)

- MOLESTI, Romano, 1986. « I fondamenti scientffici dell'economfa ambiantale : l'opera di N. Georgescu-Roegen », *Economia e Ambiante*, 5(3), pp. 17-40.

- NORGAARD, Richard B., 1986. « Thermodynamics and economic concepts as related to resource-use policies : synthesis », *Land Economics*, 62(3), pp. 325-328.

- CHRISTENSEN, Paul P., 1987. « Classical roots for a modern materials-energy analysis », *Ecological Modelling*, 38, pp. 75-89.

- CLEVELAND, Cutler J., 1987. « Biophysical economics : historical perspective and current research trends », *Ecological Modelling*, 38, pp. 47-73.

- DALY, Herman E., 1987. « The economic growth debate : what some economists have learned but many have not », *Journal of Environmental Economics and Management*, 14, pp. 323-336.

- FABER, M., H.H. NIEMES, G. STEPHAN, 1987. *Entropy, Environment and Resources : An Essay in Physico-Economics*, trad. de l'allemand par I. Pellengahr, Berlin, Springer, 205 p.

- GOODY, John M., 1987. « Bioeconomics and the Chicago school », *International Review of Social Economics*, 14, pp. 32-42.

- GRINEVALD, Jacques, 1987. *Vernadsky and Lotka as source for Georgescu Roegen's bioeconomics*, 2e Vienna Centre Conference on Economics and Ecology, Barcelone, 26-29 septembre. (trad. espagnole publiée en 1990)

- MARTINEZ-ALIER, Juan, with Klaus Schlüpmann, 1987. *Ecological Economics : Energy, Environment, Society*, Oxford, Basil Blackwell, 286 p. (2e éd., nouvelle préface, 1990)

- NAREDO, José Manuel, 1987. *La economia en evolucion. Historia y perspectivas de las categorias bàsicas del pensamiento economíco*, Madrid, Siglo XXI, 538 p. (2e éd. 1996 ; 3e éd. 2003, 572 p.).

- PERRINGS Charles, 1987. *Economy and Environment : A Theoretical Essay on Interdependence of Economic and Environmental Systems*, Cambridge, Cambridge University Press, 179 p.

- PROOPS, John L.R., 1987. « Entropy, information and confusion in the social sciences », *Journal of Interdisciplinary Economics*, 1, pp. 225-242.

- ZAMAGNI, Stefano, 1987. « Georgescu-Roegen, Nicholas (1906) », in Eatwell et al., eds, *The New Palgrave : A Dictionary of Economics*, London, Macmillan, vol. II., pp. 515-516.

- GLASBY, Geoffrey P., 1988. « Entropy, pollution and environmental degradation », *Ambio*, 17(5), pp. 330-335.

- MIROWSKI, Philip, 1988. « Energy and energetics in economic theory : a review essay », *Journal of Economic Issues*, 22(3), pp. 811-830.

- MOLESTI, Romano, 1988. *Economia dell'ambiente*, prefazione di N. Georgescu-Roegen, Pise, I.P.E.M. Edizioni.

- AYRES, Robert U., 1989. « Industrial metabolism and global change », *International Social Science Journal*, 121, pp. 364-373 ; trad. fr. : « Le métabolisme industriel et les changements de l'environnement planétaire », *Revue internationale des sciences sociales*, août, 121, pp. 401-412.

- CHRISTENSEN, Paul P., 1989. « Historical roots for ecological economics – biophysical versus allocative approaches », *Ecological Economics*, 1, pp. 17-36.

- DALY, Herman E. et John COBB, Jr., 1989. *For The Common Good : Redirecting the Economy Toward Community, the Environment, and a Sustainable Future*, Boston, Beacon Press, 482 p.

- FORCE, Michel, 1989. *L'ordre improbable : Entropie et processus sociaux*, Paris, PUF, 258 p.

- KüMMEL, R., 1989. « Energy as factor of production and entropy as a pollution indicator in macroeconomic modelling », *Ecological Economics*, 1, pp. 161-180.

- MIROWSKI, Philip, 1989. *More Heat Than Light : Economics as social physics ; physics as nature's economics*, Cambridge, Cambridge University Press, 450 p. (« To the most profound economic philosophers of the 20th century : Thorstein Veblen, Nicholas Georgescu-Roegen ») Trad. fr. 2001.
- PROOPS, John L.-R., 1989. « Ecological economics : rationale and problem areas », *Ecological Economics*, 1, pp. 59-76.
- GRINEVALD, J., 1990. « Vernadsky y Lotka como fuentes de la bioeconomia de Georgescu-Roegen », *Ecologia Politica*, 1, pp. 99-122.
- GRINEVALD, J., 1990. « L'effet de serre de la Biosphère : de la révolution thermo-industrielle à l'écologie globale », *Stratégies énergétiques, Biosphère et Société*, 1, pp. 9-34.
- KHALIL, E.L., 1990. « Entropy Law and exhaustion of natural resources : is Nicholas Georgescu-Roegen's paradigm defensible ? », *Ecological Economics*, 2, pp. 163-178.
- DALY, Herman E., 1991. « *Is the Entropy Law relevant to the economics of natural resources scarcity ? – yes, of course it is !* », *Journal Environmental Economics and Management*, 23, pp. 91-95.
- DE ROOSE, Frank et VAN PARIJS, Philippe, eds 1991. « Georgescu-Roegen, Nicholas », in *La pensée écologiste*, Bruxelles, De Boeck Université, pp. 80-81.
- MAYUMI, Kozo, 1991. « A critical appraisal of two entropy theoretical approaches to resources and environmental problems, and a search for an alternative », in C. Rossi et E. Tiezzi, eds, *Ecological Physical Chemistry*, [Proceedings of an International Workshop, Siena, Italy, 8-12 nov. 1990], Amsterdam, Elsevier, pp. 109-130.
- MAYUMI, Kozo, 1991. « Temporary emancipation from land : from the industrial revolution to the present time », *Ecological Economics*, 1991, 4, pp. 35-56.
- VIVIEN, Frank-Dominique, 1991. *Sadi Carnot économiste, enquête sur un paradigme perdu : économie-thermodynamique-écologie*, Thèse pour le doctorat en sciences économiques, Université de Paris Panthéon-Sorbonne, inédit.
- GOWDY, John M., 1991. « Bioeconomics and post Keynesian economics : a search for common ground », *Ecological Economics*, 3, pp. 77-87.

- LOZADA, Gabriel A., 1991. « A defense of Nicholas Georgescu-Roegen's paradigm », *Ecological Economics*, 3, pp. 157-160.

- KHALIL, E.L., 1991. « Entropy law and Georgescu-Roegen's paradigm : a reply », *Ecological Economics*, 3, pp. 161-163.

- YOUNG, Jeffrey T., 1991. « Is the Entropy Law relevant to the economics of natural resource scarcity ? », *Journal of Environmental Economics and Management*, 21, pp. 167-179.

- ARESTIS, Philip et Malcolm SAWYER, eds, 1992. « Nicholas Georgescu-Roegen », in *A Biographical Dictionary of Dissenting Economists*, Aldershot, Edward Elgar, pp. 179-187.

- DALY, Herman E., ed., 1992. *Steady State Economics, second edition with new essays*, London, Earthscan, 297p.

- DYKE, C., 1992. « From entropy to economy », *Advances in Human Ecology*, 1, pp. 149-176.

- GOODY, John M., 1992. « Economic growth vs. the environment », *Environmental Conservation*, 19(2), pp. 102-104.

- GRINEVALD, J. 1992. « La révolution bioéconomique de Nicholas Georgescu-Roegen », *Stratégies énergétiques, Biosphère et Société*, octobre, pp. 23-34.

- HORNBORG, Alf, 1992. « Machine fetichism, value, and the image of unlimited good : towards a thermodynamics of imperialism », *Man*, 27(1), pp. 1-18.

- MAYUMI, Kozo, 1992. « The new paradigm of Georgescu-Roegen and the tremendous speed of increase in entropy in the modern economic process », *Journal of Interdisciplinary Economics*, 4, pp. 101-129.

- MIROWSKI, Philip, 1992. « Nicholas Georgescu-Roegen », in Warren J. Samuels, ed., *Research in the History of Economic Thought and Methodology, A Research Annual*, Greenwich, Conn., London, J.A.I., pp. 86-105.

- SZENBERG, Michael, ed., 1992. *Eminent Economists : Their Life Philosophies*, Cambridge, Cambridge University Press, 304 p.

- RENS, Ivo, 1992. « Le néo-libéralisme, panacée ou imposture ? Réflexions en marge du décès de Friedrich von Hayek » in *Stratégies Energétiques, Biosphère et Société*, octobre, pp. 35-42.

- RENS, Ivo, 1992. « La justice sociale, sa contestation par Hayek et les néo-libéraux. Sa justification. » (en roumain) in *Societate & Cultura Noua alternativa, (Société et Culture. La nouvelle alternative), Revue de l'Académie roumaine*, Bucarest n°4, novembre, pp. 12-18 ; n°5, décembre, pp. 22-26.

- BIANCARDI, C., A. DONATI et S. ULGIATI, 1993. « On the relationship between the economic process, the Carnot cycle and the entropy law », *Ecological Economics*, 8(1), pp. 7-10.

- BRESSO, Mercedes, 1993. *Per un economia ecologica*, Roma, La Nuova Italia Scientifica, 356 p.

- CRIVELLI, Riccardo, 1993. « Hysteresis in the work of Nicholas Georgescu-Roegen », in J.C. Dragan et al., eds, *Entropy and Bioeconomics*. Milan, Nagard, pp. 107-129.

- DALY, Herman E. et Kenneth N. TOWNSEND, eds, 1993. *Valuing the Earth : Economics, Ecology, Ethics*, Cambridge, Mass., M.I.T. Press, 387p.

- DOPFER, Kurt, 1993. « The generation of novelty in the economic process : an evolutionary concept », in J.C. Dragan et al., eds, *Entropy and Bioeconomics*, Milan, Nagard, pp. 130-153.

- DRAGAN, J.-C., SEIFERT, E.-K. et DEMETRESCU, M.-C., eds, 1993. *Entropy and Bioeconomics*. Proceedings of the First International Conference of the E.A.B.S., Rome, 28-30 novembre 1991, Milan, Nagard [11, via Larga, 20122 Milan], 552 p.

- FERRARI, Sylvie, 1993. « Esquisse d'un sentier énergétique pour un développement durable dans une perspective bioéconomique », *Stratégies énergétiques, Biosphère et Société*, 1993-1994, pp. 81-91.

- GIAMPIETRO, Mario, 1993. « Escaping the Georgescu-Roegen paradox on development : equilibirum and non-equilibrium thermodynamics to describe technological evolution », in J.C. Dragan et al., eds, *Entropy and Bioeconomics*. Milan, Nagard, pp. 202-229.

- GOWDY, John M., 1993. « Georgescu-Roegen's utility theory applied to environmental economics », in J.C. Dragan et al., eds, *Entropy and Bioeconomics*. Milan, Nagard, pp. 230-240.

- GRINEVALD, J., 1993. « The Biosphere an the Noosphere revisited : Biogeochemistry and Bioeconomics » , in J.C. Dragan et al.,eds, *Entropy and Bioeconomics*. Milan, Nagard, pp. 241- 258.

- GRINEVALD, J., 1993. « Notes marginales sur l'approche bioéconomique de Sylvie Ferrari », *Stratégies énergétiques, Biosphère et Société*, 1993-1994, pp. 93-102.

- GRINEVALD, J., 1993. « Georgescu-Roegen : Bioéconomie et Biosphère », *Silence*, (Lyon), avril, 164, pp. 4-14.

- HINTERBERGER, Friedrich, 1993. « A note on sociobiology : Schumpeter, Georgescu-Roegen and beyond », in J.C. Dragan et al., eds, *Entropy and Bioeconomics. Milan, Nagard, pp. 282-310.*

- HODGSON, Geoffrey M., 1993. *Economics and Evolution : Bringing Life Back into Economics*, London, Polity Press, 381p. (« To Nicholas Georgescu-Roegen and Richard R. Nelson, and to the memory of George L.S. Shackle, who moved us from. equilibrium and showed us the way to evolution ».)

- KRABE, Jacob J., 1993. « Quantifying sustainability : the entropy approach », in J.C. Dragan et al., eds, *Entropy and Bioeconomics*, Milan, Nagard, pp. 380-388.

- LOZADA, Gabriel A., 1993. « Georgescu-Roegen's critique of statistical mechanics revisited », in J.C. Dragan et al., eds, *Entropy and Bioeconomics*, Milan, Nagard, pp.389-398.

- MAYUMI, Kozo, 1993. « Georgescu-Roegen's fourth law of thermodynamics' and the flow-fund model », in J.C. Dragan et al., eds, *Entropy and Bioeconomics*, Milan, Nagard, pp-399-413.

- MOLESTI, Romano, 1993. « The scientific fundamentals of environmental economy : the work of Nicholas Georgescu-Roegen », in J.C. Dragan et al., eds, *Entropy and Bioeconomics*, Milan, Nagard, pp. 38-47.

- O'CONNOR, Martin, 1993. « On steady state : a valediction », in J.C. Dragan et al., eds, *Entropy and Bioeconomics*, Milan, Nagard, pp. 414-457.

- PRIDDAT Birger P., 1993. « Nature as subject-matter of economic production : a historical systematical draft », in J.C. Dragan et al., eds, *Entropy and Bioeconomics*, Milan, Nagard, pp. 458-475.

- RUTH, Matthias, 1993. *Integration economics ecology and thermodynamics, Dordrecht,* Kluwer Academic Publishers, 251 p.

- VATIN, François, 1993. *Le travail. Économie et physique 1780-1830*, Paris, PUF, « Philosophies », 127 p.

- ERKMAN, Suren, 1994. *Écologie industrielle, métabolisme industriel, et société d'utilisation*. Genève, Étude effectuée pour la Fondation pour le progrès de l'homme, 276 p. (voir Erkman, 1998).

- GOODY, John, 1994. *Coevolutionary economics : the economy, Society and the environment*, Dordrecht, Kluwer Academic Publishers, 246 p.

- MATARASSO, Pierre, 1994. « Quelles modélisations des rapports hommes-nature ? L'apport de Georgescu-Roegen », in *Modèles de développement soutenable. Des approches exclusives ou complémentaires de la soutenabilité ?*, C3E, Université Panthéon-Sorbonne, A.F.C.E.T., Symposium international, Paris, 16-18 mars 1994, vol. II, pp. 847-858.

- SARAPH, Anupam et Malcolm SLESSER, 1994. « Sadi Carnot and economic engines », *Technological Forecasting and Social Change*, 46(3), pp. 259-268.

- VIVIEN, Frank-Dominique, 1994. « Bioeconomics and sustainable development », in *Modèles de développement soutenable. Des approches exclusives au complémentaires de la soutenabilité ?*, C3E, Université Panthéon-Sorbonne, A.F.C.E.T., Symposium international, Paris, 16-18 mars 1994, vol. II, pp. 875-886.

- VIVIEN, Frank-Dominique, 1994. *Économie et écologie*, Paris, La Découverte, coll. « Repères ».

- NASAR, Sylvia, 1994. « Nicholas Georgescu-Roegen, leading economist, dies at 88 », *New York Times*, 5 novembre, p. 32.

- 1994 « Renown economist Nicholas Georgescu-Roegen dies », *Vanderbilt Register*, 7-13 novembre.

- GRINEVALD, Jacques, 1995. « In memoriam Nicholas GeorgescuRoegen (1906-1994) », *Écologie politique*, 13, pp. 149-150.

- GRINEVALD, Jacques, 1995. « Hommage à Nicholas Georgescu-Roegen (1906-1994) », *Stratégies énergétiques, Biosphère et Société*, pp. 149-151.

- GRINEVALD, Jacques, 1995. « Nicholas Georgescu-Roegen (1906-1994) », *Metode*, Revista de Difusió de la Investigació de la Universitat de Valencia, 10, p. 3.

- DALY, Herman E., 1995. « On Nicholas Georescu-Roegen's contributions to economics : an obituary essay », *Ecological Economics*, 13, pp. 149-154.

- LOZADA, Gabriel A., 1995. « Georgescu-Roegen's defense of classical thermodynamics revisited », *Ecological Economics*, 14, pp. 31-44.

- FAUCHEUX, Sylvie et NOEL, Jean-François, 1995, *Économie des ressources naturelles et de l'environnement*, Paris, Armand Colin, 370 p.

- KRISHNAN, Rajaram, HARRIS, Jonathan M. et GODDWIN, Neva R., eds, 1995. *A survey of ecological economics*, Washington, Island Press, 384 p. (dédié à la mémoire de Nicholas Georgescu-Roegen (1906-1994) : « He showed the way for ecological economics ».)

- MAYUMI, Kozo, 1995, « Nicholas Georgescu-Roegen : an admirable epistemologist », *Structural Change and Economic Dynamics*, 6 (3), pp 261-265.

- DALY, Herman, 1996, *Beyond growth : the economics of sustainable development*, Boston, Beacon Press, 253 p.

- GRINEVALD, Jacques, 1996. « Prologo », in Nicholas Georgescu-Roegen, *La Ley de la entropia y el proceso economico*, trad. de Luis Gutierrez Andrés, presentacion de José Manuel Naredo, Madrid, Fundacion Argentaria, Visor, col. Economia y Naturaleza, Serie « Textos basicos », pp. 15-40.

- COSTANZA, Robert et al., eds, 1997. *The development of ecological economics*. Cheltenham. Edward Elgar, 777 p.

- DALY, Herman, ed., 1997, « Special issue : the contribution of Nicholas Georgescu-Roegen », *Ecological Economics*, 22 (3), pp. 171-306.

- MANESCHI, Andrea et ZAMAGNI, Sefano, 1997. « Nicholas Georescu-Roegen, 1906-1994 », *The Economic Journal*, 107 (442), pp. 695-707.

- MARTINEZ-ALIER, Juan, 1997. « In the memory of Georescu-Roegen », in Ramachandra Guha et Juan Martinez-Alier, *Varieties of environmentalism : essay North and South*, London, Earthscan, pp. 169-184.

- DRAGAN, J.-C., DEMETRESCU, M.-C. et SEIFERT, E.-K., eds, 1997. *Implications and applications of Bioeconomics*, (Proceedings of the second international conference of the European Association for Bioeconims Studies, Palma de Mallorca, 11-13 mars 1994), Milan, Nagard, 328 p.

- VALERO, Antonio, 1997. *Una entrevista con Nicholas Georescu-Roegen*, Jornada sobre Economia y ciencias de la naturaliza (en homenaje a Nicholas Georescu-Roegen), Madrid, Fundacion Argentaria, 19 novembre 1997.

- Colloque international « L'œuvre scientifique de Nicholas Georescu-Roegen », Faculté des sciences économiques et sociales et Bureau d'économie théorique et appliquée de l'université Louis-Pasteur à Strasbourg, 6-7 novembre 1998.

- ERKMAN, Suren, 1998. *Vers une écologie industrielle*, Paris, Éditions Charles-Léopold Mayer, 147p. 2e éd. 2004, 252 p.

- GOWDY, John et MESNER, Susan, 1998. « The evolution of Nicholas Georgescu-Roegen's bioeconomics », *Review of Social economy*, 56 (2), pp. 136-156.

- BEART, T. Randolph et LOZADA, Gabriel A., 1999. *Economics, Entropy and the Environment : the extraordinary economics of Nicholas Georgescu-Roegen*, Cheltenham, Edward Elgar, 155 p.

- DALY, Herman, ed., 1999, *Ecological economics and the ecology of economics : essay in criticism*, Cheltenham, Edward Elgar, 191 p.

- MAYUMI, Kozo et GOWDY John M., eds, 1999. *Bioeconomics and sustainability : essays in honor of Nicholas Georgescu-Roegen*, Cheltenham, Edward Elgar, 417 p.

- GRINEVALD, Jacques, 2000. « Progrès et entropie, cinquante ans après », in Dominique Bourg et Jean-Michel Besnier, eds, *Peut-on encore croire au progrès ?*, Paris, Presses Universitaires de France.

- BONAIUTI, Mauro, 2001. *La teoria bioeconomica : la "nuova economia" di Nicholas Georgescu-Roegen*, Roma, Carocci, 214 p.

- MAYUMI, Kozo, 2001. *The origins of ecological economics : the bioeconomics of Georgescu-Roegen*, London, Routledge, 161 p.

- MIROWSKI, Philip, 2001. *Plus de chaleur que de lumière : l'économie comme physique sociale, la physique comme économie de la nature*, trad. coordonnée par Bernard Maurin, Paris, Economica, 525 p.

- GRINEVALD, Jacques, 2002. « L'économie de la décroissance », *L'Écologiste*, 8, pp. 69-70.

- BERNARD, Michel, CHEYNET, Vincent et CLEMENTIN, Bruno, eds, 2003. *Objectif décroissance : vers une société viable*, Paris, Paragon ; Montréal, Ecosociété, 262 p.

- GRINEVALD, Jacques, 2003. « Bioeconomia y bioregionalismo. Las ideas de Nicholas Georgescu-Roegen », *The Ecologiste para España y Latinoamerica*, avril-mai-juin, n° 13.

- COCHET, Yves, 2005. *Pétrole apocalypse*, Paris, Fayard, 275 p.

- VIVIEN, Franck-Dominique, 2005. *Le développement soutenable*, Paris, La Découverte, 122 p.

TABLE DES MATIÈRES

LA DÉCROISSANCE
ISBN 978-2-86985-168-9

Dépôt légal : quatrième trimestre 2011
Numéro d'édition : 86985

IMPRIMÉ EN FRANCE

PEFC
PEFC/06-38-69

Imprimé sur papier PEFC
La marque de certification PEFC garantit l'exploitation durable des forêts
et le suivi des flux de bois depuis les forêts jusqu'aux magasins.

TWAPI MOA
Un lien entre les êtres

• CONCEPTION • GRAPHISME • RÉALISATION •

Maquette et mise en pages : Agence TWAPIMOA – Paris 11e
Courriel : contact@twapimoa.com • Site Internet : www.agence-twapimoa.com